D1118303

Diccionario de grandes filósofos, 1

José Ferrater Mora:

Diccionario de grandes filósofos, 1

El Libro de Bolsillo
Alianza Editorial
Madrid

© José Ferrater Mora
© Alianza Editorial, S. A. Madrid, 1986
Calle Milán, 38, 28043 Madrid; teléf. 200 00 41
ISBN: 84-206-9821-0 (O. C.)
ISBN: 84-206-0211-6 (Tomo I)
Depósito legal: M. 33.752-1986
Papel fabricado por Sniace, S. A.
Compuesto en Fernández Ciudad, S. L.
Impreso en Lavel. Los Llanos, nave 6. Humanes (Madrid)
Printed in Spain

A

ABELARDO, PEDRO [Abailard, Pierre] (1079-1142), llamado *Peripateticus palatinus,* nac. en Le Pallet, en el condado de Nantes, estudió en París bajo el magisterio de Guillermo de Chaimpeaux, a muchas de cuyas ideas luego se opuso. Con el fin de enseñar sus propias doctrinas, Abelardo fundó una «escuela» en Melun, que luego trasladó a Corbeil. Poco tiempo después regresó a París para estudiar de nuevo con Guillermo de Champeaux. Renovada su oposición al maestro, se allegó muchos discípulos. Lo mismo le ocurrió en Laon, adonde fue para estudiar con Anselmo de Laon. Después de ello pasó a París y abrió escuela en la montaña de Santa Genoveva, alcanzando resonantes éxitos. La tormentosa vida de Abelardo no terminó, sin embargo, con sus incesantes polémicas y sus discutidos libros; sus célebres amores con Eloísa, su entrada en religión, su vida de *magister* errante, las acusaciones de San Bernardo y la condenación de varias de sus tesis en los concilios de Soissons (1121) y de Sens (1140) contribuyeron a formar la imagen de un Abelardo inquieto que no por azar se ha convertido en tema de inspiración romántica.

Se ha sostenido a veces que Abelardo fue el fundador del método escolástico. Aunque esta opinión es discutible, parece cierto de todos modos que dio con su obra *Sic et Non* una amplia difusión al método basado en la contraposición de las autoridades patrísticas con vistas a su armonía y conciliación dentro de los dogmas y también con vistas a la fundamentación racional de éstos. Por tanto, el llamado racionalismo teológico de Abelardo —que ha inducido a algunos historiadores, con evidente exageración, a considerarlo como un «ilustrado» *avant la lettre*— no es más que una igual oposición a los teólogos que se negaban a aplicar la dialéctica a las cosas divinas y a los que la convertían en la única ciencia de la divinidad. Pero si Abelardo no fue un fundador, fue, sin duda, un gran incitador, de suerte que su influencia debió de ser mayor todavía de lo que permiten sospechar las huellas dejadas en la posterior escolástica. Sus puntos de vista son muy diversos, pero de ellos nos interesan primordialmente dos: uno concierne a la doctrina de los universales, el otro, a la ética.

Abelardo se opuso tenazmente al realismo, tal como era defendido por Guillermo de Champeaux, pero no se opuso menos al nominalismo, por lo menos tal como había sido defendido por Roscelino de Compiègne. Esto ha llevado a algunos autores a la conclusión de que la posición de Abelardo fue una preparación para la tesis del realismo moderado, ulteriormente elaborado por San Alberto el Grande y Santo Tomás de Aquino. Esta opinión es considerada hoy como excesivamente simplista. No es sorprendente, pues, que haya habido entre los historiadores de la filosofía medieval un vivo debate acerca de cuál era la «verdadera posición» de Abelardo en el problema que nos ocupa. Dos interpretaciones se han enfrentado: la de quienes han sostenido que Abelardo fue un conceptualista y que interpretó los universales como «concepciones del espíritu», y la de quienes han declarado que, no obstante su crítica de Roscelino, se mantuvo en el fondo dentro de la misma corriente nominalista que se desarrolló desde el citado filósofo hasta Guillermo de Occam. Para terciar en este debate conviene ver lo que Abelardo pensaba acerca de los universales al hilo de la doble crítica de Roscelino y Guillermo de Champeaux.

Parece claro que para Abelardo los universales no eran —como para Roscelino— meras *voces*, ya que éstas eran concebidas como realidades mentales. Pero tampoco eran —como para San Anselmo o más aún para Guillermo de Champeaux— cosas, *res*. En su crítica de esta última posición, Abelardo pareció inclusive haber llevado a Guillermo de Champeaux a una atenuación de su posición en el sentido del realismo de la indiferencia. Pero una vez establecido esto es preciso ver lo que positivamente enseñaba Abelardo acerca de los universales. Su posición puede esquematizarse del siguiente modo: el universal es un nombre, un *nomen*, y el nombre de una *vox significativa*. Se trata entonces de aclarar el sentido de la significación y de examinar su relación con lo significado. Para conseguirlo, Abelardo dedicó considerable esfuerzo al análisis lógico de la predicación. Por lo pronto, advirtió que predicar algo de una multiplicidad es una función que ejercen los vocablos, los cuales *convienen* con varias entidades. Con ello se introdujo un nuevo concepto: el de «conveniencia». Es un concepto difícil de precisar. Pues esta conveniencia parece muy próxima al *status* mediante el cual los realistas muy moderados designaban el «encuentro» en varios individuos de un carácter común. En vista de estas dificultades, no es sorprendente que Abelardo dejara a veces su posición en un estado mucho menos preciso del que suponen algunos historiadores de la filosofía. De hecho, lo único que puede afirmarse con relativa seguridad es que Abelardo fue un realista *contra* Roscelino y un nominalista *contra* Guillermo de Champeaux, pero no todavía un realista moderado. Cierto que Abelardo declara en la lógica llamada *Ingredientibus* que «géneros y especies significan realmente cosas que existen verdaderamente». Pero la significación de 'existir verdaderamente' no queda con ello más clara. Diremos, pues, que la solución de Abelardo *parecía* tender a una vacilación entre la realidad del «encuentro» de lo común en los individuos, y la concepción del universal como una intelección de la mente. Este último aspecto fue subrayado por Abelardo sobre todo cuando quiso oponerse a la concepción de los universales como «cosas» o «naturalezas». Pero no es posible reducir a ella toda la doctrina de Abelardo sobre los universales si no queremos simplificar su posición de un modo excesivo.

En ética se manifiestan en Abelardo análogas vacilaciones. Por un lado, parecía intentar sustituir la forma externa de la remisión del pecado por la íntima vivencia del arrepentimiento. Por otro lado, parecía con ello destacar únicamente la importancia de la conciencia moral, pero no intentar suprimir la autoridad delegada de Dios. Cierto que la distinción entre el delito y el pecado alude a la concepción de la intención como fundamento de la bondad o de la maldad. Mas esta bondad o maldad no son nunca completamente subjetivas. Menos aún pretendía Abelardo suprimir el efectivo castigo del delito, pues si bien el filósofo escribió en el Capítulo V de su *Ética* que «el acto del delito no es un pecado en sí mismo», advirtió acto seguido que en el orden humano la imposibilidad de hacer lo que Dios hace —sondear la verdad en el corazón— impone juzgar la maldad según el acto y no según el espíritu con que es ejecutado. Así, la radicación de la bondad o de la maldad en la intención es más bien un límite extremo que una propiedad efectiva del acto; no solamente debe ser llenada la intención en cada caso con un contenido que la haga real, sino que la realidad de este contenido debe, además, coincidir con la ley divina. También aquí, pues, la posición de Abelardo es oscilante; ello enriquece, ciertamente, su pensamiento, pero hace difícil exponerlo de un modo simplificado.

Entre los escritos de Abelardo hay que notar, además de su autobiografía *Historia calamitatum*, el *De unitate et trinitate divina* (escrito en 1120, condenado en 1121); el ya mencionado *Sic et Non* (1122), llamado asimismo *Compilatio sententiarum* o *Sententiae ex divinis scripturis collectae*; la *Theologia christiana* (1123 ó 1124); la *Theologia* (cuya primera parte, conservada, es la *Introductio ad theologiam*) para la cual las fechas van de 1125 a 1136 ó 1138; la *Ethica* o *Scite te ipsum* es de fecha incierta, aunque posterior a 1125; el *Dialogus inter Iudaeum Philosophum et Christianum* fue escrito al final de su vida. — Las obras lógicas principales de Abelardo son: *Introductiones parvulorum* [glosas a Aristóteles, a Porfirio y a Boecio]; *Logica ingredientibus* [glosas a Porfirio]; *Logica nostrorum petitioni* [glosas a Porfirio]; *Dialectica*. Esta última comprende cinco tratados: I [antepredicamentos, predicamentos (categorías), postpredicamentos]; II [silogismos categóricos]; III [tópicos]; IV [silogismos hipotéticos]; V [división y definición].

Ediciones de Abelardo: *Petri Abelardi Opera,* París, 1616, por Ambroise, muy incompleta; *Ouvrages inédits, d'Abélard,* por Victor Cousin, París, 1836; refundición y ampliación de esta edición por el propio Cousin: 2 vols., 1849-1859, con un estudio sobre Abelardo reproducido en *Fragments philosophiques,* II, págs. 1-217; edición de Migne *P. L., CLXXVIII.*

Véase P. Laserre: *Abelardo contra San Bernardo,* 1930, trad. esp., 1942. Sobre Abelardo y Eloísa: J. Huizinga, en *Hombres e ideas,* 1960.

ADORNO, THEODOR W[IESENGRUND] (1903-1969), nac. en Frankfurt a.M., estudió en las Universidades de Frankfurt y Viena. En 1924 trabó amistad con Alban Berg, estudiando bajo su dirección composición musical. Se deben a Adorno numerosos trabajos de musicología, que ocupan un lugar importante en su obra escrita, junto a sus trabajos sociológicos y filosóficos. En 1930, Adorno empezó una rela-

ción de muchos años con el Instituto para la Investigación Social (Institut für Sozialforschung), de Frankfurt, en estrecha colaboración con Max Horkheimer. Adorno y Horkheimer son considerados los dos principales guías de la llamada «Escuela de Frankfurt». En 1931, Adorno presentó su «Habilitationsschrift» (sobre Kierkegaard) para Paul Tillich. En 1933 el gobierno nazi le privó de su *venia legendi.* Pasó varios años en Inglaterra, especialmente en el «Merton College», de Oxford. En 1938 se trasladó a Nueva York, con el fin de proseguir los trabajos del Instituto. En 1949 regresó a Alemania, y a partir de 1951 hasta su muerte profesó filosofía y sociología en la Universidad de Frankfurt, encabezando el mencionado «Instituto».

Adorno examinó críticamente la marcha hacia la intimidad y la subjetividad propugnada por Kierkegaard. Paradójicamente, esta marcha lleva, según Adorno, a la abstracción, así como a la reificación, ya que huye de la historia real. Por otro lado, la idea kierkegaardiana de subjetividad expresa la condición social e histórica de la que, a la vez, intenta escapar —lo que, por lo demás, es típico de toda ideología—. De modo similar, el «matematismo» y el «absolutismo lógico» de Husserl son una huida del tiempo histórico concreto y una entrega al idealismo, que expresan una determinada realidad social. Adorno se opuso a todo individualismo abstracto, esto es, a toda noción de individuo ajena a su componente social, pero a la vez se opuso a la disolución del individuo en lo social, ya que en tal disolución desaparece su carácter concreto. El único modo de evitar la posible doble caída en la subjetividad y en lo abstracto consiste, según Adorno, en la adopción de un método dialéctico. Éste es de tipo hegeliano, pero, al mismo tiempo, se opone a Hegel en la medida en que rechaza el contenido de su ontología.

Adorno adoptó la teoría crítica, expuesta y desarrollada asimismo por Horkheimer. Las posiciones de estos dos autores difieren en varios puntos tanto filosóficos como políticos. En este último respecto se estima que Adorno ocupó en la Escuela de Frankfurt una postura «centrista» entre Horkheimer y Marcuse. El pensamiento de Adorno es, en todo caso, más acusadamente dialéctico que el de Horkheimer. Es asimismo menos sistemático o, en todo caso, menos determinado por consideraciones de carácter filosófico. Más aún que Horkheimer, Adorno lleva a cabo la crítica de las ideologías, e incluye en éstas las teorías filosóficas, que expresan situaciones al tiempo que frustraciones sociales. Específicamente, Adorno denuncia en dos direcciones de pensamiento aparentemente contrarias —la «ontología» y el «positivismo»— una raíz común: ambas son dogmáticas. Lo es asimismo, sin embargo, el materialismo dialéctico ortodoxo. En último término, todas estas corrientes son víctimas de una subjetivismo idealista, ignorante de la realidad, ignorante inclusive de lo que pueda haber en el idealismo de fecundo como planteamiento claro del problema de la apropiación por el sujeto del objeto. Adorno insiste en el carácter mitológico o mitologizante del pensamiento filosófico, y hasta de todo pretendido pensamiento dialéctico.

Contra la dialéctica «positiva», Adorno propone una «dialéctica negativa». Las dialécticas que han elaborado muchas de las «teorías del progreso» son dialécticas inauténticas, de carácter meramente abstracto y fundadas en «fases» o «etapas» que se suceden una a otra casi mecánicamente. La meta última de tales dialécticas ha sido la misma que la de la «teoría tradicional»: el dominio. Pero al dominar, o tratar de dominar, la Naturaleza y el medio, el hombre ha terminado por convertirse él mismo en objeto de su propio dominio, esto es, se ha reificado y alienado. Adorno se ha planteado a menudo la cuestión de cómo ha sido posible que las ideas de progreso y de emancipación o liberación hayan conducido a lo opuesto: a la esclavización, sea en nombre de una tecnología refinada o de una doctrina dogmática. Ello ha ocurrido porque en semejantes ideas se ha olvidado que «la historia universal debe construirse y negarse». Es necesario, pues, al hacer funcionar la dialéctica negativa, criticar a fondo toda filosofía y aun toda utopía, las cuales tienden a ser «positivas» en la medida en que siguen siendo doctrinarias. Una verdadera utopía es, según Adorno, «inefable»; la utopía es una sociedad no represiva en la cual no es ya necesario disertar sobre la utopía.

La dialéctica negativa excluye toda conceptualización definitiva y tiene en cuenta el movimiento incesante del pensamiento al que no puede satisfacer ninguna alternativa. La propia lógica se convierte entonces en lógica dialéctica, donde la contradicción se hace objetiva. Curiosamente, el ejercicio de la lógica dialéctica, que salta por encima de toda categorización, lleva a poder comparar la teoría filosófica impulsada por la dialéctica negativa con una obra de arte, la cual no dice nada propiamente sobre la realidad. Representar los antagonismos sociales no es conceptualizarlos, sino representarlos miméticamente. Sólo así puede «hablarse» de la realidad social. Esto es distinto tanto de un materialismo dialéctico rígido como de una filosofía de la praxis. La negatividad dialéctica rechaza toda identificación, toda predicación; sólo con ello puede alcanzarse una liberación.

Entre las numerosas obras filosóficas y sociológicas de A. mencionamos: *Kierkegaard, Konstruktion des Aesthetischen*, 1933, ed. rev., 1966 (*K. Construcción de lo estético*). —*Dialektik der Aufklärung*, 1947, nuevas eds., 1969, 1971 (con M. Horkheimer) (trad. esp.: *Dialéctica de la Ilustración*, 1969). —*Zur Metalkritisk der Erkenntnistheorie*, 1956 (*Para la metacrítica de la teoría del conocimiento*). —*Minima moralia*, 1951, 3.ª ed., 1965. —*Drei Studien zu Hegel*, 1963 (colección de ensayos desde 1957; incluye «Aspekte der Hegelschen Philosophie» y «Erfahrungsgehalte der Hegelschen Philosophie»). —*Eingriffe*, 1963 (*Interferencias*). —*Jargon der Eigentlichkeit. Zur deutschen Ideologie*, 1964 (*Jerga de la autenticidad. Para la ideología alemana*). —*Negative Dialektik*, 1966, 2.ª ed., 1967. —*Aesthetische Theorie*, 1970. —*Das Elend der kritischen Theorie*, 1970 (con Habermas y Marcuse) (*La miseria de la teoría crítica*). —*Erziehung zur Mündigkeit*, 1970 (*Educación para la madurez*). —*Philosophische Terminologie. Zur Einleitung*, 1973 (trad. esp: *Terminología filosófica*, 2 vols., 1973-1976).

Entre sus escritos de musicología mencionamos: *Philosophie der neuen Musik*, 1949. —*Prismen. Kulturkritik und Gesellschaft*, 1955. —*Dissonanzen*, 1956. —*Klangfiguren*, 1959. —*Einleitung in due Musiksoziologie*, 1962.

Hay, además, colección de trabajos como: *Noten zur Literatur*, 3 vols. (I, 1958; II, 1961; III, 1965). —*Soziologie. Reden und Vorträge*, 1962 (con trabajos de Horkheimer). Desde 1970 se publican los escritos completos, *Gesammelte Schriften*, 20 vols., que incluyen los *Soziologische Schriften* [«Escritos sociológicos»], partes I y II, 1975 (con textos en inglés y en alemán).

Hay numerosas traducciones de obras de A. al español, pero no siempre están completas ni llevan siempre traducciones exactas de los títulos originales. Mencionamos (además de las antes indicadas): *Justificación de la filosofía*, 1968. —*La ideología como lenguaje*, 1971 [es trad. parcial]. —*Prismas*, 1962. —*Crítica cultural y sociedad*, 1969. —*Tres estudios sobre Hegel*, 1973. —*Consignas*, 1973. —*Dialéctica negativa*, 1974. —*Filosofía de la nueva música*, 1966. —*Disonancias*, 1966. —*Impromptus*, 1985. —*Del sufrimiento a la verdad*, 1985.

AGUSTIN (SAN) (354-430), nac. en Tagaste (provincia romana de Numidia), de padre pagano y madre cristiana (Santa Mónica). Formado en el cristianismo, pasó sin embargo largo tiempo despegado de la creencia cristiana antes de su conversión en 386. En 365 se trasladó a Madaura, en la citada provincia, donde estudió gramática y los clásicos latinos. Tras un año de residencia en Tagaste (369-70) se dirigió a Cartago, donde estudió retórica y comenzó a interesarse en problemas filosóficos y religiosos, especialmente tras la lectura del perdido diálogo *Hortensius*, de Cicerón. Le atrajo ante todo el maniqueísmo, en el cual vio una solución al problema de la existencia del mal y una explicación de las pasiones. En 374 regresó a Tagaste y poco después de nuevo a Cartago, donde abrió una escuela de retórica. En 383 partió hacia Roma, donde asimismo abrió otra escuela de la misma disciplina. Ya antes de su partida para Roma manifestó dudas acerca del dualismo maniqueo, las cuales se intensificaron en su nueva residencia. En 384 se trasladó a Milán para enseñar retórica. En Roma y Milán trabó conocimiento con las doctrinas escépticas de la Academia platónica. Fue en Milán donde manifestó sus primeras fuertes inclinaciones a las creencias cristianas, en parte por la influencia de los sermones de San Ambrosio. La lectura de varios textos plotinianos en la versión latina de Mario Cayo Victorino, «el Africano», trastornó intensamente sus convicciones precristianas. El neoplatonismo lo condujo más firmemente al cristianismo. Las lecturas de los Evangelios y de San Pablo lo confirmaron en su nueva creencia, que se tradujo en la conversión citada *(Conf.,* VIII*)*, recibiendo el bautismo en 387. En esta época comenzó su intensa actividad de escritor, produciendo, entre otras obras, los libros *Contra académicos*, los *Soliloquia* y el *De inmortalitate animae* (indicaremos aquí sólo algunas obras; una lista más completa de ellas, con fechas de composición, en bibliografía). Agustín residió un breve período en Roma *(De libero arbitrio)*, y en 388 se trasladó a Cartago, donde residió hasta 391 como miembro de una comunidad monástica *(De vera religione)*. En 391 fue ordenado sacerdote en Hipona y escribió una serie de obras contra los maniqueos, otra contra los donatistas, y un comentario al *Génesis,* a dos Epístolas de San Pablo y varios otros escritos. En 395 fue consagrado obispo auxiliar de Hipona, y en 396, a la muerte del obispo Valerio, le sucedió. Continuó su polémica contra los donatistas, pero escribió asimismo obras de interés general teológico (como *De doctrina christiana*) y parte de las *Confesiones*. En 400 comenzó a redactar los libros *De Trinitate,* y en 401 extensos comentarios al *Génesis* (distintos del antes mencionado, que era incompleto). A partir de 411 sostuvo polémicas contra los pelagianos, y entre 412 y 426 completó varias de sus más importantes obras (incluyendo *De libero arbitrio* y *De civitate Dei)*. Desarrolló una intensa actividad literaria hasta su muerte, que sucedió durante el sitio de Hipona por los vándalos.

Los sucintos datos antes presentados se proponen mostrar que las principales ideas filosóficas (y teológicas) de San Agustín fueron engendradas en el curso de una vida apasionada y activa. La mayor parte de dichas ideas surgieron al hilo de las polémicas teológicas y con vistas al establecimiento y esclarecimiento de los *credibilia* —o «cosas que han de ser objeto de fe»—. Propiamente hablando, sin embargo, no hay «una filosofía» de San Agustín separable de su teología, y hasta de sus experiencias personales. Debe tenerse en cuenta que en San Agustín la reflexión filosófica procede según el *Credo ut intelli-*

gam, creo para comprender, en el sentido formulado, dentro, justamente, de la tradición agustiniana, por San Anselmo. San Agustín no cree porque sí, y menos porque el objeto de la creencia sea absurdo. Tampoco comprende por comprender, sino que cree para comprender —y, podría añadirse, comprende para creer—. Por la naturaleza de esta obra, destacaremos aquí brevemente sólo los elementos filosóficos del pensamiento de San Agustín. Prescindiremos de la llamada «evolución intelectual de San Agustín», ciertamente importante, pero imposible de traer a cuenta en tan breve espacio, y forzaremos muy a nuestro pesar el carácter «sistemático» de los pensamientos filosóficos agustinianos.

Desde sus primeras inquisiciones filosóficas San Agustín buscó no (o no sólo) una verdad que satisficiera a su mente, sino una que colmara su corazón, solamente así puede conseguir la felicidad. Puede decirse que San Agustín fue un eudemonista. Mas este eudemonismo no consiste en alcanzar ninguna clase de bienes temporales o en satisfacer las pasiones. No consiste ni siquiera en un placer o contento estable, moderado y razonable, al modo de los epicúreos. Éstas son felicidades efímeras, incapaces de apaciguar al ser humano. La verdadera felicidad se encuentra únicamente en la posesión de la verdad completa —verdad que debe trascender todas las verdades particulares, pues de lo contrario no sería, propiamente hablando, «*la* Verdad». La Verdad perseguida por San Agustín es la medida (absoluta) de todas las verdades posibles. Esta Suprema Medida es, y sólo puede ser, Dios.

La busca agustiniana de la Verdad no es, así, sólo contemplativa, sino también eminentemente «activa»; no implica sólo conocimiento, sino, como veremos luego, fe y amor. La verdad debe conocerse no simplemente para saber lo que es «Lo que Es»; debe conocerse para conseguir el reposo completo y la completa tranquilidad que el alma necesita. La posesión de la Verdad, antes que ser objeto de ciencia, lo es de sapiencia o sabiduría. Y la busca de la verdad no es un método, sino un «camino espiritual» —un peregrinaje, un «itinerario».

Dentro de este itinerario se desarrolla lo que podría llamarse la «teoría del conocimiento» de San Agustín —siempre que no tomemos la citada expresión como designando simplemente una particular disciplina filosófica—. Dicha teoría del conocimiento se halla orientada en la noción de certidumbre. Como ésta tiene que ser absoluta, no basta apoyarse en los sentidos. San Agustín se manifiesta en éste y otros respectos un platónico. Mas, a diferencia de Platón (cuando menos del Platón dualista ofrecido por la imagen tradicional), San Agustín no establece ninguna distinción tajante entre experiencia sensible y saber; hay que ascender de la primera al segundo, para luego justificar por el segundo la primera. Al examinar los objetos sensibles, descubrimos que éstos poseen propiedades comunes a varios: son los llamados «sensibles comunes», en cuya percepción hay ya conocimiento. Como estos «sensibles comunes» no son directamente accesibles a los órganos de los sentidos, San Agustín supone que hay un órgano de percepción de ellos que no es exterior, sino interior —una especie de «sentido íntimo» o «sentido de los sentidos» que unifica las percepciones exteriores—. Los «sensibles comunes» no son, empero, todavía un conocimiento pleno. Al sentido interno unificador se sobrepone un órgano que puede llamarse «razón» o «intelección».

La importancia del sentido íntimo no consiste solamente en su función unificadora. Por medio de él se puede mostrar que es posible la certidumbre y, por lo tanto, que debe rechazarse el escepticismo. San Agustín tenía muy presentes los argumentos contra la posibilidad de una certidumbre completa formulados por los escépticos y en particular por los «académicos». De haberse aceptado tales argumentos no se habría podido obtener la certidumbre, y la felicidad del alma que proporciona. De ahí que San Agustín se esfuerce por probar que, dentro de la propia actitud escéptica, existe la posibilidad de superarla. En efecto, *si fallor, sum*, esto es, el que todos los enunciados que formulo puedan ser falsos, no quita que sea cierto

el que los formule. La falibilidad
es prueba de que es falible. Pero
San Agustín no se detiene aquí.
La certidumbre del propio errar y
del propio vivir son insuficientes.
Es menester alcanzar una certidumbre de algo que no sea muda-
ble, de la plena verdad. Y verdad
significa para San Agustín, como
lo significó para Platón, lo que no
muda ni se altera. Sólo el alma
racional puede alcanzar la posesión de verdades eternas referidas
a objetos eternos, es decir, verdaderamente existentes. Dichas verdades constituyen un «tesoro interior»; se hallan en el alma. Pero
no como meros entes de razón u
objetos de la imaginación, ya que
de lo contrario sería ilusión y en-
gaño.

La «teoría del conocimiento»
de San Agustín representa, con
ello, la mezcla de dos ingredientes
aparentemente en conflicto: por
un lado, la afirmación de la realidad del alma como ser de las
verdades; por el otro, la afirmación de la realidad de la Verdad
suprema como foco y origen de
estas verdades. Esos dos ingredientes corresponden, en gran
parte, a los dos principales elementos con los cuales San Agustín ha elaborado su pensamiento
filosófico: el cristianismo y la filosofía griega o, más exactamente,
el neoplatonismo. Se ha dicho a
veces que San Agustín fue el primero en integrar plenamente ambos elementos. Ello es cierto si no
lo interpretamos simplemente como un proceso histórico, mas
también filosófico. La integración

de estos elementos es consecuencia de una visión del alma como
algo a la vez íntimo y racional, es
decir, como experiencia y razón.
La doctrina agustiniana de la
«iluminación divina» como «iluminación interior» es la formulación de esta integración de dos
verdades: la que viene del alma, y
la que le llega al alma desde Dios.

Es posible hablar de una «fenomenología del conocimiento» en
San Agustín, de un proceso que
va de la sensación a la razón.
Pero no se trata ni de una descripción pura ni de una dialéctica del
conocimiento, sino del ya mencionado «itinerario espiritual».
Como conclusión de tal «fenomenología» tenemos las dos proposiciones siguientes: (1) En el interior del hombre habita la verdad
(De vera religione, 72); (2) La
verdad es independiente del alma
y trasciende a ésta (De lib. arb., II
14). Estas proposiciones entran
en conflicto sólo cuando no se
tiene presente que el alma se trasciende a sí misma en la Verdad,
esto es, en la Vida primera, en la
Sabiduría primera y en la Realidad eterna e inmutable de Dios.
En uno de los pasajes de San
Agustín más frecuentemente citados se lee que solamente le interesan dos cosas: el alma y Dios
(Sol., I 2). La integración de
referencia o, como ha escrito Gilson, el haber repensado en cristiano el itinerario plotiniano del alma hacia Dios, es asimismo consecuencia de ese interés.

La Verdad, sin embargo, no
podría alcanzarse sin la fe, en

tanto que fe iluminada. A diferencia de los «empiristas», San Agustín piensa que no puede conocerse sin la razón. Pero a diferencia de los «racionalistas», está convencido de que no puede conocerse sin la fe. Ésta no es una fe ciega, sino iluminada e iluminadora; la misma de la cual se ha dicho que no se comprendería si no se creyera. La fe a que se refiere San Agustín no tiene nada de irracional o de «absurdo». No es tampoco fe en algo particular: en los sentidos, en la razón, en una autoridad temporal y efímera. La fe es iluminadora porque es fe en Dios y en Jesucristo; por lo tanto, en algo que trasciende toda inteligencia y que hace posible, a la vez, la inteligencia. Aquí nos hallamos, empero, con algo muy distinto de una «solución» dada al «problema» de «la relación entre fe y razón». De hecho, no se trata de un «problema» en el que se procure acordar dos cosas en principio distintas. La fe agustiniana no es una cuestión filosófica, sino aquello dentro de lo cual se hacen inteligibles las cuestiones filosóficas. Por lo demás, la fe está ligada no sólo a la razón, sino también, y sobre todo, a la caridad. La fe hace posible el entendimiento; no se entra en la verdad sino por la caridad. La razón dejada a su propio albedrío es ciega; la luz que tiene, la recibe de la fe. Por eso no se puede probar la fe; sólo se puede probar en la fe. La fe es una creencia amante, descubridora de valores, de la cual brota, como una luz, la inteligencia.

Consideraciones similares podrían hacerse respecto al «problema de Dios». La existencia de Dios no viene probada por un razonamiento, pero tampoco es asunto de fe ciega. Dios aparece «demostrado» en la misma estructura del alma poseedora de fe amante. Pero Dios no es una idea puramente inmanente en el alma. El alma aprehende a Dios como verdad necesaria e inmutable, mas dicha aprehensión sería imposible sin Su existencia. Cierto que este Dios no es cualquier Dios o cualquier divinidad o cualquier principio filosófico. Es el Dios cristiano revelado —Dios a la vez personal, eterno e incorruptible—. Sobre todo, incorruptible, que es como San Agustín lo buscó —«*ideo te, quidquid esses, esse incorruptibilem confitebar*» (*Conf.*, VII 4)—, pues de lo contrario no sería Verdad suprema, sino cosa en último término transitoria, por muy duradera que fuese. Este Dios infinitamente perfecto posee en sí mismo las *rationes* de las cosas creadas, al modo de «ideas divinas», arquetipos según los cuales las cosas creadas han sido formadas. Esto es lo que se ha llamado el «ejemplarismo» agustiniano, de raíz neoplatónica, y de tan gran influencia en la filosofía de la Edad Media. Pero hay notorias diferencias entre el ejemplarismo neoplatónico y el cristiano a causa del rechazo por este último de la noción de emanación y su admisión de la de creación.

Aunque San Agustín prestó

menos atención al problema de la estructura del mundo que a los del conocimiento, la felicidad, el alma y Dios, se hallan en sus obras numerosas referencias al modo de creación del cosmos y a la estructura de éste. Importante al respecto es su insistencia en que no hay supuesta materia sin forma, pues Dios creó todo de la nada. También es importante, aunque menos influyente, su doctrina, a la vez neoplatónica y estoica, de las *rationes seminales,* o gérmenes de las cosas a venir.

Gran atención prestó San Agustín a las cuestiones relativas al mal y a la libertad, ambas, por lo demás, íntimamente relacionadas entre sí, así como al problema del proceso histórico del hombre en cuanto proceso teológico. Habiéndonos extendido en los artículos ya citados al principio sobre estas cuestiones, nos limitaremos a tocar algunos puntos esenciales.

San Agustín no puede admitir que Dios sea el autor del mal. Por otro lado, no puede admitir que haya ningún poder capaz de socavar el poder de Dios. Su lucha contra los maniqueos, después de haber luchado contra el maniqueísmo en su alma, lo lleva, además, a excluir por completo toda realidad que no dependa de Dios. Pero como hay el mal, debe explicarse de modo que ni tenga origen divino ni tampoco origen en algún poder capaz de oponer su propia realidad a la de Dios. Simplificando, diremos que San Agustín considera que el mal se origina en el apartamiento de Dios, que es a la vez el apartamiento del ser y de la realidad. El mal no es una substancia, sino una privación o, si se quiere, un movimiento —el movimiento hacia el no ser—. Por gozar de libre albedrío, la voluntad humana puede elegir el mal, esto es, pecar. Con ello hace un mal uso del libre albedrío. Por el pecado original, además, el hombre se ha colocado en tal situación, que para salvarse necesita la gracia. La salvación del hombre no es, pues, cosa que se halle enteramente en manos del hombre.. Pero al mismo tiempo no puede decirse que el hombre se halle salvado o condenado, haga lo que haga. El hombre es libre, pero es libre de hacer libremente lo que Dios sabe que hará libremente. De este modo pueden acordarse varias cosas que parecían incompatibles: el absoluto ser y poder de Dios, y la existencia del mal; este absoluto ser y poder y el libre albedrío humano; la gracia y la predestinación. Ni qué decir tiene que estas cuestiones, extremadamente difíciles, han sido abundantemente discutidas, y que puede hallarse en textos de San Agustín materia para diversas opiniones, como lo prueban los debates teológicos y filosóficos de los siglos XVI y XVII. Sin embargo, en alguna ocasión cede San Agustín en la importancia concedida al ser, poder y amor infinitos de Dios y a la vez en la afirmación de la posesión por el hombre de libre albedrío. Lo que sucede es que este libre albedrío es impotente para elegir el bien sin el auxilio de la gracia, de modo que, en último término, todo bien viene de Dios.

Las anteriores nociones —libre albedrío, mal, pecado, salvación, condenación— y otras relacionadas con ellas —redención, justicia, etc.— constituyen los elementos principales con los cuales San Agustín ha desarrollado su filosofía de la historia, que es a la vez una teología de la historia y una teodicea. La historia no es para San Agustín la descripción de ciertos acontecimientos políticos, sino el modo como todos los acontecimientos políticos —las «historias de los Imperios»— se organizan en torno al proceso teológico. La idea de la Ciudad de Dios es aquí fundamental; la discusión sobre el significado de esta expresión y el modo como fue usada por San Agustín ha dado origen a múltiples interpretaciones.

Obras de San Agustín: edición del Monasterio del Escorial, ed. V. Capánaga, A. Custodio Vega *et al.,* con texto latino y trad. esp. (Madrid, 18 vols., 1946-1959).

Bibliografía: Bibliografía de obras de S. A. y sobre S. A. en la «Introducción general a las Obras de S. A.», publicadas por la Biblioteca de Autores Cristianos, tomo I (1946), págs. 1-327 (2.ª ed., aumentada, 1950).

Véase: —R. Jolivet, *S. A. y el neoplatonismo cristiano,* 1932, trad. esp., 1941. —Erich Przywara, *S. A.,* 1934, trad. esp., 1940. —F. J. A. Belgodere, *S. A. y su obra,* 1945. —P. Muñoz Vega,

Introducción a la síntesis de S. A., 1945. —M. F. Sciacca, *S. A.,* 1949, trad. esp., 1955. —Félix García, *S. A.,* 1953. —V. Capánaga, *S. A.,* 1954. —G. Vaca, *La vida religiosa en S. A.,* 2 vols., 1956. —A. Muñoz Alonso, *Presencia intelectual de S. A.,* 1961.

Entre las publicaciones aparecidas con motivo del decimoquinto centenario de S. A. figura: *Religión y Cultura* (Madrid, 1931).

ALBERTO (SAN) de Bollstädt o de Colonia, llamado el Grande o Magno y el *doctor universalis* (1206-1280), nac. en Lauingen (Suabia). Ingresó hacia 1223 en la Orden de los Dominicos y profesó, entre otras ciudades, en Friburgo, Colonia y París (en esta última fue *magister* de teología [*ca.* 1242-1248] en el *Studium generale* dominico de Saint-Jacques, incorporado a la Universidad). La invasión del aristotelismo, que había ya alcanzado gran predicamento con la obra de San Buenaventura, culmina en San Alberto Magno, pero tal invasión es al mismo tiempo contenida por la necesidad de encuadrarla en el marco de la «ortodoxia». La obra de San Alberto Magno es así al mismo tiempo una aristotelización de la filosofía y de la teología, y una discriminación de Aristóteles y de sus comentaristas árabes y judíos, con vistas a rechazar aquello que sea incompatible con las verdades de fe. La crítica del averroísmo y especialmente de las tesis de la eternidad del mundo y de la unidad del entendimiento agente, que habían llegado envueltas en la doctrina aristotélica, son una de las manifestaciones de esta necesidad doble, que no significa, por otro lado, la subordinación de la filosofía a la teología, sino la precisa delimitación de ambos dominios. Para San Alberto Magno, como para Santo Tomás, a diferencia de las direcciones platónico-agustinianas, la razón debe comenzar por limitarse, pero esta limitación no es negación de la razón, sino justamente aquello que permitirá prestar una confianza completa en lo que la razón establezca. La limitación del poder racional es simultáneamente una reafirmación de su poder dentro de sus límites. Allí donde la razón carece de poder demostrativo tiene la fe la última palabra, pero dentro de la esfera de la filosofía estricta la razón es determinante y constituye el criterio supremo. En el curso de sus paráfrasis a Aristóteles y a los comentaristas, siguiendo el orden mismo de los temas aristotélicos, San Alberto Magno establece una serie de proposiciones que Santo Tomás desarrolló posteriormente y, sobre todo, ordenó sobre el conjunto de los materiales preparados por su maestro. Estas tesis, que son, aparte la distinción rigurosa entre las esferas filosófica y teológica y la posibilidad de su mutua armonía, la doctrina de los universales como algo que está ante y en las cosas, y la teoría de la libertad de la voluntad, confirman, al mismo tiempo, el propósito fundamental de su obra de transmitir a los latinos y hacerles comprensibles los saberes de la tradición griega. Pero en la obra de San Alberto Magno no se halla tampoco ausente la influencia platónica y neoplatónica, sobre todo a través de los escritos pseudo-aristotélicos de contenido neoplatónico y del Pseudo-Dionisio. Su labor se extendió también a las ciencias de la Naturaleza, en donde, siguiendo los precedentes del empirismo aristotélico, trabajó especialmente en la esfera de la biología y consideró la experiencia como criterio de verdad de todo aserto concerniente a lo contingente y particular.

Las obras de San Alberto Magno suelen dividirse en una serie filosófica —que abarca escritos de lógica y de filosofía real (matemática, física, metafísica)— y una serie teológica —que comprende comentarios a las *Sentencias* de Pedro Lombardo y a los escritos del Pseudo-Dionisio, una *Summa de creaturis,* una *Summa theologiae* y varios escritos místicos y ascéticos.

La edición completa *(Opera omnia)* más manejada ha sido la de Jammy, 21 vols., Lyon, 1651, reimpresa por A. Borgnet, 38 vols., París, 1890-99, 1972 y sigs.

Hay trad. esp. del tratado titulado: *La unión con Dios* (1948).

Biografías: —A. G. Menéndez-Reigada, *Vida de S. A. M.,* 1932. —A. Garreau, *San Alberto El Grande,* 1932, trad. esp. 1944.

Sobre la obra de San Alberto Magno véase: —Pedro Ribes Montané, *Cognoscibilidad y de-*

mostración de Dios según A. M., 1968 (tesis). —Idem., *Verdad y bien en el filosofar de A. M.,* 1974.

ALEMBERT, JEAN LE ROND D' (1717-1783), nac. en París. Estudió leyes, medicina, matemáticas y física y se consagró especialmente a estas dos últimos, a las que contribuyó con diversas publicaciones a partir de su «Mémoire sur le calcul intégral» de 1739. Su más conocido trabajo científico es el *Traité de dynamique,* de 1743. A él siguieron, entre otros trabajos, el *Traité de l'equilibre et du mouvement des fluides* (1744), el *Essai d'une nouvelle théorie sur la résistance des fluides* (1752) y las *Recherches sur différents points importants du système du monde* (1754-6). Junto a estos trabajos científicos publicó buen número de ensayos críticos, históricos y filosóficos, agrupados en los *Mélanges de littérature, d'histoire et de philosophie* (1752), un *Essai sur les éléments de la philosophie* (1759) y el «Discours préliminaire de l'*Encyclopédie»* (1751), su más conocida obra. Escribió, además, para la *Enciclopedia* diversos artículos, y dirigió con Diderot la publicación de dicha obra.

D'Alembert reflejó en sus ideas filosóficas muchas de las corrientes a la vez racionalistas y empiristas de la Ilustración. El racionalismo de d'Alembert se manifiesta en la lucha contra lo que consideraba el oscurantismo de toda creencia en mitos y, en general, en una realidad trascendente.

Su empirismo se revela en su oposición a principios metafísicos incomprobados e incomprobables por medio de la experiencia. Considerando a Locke como modelo de filósofo y a Newton como modelo de científico, d'Alembert fundamentó y divulgó la idea de la unidad del saber a base de la formación de una serie de principios procedentes de la observación y que a la vez sirviesen de guías para ulteriores observaciones. La relación entre principios y hechos era para d'Alembert equivalente a la relación entre leyes y fenómenos. En esta relación subrayaba constantemente el elemento empírico, más allá del cual no puede ir la razón. La filosofía es la unificadora de los saberes, pero no al modo de la metafísica tradicional, sino como sistema racional y demostrable de todas las relaciones entre principios y fenómenos. En último término, son éstos el fundamento de todo conocimiento. Y ello también en la propia matemática, la cual interpretó empíricamente como ciencia de las propiedades generales de todas las cosas, hecha abstracción de sus cualidades sensibles.

La unidad del saber se manifiesta, según d'Alembert, no sólo en la organización actual de las ciencias, sino también en el progreso científico a través de la historia. En su «Discurso preliminar», d'Alembert indicó que las «ciencias» pueden clasificarse según las facultades: la memoria (Historia: sagrada, civil y natural); razón (filosofía y ciencia: de

Dios, del hombre y de la Naturaleza); imaginación (poesía: narrativa, dramática y parabólica). Como se ve, las «ciencias» son todas las actividades culturales humanas, las cuales evolucionan y progresan históricamente, de tal suerte que la historia de la cultura humana puede ser comparada con la historia del proceso de la mente humana en su esfuerzo por conocer los fenómenos, organizarlos y explicarlos. El estudio de la historia no es, pues, una mera curiosidad: es el único modo que tiene el hombre de conocerse a sí mismo y de poder orientarse en el futuro no sólo en su saber, sino en su acción sobre la Naturaleza y la sociedad.

Nueva edición de los citados *Mélanges,* 5 vols., 1770, y de la ed. de 1805 del *Essai,* 1965. —Ediciones de obras: *Oeuvres philosophiques, historiques et littéraires,* 18 vols., 1805, ed. Bastien; *Oeuvres,* 5 vols., 1821, ed. Didot; *Oeuvres et correspondance inédites,* 1887, ed. C. Henry. —Hay varias trad. del «Discours»; entre las últimas, citamos: *Discurso preliminar a la Enciclopedia, a dos siglos de su publicación,* 1954, por A. A. Barbagelata.

ALTHUSSER, LOUIS, nac. (1918) en Birmandréis, Argel, ha sido profesor en la «Escuela Normal Superior», de París. Junto con Lévi-Strauss, Michel Foucault, Jacques Lacan y Roland Barthes, es presentado a menudo como uno de los representantes del estructuralismo francés. Sien-

do marxista, ha sido presentado a la vez como el «marxista estructuralista» por excelencia. Sin embargo, como la mayor parte de los autores citados, aunque por razones distintas de las de cada uno de ellos, Althusser niega que sea un estructuralista. Esto no impide una de estas dos cosas o ambas a un tiempo: que para su «lectura de Marx», Althusser haya empleado algunos conceptos procedentes del, o afines al, estructuralismo —y haya empleado, ciertamente, la idea de «corte epistemológico» propuesta por Bachelard—; o que en el curso de tal «lectura» sus esquemas y modelos conceptuales hayan coincidido en parte con los elaborados por algunos autores estructuralistas.

En todo caso, como varios autores estructuralistas, Althusser ha rechazado el humanismo, y específicamente el humanismo marxista (o marxismo humanista), tanto del Marx de los *Manuscritos económico-filosóficos,* de 1844, como de los que han insistido en las raíces «existenciales» del Marx en cuestión. Por otro lado, sin dejar de ser marxista, y aun sosteniendo que con ello apelaba realmente a Marx en vez de «volver a» Marx, Althusser ha combatido el marxismo-leninismo fosilizado del materialismo dialéctico «ortodoxo» tal como fue elaborado por los filósofos soviéticos y auspiciado como doctrina oficial por los comunistas franceses. Así, pues, Althusser no es, o no se ve a sí mismo, como una especie de «neo-stalinista», sino como un teórico marxista. En vez de predicar una vaga unidad de la teoría con la práctica, Althusser ha destacado las bases teóricas del marxismo. A este efecto ha clasificado el pensamiento de Marx en varias fases, hablando de una «ruptura» (o «corte») epistemológica—, que tuvo lugar en Marx en 1845; de 1845 a 1857 hubo un período de transición y en 1857 apareció el «Marx maduro», ya sin trazas de hegelianismo, del que, de todos modos, se fue desprendiendo en la fase feuerbachiana. Althusser ha insistido en el «último Marx», el Marx de *El Capital,* al punto que se le ha acusado de echar por la borda al «primer Marx», de olvidar la continuidad del pensamiento de Marx, certificada por los *Grundrisse,* y, en general, de tratar de forzar el pensamiento de Marx dentro de su propio molde del marxismo.

Lo último puede no ser rechazado enteramente por Althusser, para quien el pensamiento expresado por Marx en *El Capital* no es una ideología, resultado de una formación social, sino una ciencia. Pero aunque el propio Marx podía haber empleado los debidos fundamentos epistemológicos de su ciencia, no proporcionó su modelo conceptual. Éste se halla «ausente», y la tarea de Althusser —y de sus colaboradores— consiste en hacerlo presente. Se trata, pues, en parte de rellenar las lagunas teóricas de Marx y, con ello, del marxismo.

Para Althusser la ciencia no es simple superestructura derivable de formaciones sociales; es una práctica autónoma que produce conocimiento. La noción de producción es básica en Althusser. Hay una producción material, una política, una ideología, una teórica; cada producción es una práctica que tiene sus propias estructuras. La práctica de la teoría es una producción de conocimiento. No es siempre claro si cada ciencia tiene su propia práctica, esto es, su propio modo de producir conocimiento, o si hay, o hay asimismo, una ciencia, o teoría general, de la práctica, incluyendo la de las ciencias. Si la hay parece ser de naturaleza epistemológica. En principio, Althusser parece inclinarse por esta alternativa. Su pensamiento puede ser considerado como el de una teoría filosófica del marxismo en cuanto materialismo dialéctico. Esta teoría es una teoría de la actividad teórica, dentro de la cual se hallan las ciencias. Mientras las formaciones sociales dan lugar a ideologías —entre las cuales figura para Althusser la interpretación humanista del marxismo—, el materialismo dialéctico en cuanto teoría de la actividad teórica no es una ideología. La teoría de la actividad teórica estudia ésta como una producción que forma cuerpo con las correspondientes formaciones sociales, pero la teoría de la actividad teórica misma es autónoma o, en todo caso, puede exhibir sus propias estructuras. Ello parece conducir a la idea de que todas las estructuras están a la par. No tal cual, según Althusser, el cual critica a Lévi-Strauss precisamente en este punto. Si bien hay que tener en cuenta siempre varias estructuras para poner de relieve una contradicción que puede aparecer en una sola —con lo cual se produce lo que Althusser llama una «superdeterminación»—, hay «una determinación, en última instancia, de la economía», a diferencia de un papel dominante que puede tener una estructura —o un nivel— determinada en un momento histórico dado. El papel determinante, «en última instancia», de la economía no hace del marxismo de Althusser una forma de economismo; no se afirma que la economía opere siempre directamente en todo nivel, sino más bien que los efectos de la economía se hallan presentes en todos los niveles, aun en los casos en que estén «ausentes» justamente en virtud de su ausencia.

Pueden distinguirse dos fases en el pensamiento de Althusser. La primera es la someramente bosquejada. En la segunda, bajo la influencia de Lenin, Althusser reconoce haber extremado la propensión teórica, si bien ha justificado este procedimiento por el carácter ocasional de su reacción contra todas las formas de marxismo humanista. Una vez reconocido que el marxismo es una teoría y no una ideología, no es ya necesario destacar, y exagerar, sus fundamentos epistemológicos y, *a fortiori*, los fundamentos epistemológicos de toda produc-

ción teórica. Althusser pasa de este modo de la filosofía como estricta teoría a la filosofía como intervención política —aunque, a su entender, no se trata del paso de una fase a otra, sino de dos movimientos convergentes—. La práctica teórica, y específicamente epistemológica, parece haberse transformado simplemente en «práctica». Pero ésta está ya fundada filosóficamente por medio de una adecuada «lectura» de Marx. La práctica filosófica de Lenin constituye el modelo de una actividad política en forma teórica, capaz de distinguir entre ciencia e ideología. La filosofía es, «en última instancia», concluye Althusser, «lucha de clases en la teoría».

Escritos principales: *Montesquieu, la politique et l'histoire*, 1959. —*Manifestes philosopiques de Feuerbach (1839-1945), textes choisis*, 1960. —*Lire «Le Capital»*, 2 vols., 1965-1968 (con E. Balibar, Rancière, Macherey, Establet). —*Pour Marx*, 1966. —*Lénine et la philosophie*, 1969. —*Réponse à John Lewis*, 1973. —*Philosophie et philosophie spontanée des savants*, 1974. —*Éléments d'autocritique*, 1974. —*Positions (1964-1975)*, 1976.

Varias obras de A.: *Montesquieu, Pour Marx, Lire «Le Capital»* y la traducción de textos de Feuerbach, fueron presentadas como tesis doctoral en la Universidad de Amiens, 1975.

Hay trad. esp. de casi todos los textos de A.: *Para Marx*, 1967; *La revolución teórica de Marx*, 1969;

Para leer «El Capital», 1969; *Lenin y la filosofía*, 1970; *Freud y Lacan*, 1971; *Montesquieu, la política y la historia*, 1974; *Escritos (1968-1970)*, 1974; *Para una crítica de la práctica teórica*, 1974; *Curso de filosofía para científicos*, 1975; *Elementos de autocrítica*, 1976.

También en trad. esp.: A. Bodiou y L. A.: *El (re)comienzo del materialismo dialéctico*, 1969.

Véase asimismo trad. esp. de una entrevista en *L'Unità*, de 1968: *La filosofía como arma de la revolución*, 1972.

Sobre A.: Marta Harnecker, *Los conceptos elementales del materialismo histórico*, 1969, 6.ª ed., 1970. —Saül Karsz, *Lectura de A.*, 1974, trad. esp. ídem. —Manuel Cruz, *La crisis del stalinismo. El caso A.»*, 1977. —Adolfo Sánchez Vázquez, *Ciencia y revolución. El marxismo de A.*, 1978.

ANAXÁGORAS *(ca.* 499-428 antes de J. C.), nac. en Clazomene (Asia Menor) y se dirigió a Atenas en 453. Ligado por amistad y por adhesión política a Pericles, fue acusado de impiedad por los enemigos de éste y se vio obligado a abandonar la ciudad en 434, falleciendo en Lámpsaco. Anaxágoras fue, según dice Diógenes Laercio, «el primero que a la materia (ὕλη) añadió la inteligencia (νοῦς)». La «tradición jónica» se renueva en Anaxágoras, en cuya opinión nada se engendra ni se destruye, sino que hay simple mezcla y separación. La cuestión fundamental de la filosofía presocrática, la interrogación por el ser permanente con vistas a la explicación de lo que acontece y cambia, es resuelta por Anaxágoras no mediante la suposición de un principio único ni mediante la afirmación de que sólo el ser es, al modo de Parménides, sino por la hipótesis de un número infinito de elementos, de gérmenes o semillas, que se diferencian entre sí cualitativamente, que poseen propiedades irreductibles y por cuya mezcla y combinación nacen las cosas visibles. Confusión, separación y mezcla son lo que determina la formación de las cosas sobre la base de estas semillas a las cuales llamó Aristóteles *homeomerías*. Estas semillas estaban en un principio confundidas y sin orden; estaban «todas juntas» en un primitivo caos que sólo ha podido ser ordenado por el espíritu, la inteligencia, la mente, νοῦς. La masa originaria de las *homeomerías* fue sometida a un torbellino impulsado por el espíritu, por «la más fina y pura de todas las cosas». El *Nous* es así el principio del orden, pero también el principio de animación y de individualización de las cosas que constituyen el orden armónico del universo. Mas el *Nous* produce el orden de un modo previsto desde siempre, no como un destino, sino como una fuerza mecánica, que se desarrolla a partir de su propio centro, esto es, del centro de su movimiento en torbellino. El *Nous* es, por lo tanto, principio del movimiento, pero de un movimiento que se extiende casi ciegamente, porque es animación más bien que cumplimiento de una necesaria justicia. Por eso afirma Aristóteles que el pensamiento de Anaxágoras carece de claridad, porque si bien explica el tránsito del caos al orden como intervención en lo confuso y mezclado de lo puro y sin mezcla, lo explica sin justificar a su vez la finalidad de este espíritu puro y universal.

La percepción de las cosas tiene lugar, según Anaxágoras, mediante la sensación de las diferencias entre nuestros sentidos y los objetos externos. Las cosas son percibidas por sus contrarios; si hay una imposibilidad de captar la realidad en sus partes mínimas, ello es debido únicamente a la insuficiencia de los órganos sensoriales que, por otro lado, reflejan con toda exactitud lo que se pone en contacto con ellos.

Continuadores de la filosofía de Anaxágoras fueron Arquelao de Atenas o de Mileto *(fl. ca.* 400 antes de J. C.)* y Metrodoro de Lámpsaco *(fl. ca.* 420 antes de J. C.).* Se atribuye al primero un escrito titulado Περί φύσεως, *Sobre la Naturaleza,* en el cual afirmaba que el caos primitivo, la masa originaria de todas las substancias, estaba formada por el aire, siendo el *Nous* su principio ordenador. La filosofía natural de Arquelao de Atenas parecía ser, pues, una combinación de las especulaciones de Anaxágoras y Anaxímenes. En cuanto a Metrodoro, aplicó los conceptos de la filosofía natural de Anaxágoras a la interpretación de Homero,

equiparando, por ejemplo, Zeus al *Nous,* Aquiles al Sol, Agamemnon al éter, etc.

Una doctrina en algunos respectos análoga a la de Anaxágoras es la de Diógenes de Apolonia.

ANAXIMANDRO *(ca.* 610-547 antes de J. C.)* de Mileto fue uno de los llamados «fisiólogos jónicos». Según Diógenes Laercio, Anaximandro opinó que «el infinito es el principio». Este principio, ἀρχή, es el fundamento de la generación de las cosas, aquello que las abarca (περιέχει) y domina (κυβερνᾶ), pero un fundamento constituido por algo inmortal e imperecedero, por lo indeterminado, lo indiferenciado, τὸ ἄπειρον . Del *apeiron* surgen lo frío y lo cálido como separaciones de la substancia primordial, y se constituyen lo fluido, la tierra, el aire, los astros. La disposición de los elementos del universo en el espacio que ocupan está hecha así de acuerdo con el mayor o menor peso de los elementos componentes: en el centro, la tierra; cubriéndola, el agua, y recubriéndolo todo, el aire y el fuego. Este orden que ha surgido del caos ha nacido en virtud de un principio, de una substancia única, mas de una substancia que no es determinada, sino indeterminada. La indeterminación del «principio» de Anaximandro, a diferencia de la precisa determinación y trasparencia del «principio» de Tales, el agua, puede ser tanto debido a la indiferencia cualitativa que corresponde a las cosas antes de ser formadas individualmente, como al hecho de que lo infinito, es decir, lo indeterminado, recubra lo determinado, el orden del mundo. Los mundos nacen y perecen en el seno de este infinito, de este principio y substancia universal que hace que lo diverso sea, en el fondo, lo mismo. El retorno de toda formación a lo informe no es así sino el cumplimiento de una justicia contra esa injusticia que representa el que las cosas pretendan ser subsistentes por sí mismas, pues la justicia es, en última instancia, la igualdad de todo en la substancia única, la inmersión, sin diferencias, en el seno de una indeterminada infinitud.

Véase: R. Mondolfo (*Logos* 1-14-30). —M. Heidegger, *Sendas perdidas*, 1960, pp. 269-312.

ANAXÍMENES *(ca.* 588-524 antes de J. C.*)* de Mileto fue probablemente discípulo de Anaximandro, según cuenta Diógenes Laercio, y consideró, al decir de Aristóteles, el aire como anterior al agua, prefiriéndolo como principio entre los cuerpos simples. Pero este «aire», que responde a la pregunta por el principio de las cosas es también, como el «principio» de Anaximandro, algo infinito; las cosas nacen por sus condensaciones y rarefacciones, esto es, surgen del aire, al ser dilatado o comprimido, el fuego, el agua, la tierra. El aire recubre todo el orden del universo al modo como lo ilimitado contiene lo limitado,

pero este recubrimiento no se efectúa, según Anaxímenes, como lo estático cubre lo dinámico. Por el contrario, el aire es el elemento vivo y dinámico; es, como el alma humana, un aliento, o un hálito, que se opone a la pasividad de la materia y que, al mismo tiempo, la informa. La indeterminación e indiferenciación del principio o substancia primordial del universo es así una posibilidad, pero una posibilidad que es a la vez la máxima realidad, pues de ella derivan las realidades individuales, las cosas. La identidad del aire y del hálito o el espíritu, significa así la identidad de todo lo dinámico frente a lo estático; como en el *apeiron,* también hay en el aire el fundamento de la igualdad de todas las cosas, de su justicia, contra la injusticia de su individuación.

ANSELMO (SAN) (1035-1109), nac. en Aosta, peregrinó por Francia y estudió en la abadía de Bece (Normandía), en la que fue prior (1062-72). En 1093 fue elegido arzobispo de Canterbury, de cuya sede permaneció ausente durante varios años por motivos políticos, pero en donde falleció tres años después de su regreso de un exilio. San Anselmo representa en el siglo XI el máximo esfuerzo para la conciliación de la fe con la dialéctica. El principio *Credo ut intelligam,* procedente de San Agustín, es adoptado por San Anselmo como principio capital por el que debe regirse toda especulación filosófica, pues si los dogmas exigen la fe, ésta busca constantemente la comprensión. Dios permite a quien posee la fe la visión intelectual que conduce de ella a su conocimiento; sólo por la fe puede el saber ser plena evidencia y verdad. La obra de San Anselmo, encaminada a la demostración racional de la revelación, alcanza su punto culminante en las pruebas dadas, en el *Monologium* y el *Proslogion,* de la existencia y naturaleza de Dios. En la primera de dichas obras determina el saber que la razón posee de Dios mediante la teoría platónica de la participación de toda cosa en un arquetipo que la comprende y fundamenta. De este modo se puede, partiendo de cualquier objeto, llegar hasta la existencia de un Ser supremo y absoluto, infinitamente justo, por el cual se posibilita, mediante participación, la existencia de las cosas justas. Sólo porque existe este Ser absoluto y subsistente por sí mismo pueden existir las demás cosas. El supremo Ser es, por otro lado, incausado, pues de tener una causa sería, cosa imposible, inferior a ella. En el *Proslogion* desarrolla San Anselmo la prueba llamada ontológica, la cual no parte de la realidad dada, sino de la idea de Dios que posee el pensamiento. Dios es, afirma San Anselmo, lo más grande que puede pensarse. Este ser infinitamente grande no puede estar sólo en la inteligencia, es decir, no puede ser simplemente concebido y pensado. Si así fuera, cabría pensar otro ser tan grande como él y,

además, existente, esto es, mayor y más perfecto que él. No puede estar, por lo tanto, sólo en el pensamiento el ser más grande posible, pues si estuviera sólo en el pensamiento, sin que poseyera una realidad, no sería ya el ser más grande posible. El argumento ontológico no es, propiamente, a pesar del aspecto externo de su formulación, un simple paso de *toda* esencia a su existencia, pues se funda tanto en la esencia de Dios —en su calidad de ente infinitamente real— como en la noción que de Dios se forma la inteligencia humana, la cual puede ir pensando siempre seres más perfectos cuando cercena de su pensar la existencia real. La prueba ha sido empleada con diversas variantes en el curso de la historia de la filosofía; uno de sus fundamentos se halla en la imposibilidad de que un ser finito piense un ser infinito actual sin el auxilio de éste, es decir, tal como sostenía Descartes, en la idea de Dios como efecto de la existencia de Dios. Su validez fue impugnada ya en tiempos de San Anselmo por Gaunilo, quien objetaba que la realidad de Dios no puede ser deducida de nada que le sea parecido, pues nada puede afirmarse ni negarse de su esencia. El paso de la idea a la existencia puede conducir, según Gaunilo, a la afirmación de la realidad de cualquier ser pensado. A estas objeciones opuso San Anselmo que la prueba de la existencia se refiere sólo al ser infinito, pero no a ningún ser finito y, por lo tanto, únicamente es válida para Dios.

En su tratado *De veritate* deduce San Anselmo la verdad o falsedad de los juicios de la existencia o no existencia de lo enunciado en ellos. En rigor, hay verdades únicamente porque existe una verdad suprema y absoluta que las fundamenta. En el plano exclusivamente teológico, San Anselmo prosiguió su labor de explicación racional de los misterios especialmente en su obra *Cur deus homo?* *(¿Por qué Dios se hizo hombre?)*, donde se sostiene que el Verbo se ha hecho carne porque el hombre no puede, en cuanto ser finito y limitado, borrar la ofensa infinita inferida a Dios por el pecado. El método y los propósitos de San Anselmo fueron proseguidos por muchos autores escolásticos medievales; su prueba de la existencia de Dios en el *Proslogion* ha ejercido una influencia considerable hasta nuestros días, estimándose con frecuencia que su admisión o rechazo pone de relieve muchos de los supuestos ontológicos, y gran parte de las orientaciones lógicas y semánticas, de cada filósofo.

Edición de obras completas *(S. Anselmi Canturiensis Archiepiscopi Opera Omnia)* por F. S. Schmitt, O.S.B., en 6 vols. (I, 1938, edición distribuida en 1942; fotoimpresa en 1946; II, III, 1946; IV, 1949; V, 1951; VI, 1961). Edición de parte del texto latino de Schmitt y trad. esp. en la Biblioteca de Autores Cristianos, 2 vols., 1952-1953. —Traducción esp. del *Proslogion* por Robert P. Labrousse, *La razón y la fe* (1945), con el *Liber pro insipiente* de Gaunilo, la respuesta de San Anselmo, y textos relativos al argumento ontológico de Santo Tomás, Duns Escoto, Descartes, Gassendi, Malebranche, Locke, Leibniz, Hume, Kant y Hegel. Otra trad. esp. del *Proslogion* por M. Fuentes Benot, 1957. —Texto y trad. esp. por B. Maas, con prólogo de G. Blanco, 1950.

Véase: Julián Marías, *San Anselmo y el insensato y otros estudios de filosofía*, 1944.

ARISTÓTELES *(ca.* 384/3-322 antes de J. C.)*, nac. en Estagira (Macedonia), siendo llamado por ello a veces «el Estagirita». Discípulo de Platón en Atenas durante cerca de veinte años, pasó, al morir su maestro en 348, a Asia Menor (Assos), luego a Mitilene y, finalmente, a la corte del rey Filipo de Macedonia, donde fue preceptor de Alejandro Magno. Hacia el año 335 regresó a Atenas, donde fundó su escuela en el Liceo; pero el movimiento antimacedónico que resurgió al fallecer Alejandro Magno y una acusación de impiedad le obligaron a abandonar la ciudad (323) y a retirarse a Calcis de Eubea.

La extensa obra de Aristóteles, edificada sobre la platónica, discrepa de ésta tanto, por lo menos, como coincide; la frecuente tensión entre los platónicos y los aristotélicos, así como los numerosos intentos de conciliación entre ambos pensadores, señalan ya claramente el hecho de la coexistencia de una raíz común y de una considerable divergencia. Ante todo, Aristóteles desarrolla su pensamiento en extensión, no sólo por su afán de abarcar todos los saberes, sino porque, a diferencia de su maestro, atiende particularmente a las dificultades que plantea en la explicación del mundo la contradicción entre la necesidad de estudiar lo individual y contingente y el hecho de que solamente un saber de lo universal puede ser un saber verdadero. Tal es el tema alrededor del cual gira todo el pensamiento aristotélico, que quiere ser ciencia de lo que es en verdad sin sacrificar en ningún momento lo concreto y cambiante. Mas una ciencia de esta índole no puede satisfacerse, como la platónica, con la dialéctica. La dialéctica, que es, según Aristóteles, lo mismo que la sofistica, una apariencia de la filosofía, tiene un cariz estrictamente crítico que no basta para un conocimiento positivo. En vez de ella debe elaborarse un instrumento para el saber que muestre su eficacia en todos los aspectos y no sólo en el crítico; este instrumento u Organon es precisamente la lógica. Ahora bien, la lógica aristotélica puede entenderse en dos sentidos: uno, estricto, según el cual se trata, como indica W. Jaeger, de una facultad o de una técnica, y otro, más amplio, según el cual es primariamente —o, si se quiere, *también*— una vía de acceso a la realidad. La lógica en sentido técnico equivale a la lógi-

ca formal; la lógica en sentido amplio, a lo que se ha llamado posteriormente lógica material o también gran lógica. La lógica formal constituye una de las piezas maestras del pensamiento del Estagirita y puede ser examinada, como lo han hecho Łukasiewicz, Bocheński y otros autores, desde el punto de vista de la moderna lógica matemática con interesantes resultados. En efecto, aunque la lógica de Aristóteles es simplemente formal y no, como la de los estoicos, formalista, es decir, aunque en ella se presta atención, sobre todo a las fórmulas lógicas y no a las reglas de inferencia, la precisión y detalle con que han sido elaboradas las primeras, la convierte en un modelo para toda ulterior investigación lógica. No es aquí el lugar de exponer esta lógica *in extenso,* pero conviene señalar que, aunque la parte principal de ella es la silogística asertórica, no es justo reducir toda la lógica de Aristóteles —como se ha hecho frecuentemente— a un limitado fragmento de la lógica cuantificacional elemental. En efecto, aunque de un modo menos sistemático se hallan en Aristóteles contribuciones importantes a la lógica modal y también varias leyes que pertenecen a la lógica sentencial, a la lógica de las clases y a la lógica de las relaciones. Junto a las investigaciones lógico-formales se encuentran, además, en el Estagirita abundantes análisis semióticos, en particular semánticos. En cuanto a la lógica material, se basa principalmente en un examen detallado de los problemas que plantea la definición y la demostración, examen que condue a una corrección fundamental de las tendencias meramente clasificatorias y divisorias del platonismo, y que incluye un extenso tratamiento de cuestiones que rozan la ontología. Este último aspecto se advierte particularmente en el análisis aristotélico del principio o ley de la no contradicción, la cual es formulada, ciertamente, en un sentido lógico y también metalógico, pero sin olvidar, cuando menos en algunos pasajes, su alcance ontológico. Ello hace posible, como antes indicábamos, ver la lógica del Estagirita también como una vía de acceso a la realidad. Sin hacer de tal lógica, como Hegel, una disciplina metafísica, es obvio que algunas de sus partes no podrían ser entendidas a menos que admitiéramos un supuesto de Aristóteles: el de que hay una correspondencia entre el pensar lógico y la estructura ontológica. Ello acontece inclusive en partes de la lógica tan formales como la silogística; el silogismo expresa, en efecto, a menudo, en Aristóteles, el mismo encadenamiento que existe en la realidad. Pero sucede todavía más en la teoría del concepto y en la busca de los principios. Esto explica por qué dentro del *Organon* existen múltiples investigaciones, incluyendo la doctrina de las categorías. Al proponer esta doctrina, Aristóteles completa ese cerco o rodeo del objeto que se había primitiva-

mente propuesto y que tendía sobre todo a evitar que escapara por las amplias mallas de la dialéctica y de la definición al uso: el objeto queda, en efecto, apresado, primero por el acotamiento de los atributos y principalmente por la desde entonces clásica definición por el género próximo y la diferencia específica. Mas queda también apresado porque la categoría sitúa al objeto y lo hace entrar en una red conceptual que va aproximándose cada vez más a sus principios últimos. Estas categorías expresan *en gran parte,* como es notorio, la estructura gramatical de las proposiciones, pero la expresan no tanto porque Aristóteles haya tenido en cuenta el lenguaje para su formulación, como porque desde entonces el lenguaje propio ha quedado gramaticalmente articulado según las categorías aristotélicas. En el problema y la solución de las categorías se expresa, pues, del modo más preciso, lo que puede observarse en muchos aspectos de las formas del saber en Occidente: que ha venido a convertirse en dominio vulgar, y como tal alejado de las cosas y de los principios mismos de que había brotado, lo que fue en un tiempo esfuerzo penoso y directa contemplación de las cosas. En el caso de Aristóteles esto es sobremanera evidente, porque gran parte del saber occidental se ha constituido, consciente o inconscientemente, siguiendo las rutas marcadas por el aristotelismo. Sin embargo, la ampliación del marco de la dialéctica platónica tiene lugar propiamente más que en el *Organon,* en la ciencia del ser en cuanto ser, en la metafísica o, en los términos de Aristóteles, en la filosofía primera. La necesidad de una ciencia de esta índole viene determinada por la necesidad de estudiar, no una parte del ser, sino todo el ser, pero, bien entendido, el ser como ser, el ser en general. Este ser conviene analógicamente a todas las cosas que son e inclusive al no ser, pero justamente por esta universal conveniencia deben distinguirse rigurosamente sus especies a fin de no convertir la filosofía primera en la ciencia única, al modo de la ciencia de Parménides; la metafísica no es la ciencia única, sino la primera, la ciencia de las primeras causas y principios o, en otras palabras, la ciencia de lo que verdaderamente es en todo «ser» (en todo lo que es). Por eso la filosofía primera es el saber de aquello a partir de lo cual toda cosa recibe su «ser». Puede ser asimismo (bajo forma de «teología») el último fin al cual aspiran todas las cosas. Ahora bien, el marco de las investigaciones de la filosofía primera rebasa el de la dialéctica platónica, porque ésta muestra, al entender de Aristóteles, una radical insuficiencia cuando pasa por la parte crítica a la parte realmente constructiva y positiva. La teoría platónica de las ideas, de la cual ciertamente parte Aristóteles, corresponde acaso a una realidad del ser, pero no a toda la realidad. En las ideas se alcanza una visión

de la verdad a condición de sacrificar una porción de esta verdad que ninguna ciencia debe eliminar a sabiendas. Si es cierto que Platón pretende, en última instancia, salvar el mundo de los fenómenos por la participación de lo sensible en lo inteligible, no es menos evidente que esta salvación se hace mediante una relación cuya naturaleza —no obstante los esfuerzos últimos de la dialéctica platónica— es dejada en suspenso. La crítica a Platón, como culminación de la crítica de los anteriores sistemas filosóficos, comprende así, sobre todo, una crítica de la oscura noción de participación, idéntica, según Aristóteles, a la imitación pitagórica; una acusación de introducir innecesariamente un número infinito de conceptos para la explicación de las semejanzas entre las cosas y sus ideas; la indicación de que debe haber también ideas de lo negativo y, ante todo, una interrogación acerca de cómo las ideas, situadas en un lugar supraceleste, trascendentes al mundo, pueden explicar el mundo. Esta última objeción, enlazada con la crítica de la participación y de la imitación, es el verdadero punto de partida de la solución aristotélica, que si bien acepta las ideas platónicas, las trae, como se dice comúnmente, del cielo a la tierra. La brusca y radical separación entre los individuos y las ideas, entre las existencias y las esencias o, si se quiere, entre las existencias y unas supuestas esencias existentes, es para Aristóteles una falsa salvación de los fenómenos; los fenómenos no quedan salvados y entendidos por la participación, sino por la radicación de la idea, de lo universal, en la cosa misma. Entender las cosas es, así, ver lo que las cosas son. Este ser, que para Platón es mero reflejo, es, en cambio, para Aristóteles, una realidad; la cosa es, por lo pronto, sujeto, substancia de la que se enuncian las propiedades. La substancia es *en este caso,* no la esencia ni lo universal ni el género, que Aristóteles llama asimismo indistintamente substancias, sino el sujeto, la substancia primera, lo individual, la auténtica existencia. La substancia es primordialmente aquello que existe, mas lo que existe lo hace en virtud de algo que constituye su esencia. Decir algo de la substancia, del substrato, es definirlo; de la substancia se predica, empero, la esencia, aquello que la existencia es, aquello en que consiste, su «qué» o *quiddidad* o bien el accidente, lo que es, pero de modo contingente. La esencia se halla en la substancia, porque es aquello que hace de la substancia un «qué», un «algo que es», un objeto susceptible de ser conocido, pues sólo la definición, la indagación de la esencia, es conocimiento. La ciencia es de este modo saber de lo esencial y universal, mas de lo universal predicado del sujeto; ciencia es, ante todo, ciencia del ser. De todos modos, no debe en ningún caso suponerse que la metafísica es el unilateral fundamento de todo saber; precisamente lo que en gran parte caracteriza a Aristóteles es su escasa inclinación a remontarse a los primeros principios más de lo necesario. La metafísica es, en rigor, no la ciencia del ser, sino la ciencia de aquello que hace que las cosas sean; el ser o esencia de las cosas, lo que hay en ellas de universal; es el propio tiempo la forma y el acto. De ahí que, a diferencia de la dialéctica platónica, la metafísica aristotélica no sea una mera división del ser —concebido como género— en especies —entendidas como flexiones del ente—. Si hay, ciertamente, en el aristotelismo, como en todo el pensamiento antiguo, una posición del ser —y del ser inmutable— como algo de lo cual en cierto modo se desprende lo existente, hay que tener en cuenta que tal posición es mucho menos declarada, por diversos motivos, en este último pensamiento. Justamente lo que Aristóteles reprochará a Platón será siempre la innecesaria duplicación de las cosas y la tendencia a mantener alejadas las cosas de las ideas. Aristóteles se enfrenta radicalmente con Platón en tanto que procura de veras entender y no sólo vagamente explicar la génesis ontológica del objeto. Tal génesis ya comenzaba a ser desarrollada en las últimas fases del platonismo, mas para que pudiera ser llevada a sus últimas consecuencias se necesitaba la subordinación de lo que era para Platón el pensamiento superior: la dialéctica. De ahí la teoría del ser en potencia, del ser en acto, de la forma y de la materia. La forma es lo que determina la materia, lo que convierte su indeterminación en realidad: es actualidad, ser actual frente al ser potencial o posible de la materia. Forma es aquello hacia lo cual tiende lo indeterminado, su finalidad, y por eso la forma ejerce sobre la materia una atracción en virtud de la cual lo posible se convierte en real o formado. Más todavía; el ser de lo potencial es, en rigor, ser actual; sólo por la actualidad puede ser entendida la existencia de la posibilidad. Pues, como el propio Aristóteles señala claramente, «es evidente que, según la noción, es anterior el acto: sólo porque puede actuar es la potencia una potencia. Llamo, por ejemplo, capaz de construir al que puede construir; dotado de la vista, al que puede ver; visible a lo que puede ser visto. El mismo razonamiento se aplica a todo lo demás, de suerte que necesariamente la noción y el conocimiento del acto son anteriores al conocimiento de la potencia» *(Met., Θ,* VIII, 1049 b 10-20). Esta anterioridad se refiere, empero, a la noción, no al tiempo. Lo que es, es propiamente el acto y la forma, hasta tal punto que ella sirve para determinar la realidad. Si hay usualmente acto y potencia, forma y materia, es porque lo real oscila entre una pura potencia que es un no ser y una forma pura que es la única que nada tiene recibido. De ahí también la indisoluble unidad de la física, de la metafísica y de la teología aristotélicas. La física, como ciencia de las causas segundas, se apoya en los primeros principios de la metafísica, en la teoría de las causas, en la idea de la organización teleológica y organológica del mundo. En ella se inserta el análisis aristotélico del movimiento y del devenir, de tan decisiva influencia en la filosofía. Eternidad de la materia; infinita extensión del pasado y del futuro; limitación espacial; creación, por el movimiento circular esférico, del lugar y de la medida de lo temporal; incorporación, como elementos de la concepción física del mundo, de los resultados del examen científico, dado tanto por la reflexión natural como por la natural interpretación de los datos de los sentidos: todo ello compone una física en la cual se inserta la teología, no como saber de algo absolutamente trascendente al ser, sino como la culminación misma del ser. La teología, que es la ciencia de la causa absolutamente primera, del primer motor, culmina en la afirmación de la forma pura, de aquello que es necesario por sí mismo y no, como en las demás cosas, dependiente y contingente. Lo absolutamente necesario es justamente aquello que no cambia, lo inmóvil, lo que mueve sin ser movido, lo que encuentra en sí mismo su razón de ser. Esta absoluta existencia es el acto puro, la forma de las formas, el pensar del pensar, o, como Aristóteles dice, la vida teórica, el ser que no se mueve ni desea o aspira como las cosas imperfectas, sino que permanece siempre constantemente igual a sí mismo. El ensimismamiento del Dios aristotélico, el pensar sólo en sí mismo no es para Aristóteles, empero, una manifestación de un egoísmo, sino de su absoluta subsistencia; Dios piensa sólo en sí mismo, porque no puede tener otro objeto superior en qué pensar.

La filosofía de Aristóteles, que se inicia con el hallazgo de un instrumento para la ciencia y que culmina en una metafísica a la cual se subordina la teología, la teoría del mundo físico y la doctrina del alma como entelequia del cuerpo, se redondea con una doctrina ética y política cuyo intelectualismo no representa, sin embargo, el imperio de la razón, sino de lo razonable. El ideal griego de la mesura se manifiesta de modo ejemplar en una moral que es, ciertamente, enseñable, pero cuyo saber es insuficiente si no va acompañado de su práctica. Tal práctica se sigue inmediatamente para el sabio del reconocimiento de la felicidad a que conduce el simple desarrollo de la actividad racional humana, pues la vida feliz es por excelencia la vida contemplativa. Sin embargo, sería equivocado concebir esta vida contemplativa por mera analogía con la razón moderna. Por un lado, la vida contemplativa no es propiamente exclusión de la acción, sino la propia acción purificada. Por otro lado, la vida contemplativa designa sobre todo la aspiración a un sosiego que sólo

puede dar, no la absorción de todo en uno, sino la aniquilación de lo perturbador, de lo que puede alterar esa inmovilidad y autarquía que es la aspiración suprema del sabio. El carácter aristocrático de la ética y de la política aristotélicas es la expresión de un ideal que, con todo, no desdeña las realidades y las pasiones humanas, que existen de un modo efectivo y que deben ser objeto de consideración moral y política. En ellas se revela la característica fundamental del pensamiento aristotélico: la gradación de las realidades y de los actos, la ordenación jerárquica de las diversas esferas, la subordinación de todo cuanto hay a fines, pero siempre que tal subordinación no exija la anulación de aquello mismo que tiende a un fin a favor del fin mismo. En el mundo aristotélico aparece siempre la diversidad unida de raíz por una perfecta continuidad.

La exposición anterior de la doctrina de Aristóteles ha sido de índole sistemática; deliberadamente hemos prescindido de tales cuestiones como: (a) las distintas imágenes habidas en varias épocas de Aristóteles y su obra; (b) el problema del desarrollo de sus ideas, y (c) la cuestión de la autenticidad de sus escritos. Diremos para concluir algunas palabras sobre estos puntos. Centraremos el problema en torno a la relación entre los llamados escritos exotéricos (diálogos y *Protréptico*) y los llamados escritos esotéricos (tratados o *Corpus*

Aristotelicum) y abreviaremos los mismos, respectivamente, con las expresiones '(1)' y '(3)'.

Desde los grandes escolásticos aristotélicos del siglo XIII hasta bien entrado el siglo XIX Aristóteles apareció sobre todo como el autor de (3). En cambio, se ha supuesto que en la antigüedad, desde la muerte del filósofo hasta la edición de (3) por Andrónico de Rodas, la imagen del Estagirita estaba determinada por (1). Entre otras razones en favor de esta última opinión se han mencionado los hechos de que Cicerón parece atenerse especialmente a (1) y de que (1) fue asimismo (como ha indicado E. Bignone) el aristotelismo absorbido y criticado por Epicuro. Esto parece hoy mucho más dudoso, pero el problema de la relación entre (1) y (3) ha preocupado mucho a los eruditos durante los últimos cien años (como ya había preocupado a Alejandro de Afrodisia, quien llegó a la conclusión de que los escritos exotéricos expresaban las opiniones falsas de los enemigos de Aristóteles, mientras que los escritos esotéricos expresaban las opiniones verdaderas del propio Estagirita). Varias teorías se han propuesto. Por ejemplo: (1) estaba destinado al público y expresaba las ideas de Aristóteles de un modo inexacto, mientras (3) estaba destinado únicamente a los iniciados; (1) no fue escrito por Aristóteles; (1) expresa la tendencia lírica, y (3) la tendencia científica del Estagirita.

En su obra *Aristoteles. Grundle-gung einer Geschichte seiner Entwicklung* (1923, trad. esp.: 1946), Werner Jaeger mostró que todas las dificultades apuntadas obedecen a no haberse tenido en cuenta que el pensamiento de Aristóteles experimentó una evolución articulada en tres períodos: Atenas (368-348); Assos, Lesbos, Mitilene y la Corte de Macedonia (348-335, del cual es importante especialmente el de Assos, 348-345), y de nuevo Atenas (335-321). Cada período está caracterizado por cierto número de escritos. Así, por ejemplo, Aristóteles escribió en el primer período los diálogos (excepto el *De philosophia*) y el *Protrepticus*, probablemente los libros I y II de la *Física*, partes de la *Política*, el libro III del tratado *Sobre el alma;* en el segundo período, ciertas partes de la *Metafísica* (A, *Δ*, K, 1-8, *Λ* excepto c. 8, M, 9-10, N), el *De philosophia*, la *Ética a Eudemo*, Libros III, IV, V, VIII de la *Física*, el tratado *Sobre la generación y la corrupción;* en el tercer período, la *Meteorología, Sobre las partes de los animales*, Libros I y II de *Sobre el alma*, el c. 8 del libro *Λ* de la *Metafísica*. En general, la tendencia del desarrollo es, según Jaeger, el paso de un platonismo fiel, a un «platonismo reformado», a una tendencia fuertemente especulativa y, finalmente, a una etapa empírica y naturalista. Análogos trabajos realizados en favor de la tesis de la evolución del pensamiento de Aristóteles han sido realizados por el discípulo de Jaeger, Friedrich Solmsen, en lo que toca a la lógica y a la retórica (*Die Entwicklung der aristotelischen Logik und Rhetorik*, 1929*)* y por F. Nuyens, *L'évolution de la psychologie d'Aristote*, 1948, si bien este último cambia en muchos puntos la clasificación de Jaeger, pues se basa en el desarrollo de la doctrina del alma del Estagirita desde la tesis del dualismo *cuerpo-alma* hasta la doctrina del alma como entelequia del cuerpo pasando por la teoría de la colaboración entre cuerpo y alma.

Una tesis revolucionaria sobre la obra de Aristóteles y, por consiguiente, sobre la imagen del Estagirita, se halla en el libro de Joseph Zürcher, S. J., *Aristoteles' Werk und Geist* (1952), aunque conviene advertir que *algunas* de sus tesis se hallan anticipadas en obras anteriores, tales como los libros de L. Robin, J. Stenzel y M. Gentile sobre la concepción de las ideas y números en Platón y Aristóteles, el libro de E. Frank sobre Platón y los llamados pitagóricos y las obras de Harold Cherniss acerca del enigma de la antigua Academia y la crítica de Aristóteles a Platón y a la Academia. Zürcher señala que Aristóteles es autor solamente de un 20 o un 30% del *Corpus Aristotelicum* o (3), que el resto es obra de Teofrasto, el cual trabajó durante treinta años sobre materiales dejados por el Estagirita, y que (1) no es obra de juventud, sino de madurez, contrariamente a lo que afirmó E. Bignone en su obra *L'Aristotele perduto e la formazio-*

ne filosofica del Epicuro, 1936. Ello permite, según Zürcher, solucionar muchos problemas, de los cuales mencionaremos solamente los siguientes: el problema que presentaba el hecho de que (1) pareciera ser la obra de un espíritu maduro; el problema de la frecuente referencia en (3) a (1); el problema del famoso doble aspecto o *Doppelseitigkeit* de (3); la existencia en (3) de términos estoicos y de expresiones que asimismo se hallan en Euclides; el hecho de que los escritos atribuidos a Teofrasto tengan el mismo estilo que los escritos atribuidos a Aristóteles. A ello podríamos agregar el problema planteado por «la lógica de Teofrasto» tal como ha sido tratada por I. M. Bocheński. La tesis de Zürcher no deja de ofrecer graves dificultades, algunas de las cuales han sido subrayadas ya por varios investigadores de Aristóteles. No obstante, su obra representa, después de la de Jaeger, la más importante contribución durante este siglo a la investigación de las cuestiones aristotélicas. Las tesis de Joseph Zürcher, dicho sea de paso, aunque puedan parecer más revolucionarias que las de Werner Jaeger, resultan en el fondo más conservadoras, pues coinciden en parte con las más antiguas tradiciones, especialmente las que subrayan que el Estagirita era principalmente el autor de (1) y que, por lo tanto, debía de haber habido poca evolución en su pensamiento.

Según W. D. Ross, las obras de

Aristóteles pueden ser clasificadas en tres secciones: (1) Obras destinadas a un público relativamente extenso; (2) Colecciones de materiales, probablemente compilados por los discípulos del Estagirita bajo su dirección; (3) Obras filosóficas y científicas redactadas por él mismo. Procedemos a dar una lista de estas producciones, pero llamamos la atención del lector sobre lo que hemos escrito al final del presente artículo respecto a las cuestiones de cronología y autenticidad.

(1) A esta sección pertenecen los diálogos Περὶ φιλοσοφίας, De philosophia; Εὔδημος, o Περὶ ψυχῆς, Eudemus o de anima; Πολιτικός, Politicus; los dos escritos sobre las ideas platónicas Περὶ ἰδεῶν, De ideis, y Περὶ τἀγαθοῦ, De bono, y el Protrepticus o Exhortación (a la filosofía), dirigida a Temisón, príncipe de Chipre.

(2) A esta sección pertenece la colección de las 158 constituciones, de las que nos queda la de Atenas, Ἀθηναίων πολιτεία, el libro Κ de la Metafísica. Hubo probablemente otras compilaciones científicas e históricas hoy perdidas.

(3) A esta sección pertenece lo que se llama propiamente el Corpus Aristotelicum, en el cual se basan casi todas las exposiciones de la obra de Aristóteles, y al cual hay que atenerse aun admitiendo que hay parte de verdad en las tesis recientes de Zürcher sobre la paternidad de Teofrasto para buena parte del Corpus. Siguien-

do la habitual clasificación por materias, el Corpus comprende las siguientes obras:

(a) Obras lógicas, que constituyen el llamado Organon: 1. Κατηγορίαι, Categoriae. 2. Περὶ ἑρμηνείας, De interpretatione. 3. Ἀναλυτικὰ πρότερα y ὕστερα, Analytica priora y posteriora. 5. Τοπικά, Topica. 6. Περὶ σοφιστικῶν ἐλέγχων, De sophisticis elenchis.

(b) Filosofía natural: 1. Φυσικά o Φυσικὴ ἀκρόασις, Physica, en 8 libros. 2. Περὶ οὐρανοῦ, De caelo, en 4 libros. 3. Περὶ γενέσεως καὶ φθορᾶς, De generatione et corruptione, en 2 libros. 4. Μετεωρολογικά, Meteorologica, en 4 libros. Se suele incluir en este apartado el libro Περὶ κόσμου, De mundo, un tratado pseudoaristotélico al que nos hemos referido separadamente.

(c) Psicología: 1. Περὶ ψυχῆς, De anima, en 3 libros. 2. Los Parva naturalia, que comprenden: I. Περὶ αἰσθήσεως καὶ αἰσθητῶν, De sensu et sensibili. —II. Περὶ μνήμης καὶ ἀναμνήσεως, De memoria et reminiscentia. —III. Περὶ ὕπνου, De somno. —IV. Περὶ ἐνυπνίων, De insomniis. —V. Περὶ τῆς καθ' ὕπνου μαντικῆς, De divinatione per somnum. —VI. Περὶ μακροβιότητος καὶ βραχυβιότητος, De longitudine et breviate vitae. —VII. Περὶ ζωῆς καὶ θανάτου, De vita et morte. —VIII. Περὶ ἀναπνοῆς, De respiratione. Se puede incluir en el Corpus el tratado Περὶ πνεύματος, De spíritu, que se considera pseudoaristotélico.

(d) Biología: 1. Περὶ τὰ ζῶα ἰστορίαι, *Historia animalium*, en 10 libros (parte de ellos es probablemente pseudo-aristotélica). —2. Περὶ ζώων μορίων, *De partibus animalium*, en 4 libros. —3. Περὶ ζώων κινήσεως, *De motu animalium*. —4. Περὶ πορείας ζώων, *De incessu animalium*. —5. Περὶ ζώων γενέσεως, *De generatione animalium*, en 5 libros.

(e) Metafísica: Τὰ μετὰ τὰ φυσικά, *Metaphysica*.

(f) Ética: 1. Ἠθικὰ Νικομάχεια, *Ethica Nicomanchea*, en 10 libros. —2. Ἠθικὰ μεγάλα, *Magna Moralia*, en 2 libros. —3. Ἠθικὰ Εὐδήμεια, *Ethica Eudemia*, en 4 libros. De hecho, hay 7 libros, pero 3 de ellos coinciden con otros 3 de (1). Como auténticamente aristotélico puede asegurarse sólo (1).

(g) Política y Economía: 1. Πολιτικά, *Politica*, en 8 libros. Οἰκονομικά, *Oeconomica*, en 3 libros.

(h) Retórica y Poética: 1. Τέχνη ῥητορικὴ, *Rhetorica*, en 3 libros. Περὶ ποιητικῆς, *Poetica*. La *Retórica a Alejandro*, Ῥητορικὴ πρὸς Ἀλέξανδρον, ha sido considerada durante mucho tiempo como apócrifa, pero Zürcher la admite como uno de los pocos escritos auténticos de Aristóteles.

La edición que hoy sirve de base a todas las impresiones de Aristóteles y por la cual se cita al Estagirita (número de la página, columnas —a o b— y línea) es la de I. Bekker, publicada por la Academia de Ciencias de Berlín:

Aristotelis Opera, Berolini, 1831-70, en 5 vols., reed., 1874-79, reimp., 1968.

Las traducciones son muy numerosas; entre las «modernas» mencionamos solamente las de E. Rolfes (al alemán), H. Bonitz (*Metafísica*, al alemán), W. D. Ross y otros autores (toda la obra, al inglés), O. Hamelin (la *Física*, al francés), J. Tricot (el *Organon*, *Metafísica*, *Ética a Nicómaco* y otras obras, al francés), las de P. S. Abril, J. D. García Bacca, A. Tovar, J. Marías y M. Araújo (varias obras, al español). Hay varias eds. españolas en la Bibliotheca Mexicana Scriptorum Latinorum et Romanorum. Eds. bilingües de varios vols. publ. por el Instituto de Estudios Políticos (Madrid): *La Constitución de Atenas; La Política; La Retórica; Ética a Nicómaco*. Ed. trilingüe de *Metafísica*, por Valentín García Yebra, 2 vols., 1970.

Véase: —O. Hamelin, *El sistema de Aristóteles*, trad. esp.: 1943. —W. D. Ross, *Aristóteles*, trad. esp.: 1957. S. Gómez Nogales, *Horizonte de la metafísica aristotélica*, 1955. —Joseph Moreau, *A. y su escuela*, 1962, trad. esp.: 1972. —V. Gómez-Pin, *Ordre et substance. L'enjeu de la quête aristotelique*, 1976 (trad. esp.: *El orden aristotélico*, 1984).

AUSTIN, J[OHN] L[ANGSHAW] (1911-1960), nac. en Lancaster (Gran Bretaña), estudió en Balliol College, Oxford, fue «Fellow» en All Souls College, Oxford (1933-1935), profesó en Magdalen College, Oxford (1935-1952, salvo un período de servicio durante la Segunda Guerra Mundial), y fue profesor de filosofía moral («White's Professor») en Oxford de 1952 hasta su muerte.

Austin es considerado como uno de los más influyentes representantes del «análisis del lenguaje corriente» en Oxford, compartiendo la influencia en este análisis con el «segundo Wittgenstein». A veces se presentan el pensamiento del segundo Wittgenstein y el de Austin juntamente como manifestaciones de la filosofía del lenguaje corriente (ordinario). Se ha hablado al respecto de la influencia de Wittgenstein sobre Austin, pero algunos niegan que haya habido alguna; cada autor ha seguido métodos distintos y ha entendido de diferente modo la actividad filosófica. Lo único cierto es que en ambos casos se ha prestado gran atención al lenguaje corriente y al uso de expresiones dentro de determinados contextos lingüísticos y a veces extralingüísticos.

Austin ha estimado que las palabras comunes incorporan distinciones que han llevado a cabo los seres humanos a lo largo de generaciones y que es importante tener en cuenta estas distinciones antes de proceder a filosofar (caso que sea legítimo) a base de meras generalidades. El examen de los usos comunes u ordinarios es, en todo caso, la vía de acceso a la actividad filosófica. Austin no piensa, sin embargo, que el lenguaje corriente sea la última pala-

bra y que las verdades y criterios de verdad estén incorporados y como embalsamados en el lenguaje corriente. Pero este lenguaje es la primera palabra, aquella por la cual hay que empezar. Así, para citar un ejemplo de uno de sus primeros trabajos, solamente cuando se han descrito, estudiado y analizado en detalle los usos de 'si' en los múltiples contextos donde se usa 'si', cabe deshacer varias rígidas teorías sobre la naturaleza del condicional. Lo mismo, y a mayor abundamiento, ocurre con palabras como 'real' o 'bueno'; los usos corrientes muestran que estas palabras se usan en muy diversas formas, todas ellas bastante peculiares y todas ellas distintas de como se usan otros términos clasificados como adjetivos. Muchas teorías sobre «la realidad» y sobre «la bondad» (o «el Bien») se deshacen cuando advertimos que consisten en forzar los usos de dichas palabras para justificar alguna previa concepción filosófica.

En su obra *Sense and Sensibilia* (o en las conferencias que se publicaron luego bajo este nombre), Austin se refiere a una doctrina —la doctrina de la aprehensión inmediata de los datos de los sentidos— como una típica doctrina «escolástica». Lo mismo cabe decir de casi todas las doctrinas filosóficas, las cuales se deben a «una obsesión por algunas pocas palabras, cuyos usos son ultrasimplificados, no entendidos verdaderamente, no estudiados cuidadosamente y no descritos correctamente». A ello se agrega la obsesión por algunos «hechos», a medio estudiar —«y, por añadidura, casi siempre los mismos»—. Así, Austin ve a los filósofos como tendentes a ultrasimplificar, esquematizar y repetir de modo obsesivo las mismas cosas. La crítica de Austin a la doctrina de la aprehensión inmediata de los datos de los sentidos no se funda en alguna otra posición filosófica, epistemológica o metafísica, sino en un estudio detallado de una gran variedad de expresiones, usos, contextos y «hechos». Según se apuntó antes, ello no le lleva a considerar que los usos del lenguaje corriente determinan la doctrina a adoptar, en primer lugar, porque no se trata de adoptar «doctrinas», y, en segundo lugar, porque tales usos son muchos. Las «correcciones» y las «críticas» se efectúan dentro del mismo lenguaje, con sus propios instrumentos, y ello es distinto de considerar el lenguaje usado a efectos de crítica como una especie de teoría o marco teórico.

La más conocida investigación de Austin es la que empezó con la denuncia de la «falacia descriptiva» o de lo que se ha llamado «descriptivismo» en relación con la acepción de 'conocer'. Mientras 'El conoce' describe que él conoce, 'yo conozco' no describe un acto mental especial calificado de «conocimiento», sino que es «dar mi palabra» al proferir una proposición del tipo «S es P». Los filósofos han solido tratar el lenguaje —y, en todo caso, el lenguaje usado para la dilucidación de cuestiones filosóficas— como si fuese enteramente descriptivo, preocupándose sobre todo de problemas relativos a la verdad o falsedad de proposiciones. Austin advirtió que hay muchos usos del lenguaje —aunque no, como había dicho Wittgenstein, un número infinito de juegos lingüísticos—. Procede ante todo un esfuerzo de clasificación. La primera clasificación que Austin introdujo fue la que distingue entre preferencias «constatativas» y «preferencias ejecutivas» («performativas»=*performative*). La distinción falla, según Austin, en numerosos casos, por lo que es menester un análisis más refinado. Consecuencia de éste es la distinción entre «locucionario», «ilocucionario» y «perlocucionario», que pueden considerarse como complementos del presente.

No se trata de una clasificación estricta en tipos de proferencias, decires o actos lingüísticos; en todo caso, sería erróneo suponer que los verbos que Austin introduce al dar ejemplos de expresiones locucionarias, ilocucionarias y perlocucionarias son a su vez verbos locucionarios, ilocucionarios y perlocucionarios. Se trata de «actos» —de lo que «hacemos con las palabras»—, pero lo que hacemos a menudo con una expresión son varias cosas. Se puede, con una misma expresión, decir algo y hacer algo; mejor dicho, el decir algo es, en último término, lo que hacemos con la expresión. Importa considerar lo que

Austin llama «el acto lingüístico total». A esta luz puede considerarse una de las nociones austinianas básicas: la noción de «fuerza ilocucionaria», por la cual se comprende que una proferencia sea llevada a cabo «felizmente» o «infelizmente». El describir, hacer constar, etc. son sólo dos aspectos entre muchos otros de los actos ilocucionarios y no ocupan ninguna posición única.

Todo ello permite a Austin romper un número considerable de dicotomías —su propia primitiva dicotomía entre 'describir' y 'ejecutar', y luego muchas otras, como la dicotomía, o contraste, 'normativo-valorativo'—. La clasificación de fuerzas ilocucionarias— que da lugar a proferencias «veredictivas», «ejercitativas», «comisivas» y otras— es un intento de introducir un cierto orden en el campo de los actos lingüísticos totales y un ingrediente fundamental de la «fenomenología lingüística» de que Austin habla, pero ninguna clasificación puede ser considerada como definitiva, y hay que suponer, o esperar, la aparición de otros·tipos de fuerzas ilocucionarias, así como de otras dimensiones de actos lingüísticos.

La obra de Austin, incompleta por la prematura muerte del autor, es, de este modo, a su vez, un análisis filosófico del lenguaje como actividad humana, el desbroce del territorio para una ciencia del lenguaje y un estudio de la comunicación. Aunque en ella se destacan los aspectos pragmáti-

cos, se aspira a que en ella se integren asimismo los aspectos semánticos.

La mayor parte de estos artículos se reimprimieron, después de la muerte de A., en el libro *Philosophical Papers*, 1961, ed. J. O. Urmson y G. J. Warnock, 2.ª ed., 1970, con varios artículos suplementarios: «The Meaning of a Word». «Three Ways of Spilling Ink», «ἀγαθόν and εὐδαιμονία in the *Ethics* of Aristotle». Trad. esp. del libro: *Ensayos filosóficos*, 1975. El trabajo «Performative Utterances», incluido en ambas ediciones, es semejante a la comunicación «Performatif-Constatif» presentada en un Coloquio de Royaumont y aparecida en *La philosophie analytique*, 1962, págs. 271-81, con discusión, págs. 282-304.

Además de la obra indicada hay dos libros póstumos: el mencionado *Sense and Sensibilia*, 1962, reconstruido a base de notas manuscritas preparadas para clases, por G. J. Warnock. Hay trad. esp. de 1981 con el título *Sentido y percepción* [se ha hecho observar el parecido del título con el de la novela de Jane Austen, *Sense and Sensibility*, 1811]; y *How To Do Things with Words*, 1962 [The William James Lectures, en Harvard 1955], ed. J. O. Urmson, 2.ª ed., J. O. Urmson y María Sbisa, 1976 (trad. esp.: *Palabras y acciones. Cómo hacer cosas con palabras*, 1971).

AVERROES (Abū-l-Walīd Muhammad ibn Ahmad ibn Muhammad ibn Rušd) (1126-1198), nac. en Córdoba, discípulo de Abentofail, es el más eminente de los filósofos árabes. Ejerció de juez en Sevilla y Córdoba y si bien durante muchos años estuvo en buenas relaciones con el trono, al sobrevenir una reacción contra las interpretaciones filosóficas del dogma fue acusado de herejía y deportado, falleciendo en Marruecos. La tradición aristotélica árabe llega a culminación y madurez en Averroes, autor de numerosos comentarios a los textos del Estagirita que influyeron de modo considerable sobre la escolástica. Además de sus paráfrasis y comentarios a Aristóteles escribió una refutación de Algazel titulada *Destrucción de la destrucción (Tahāfut al-Tahāfut)*, una obra sobre la concordancia de la religión con la filosofía, un tratado sobre el entendimiento potencial y material, otros sobre la unión del entendimiento separado con el hombre y varias obras acerca de lógica, física, medicina y astronomía. Como la mayor parte de sus predecesores, Averroes aspiró a conciliar la filosofía con el dogma. Ahora bien, una conciliación no parecía posible de no tenerse en cuenta que mientras la filosofía es sólo para los pocos elegidos que quieren y pueden comprender las argumentaciones racionales, la religión, tal como se da en los textos sagrados, es apta para las multitudes incapaces de comprender las verdades racionales y las demostraciones realizadas a base de ellas.

Entre los filósofos y los creyentes se insertan aquellos que entienden los argumentos, pero que solamente pretenden alcanzar lo probable y no la absoluta evidencia racional. Las proposiciones admitidas por cada uno de estos grupos son, en rigor, verdades. Pero cada una de ellas tiene un aspecto distinto que, con todo, recibe su fundamento en la verdad del dogma tal como se halla expresada en el Corán. De este modo no hay peligro de interpretar filosóficamente los dogmas, excepto para aquellos que no pueden comprender ni usar de la razón rectamente, es decir, para los ingenuos y simples creyentes.

Averroes sostiene, en cuanto filósofo, la eternidad del mundo, lo cual no es, a su entender, contradictorio con el hecho de su producción por Dios. El mundo ha sido creado por Dios, pero lo ha sido desde toda la eternidad. La relación entre el Creador y lo creado es, por así decirlo, la relación entre el fundamento y la consecuencia, pero no la que existe entre la causa y el efecto. Lo creado ha surgido por emanación del primer principio creador. La eternidad de lo creado exige, por lo demás, la eternidad de la materia, en la cual existen desde siempre en posibilidad las formas que le son extraídas por Dios para formar las cosas y no introducidas en ella desde fuera. Al lado de ello, Averroes sostiene que las dificultades que suscita la identificación de la inteligencia en acto con lo inteligible pensado por ella pueden resolverse mediante la suposición de que toda intelección humana es mera participación en un solo y único entendimiento agente. Sólo la idea de este entendimiento y su radical unidad permite comprender que el entendimiento pasivo pueda superar su condición temporal y limitada elevándose hasta aquél. No hay, por lo tanto, inmortalidad personal en la cual cada entendimiento llegue individualmente a la contemplación del entendimiento agente, sino fusión de cada entendimiento individual con el entendimiento activo único. Esta teoría, lo mismo que la doctrina de la eternidad de la materia, fueron combatidas, entre otros pensadores cristianos, por Santo Tomás, y han constituido la parte más conocida de la interpretación de Aristóteles que ha hecho el averroísmo. Ha sido además el tema central de polémica entre averroístas y antiaverroístas.

En su *Historia de la filosofía española. Filosofía hispano-musulmana,* tomo II (1957), págs. 48-59, Miguel Cruz Hernández ha distribuido las obras de Averroes en las siguientes secciones: 1. Obras filosóficas. A. Comentarios al *Corpus aristotelicum,* divididos en: *Ŷawām'i* o *Comentarios menores: Taljīs* o *Comentarios medios; Tafsīrāt* o *Comentarios mayores,* B. Comentarios diversos. C. Obras originales. 2. Obras teológicas. 3. Obras jurídicas. 4. Obras astronómicas. 5. Obras fisiológicas. 6. Obras médicas, divididas en A. Comen-

tarios y B. Obras originales. 7. Obras atribuidas a Averroes. 8. Obras apócrifas. De algunas de estas obras quedan manuscritos árabes; la mayor parte de los escritos de Averroes, sin embargo, se conservan en traducciones hebreas y latinas.

De los *Comentarios menores* hay ed. hebrea en *Hebraica... Aristotelis ex compendiis Averrois* (1560) y ed. latina en *Opera omnia Aristotelis... Averrois Cordubensis in ea Opera Omnes, qui ad nos pervenere, Commentarii* (Venecia, 9 vols., 1562-1574), reimp. en 11 vols. y 3 suplementos, 1962. Ed. del texto árabe de un comentario a la *Metafísica* con trad. esp. por Carlos Rodríguez en *Averroes, «Compendio de Metafísica»,* 1919. De los *Comentarios medios* hay ed. latina en *Opera, cit. supra* y ed. de varios textos árabes: comentario a las *Categorías (Averroes Talkhīc Kitāb al-Maqoūlāt),* por M. Bouyges, 1932; a la *Poética,* por Lasinio, 1877; a la *Retórica,* íd., íd., 1873. De los *Comentarios mayores* hay edición latina y ed. árabe por M. Bouyges, 4 vols., 1938-1948. Respecto a las obras originales hay ed. crítica del *Tahāfut al-Tahāfut* por M. Bouyges, 1930, y ed. latina en *Opera, cit. supra.* De las obras teológicas hay ed. del *Faṣl al-Maqāl (Doctrina decisiva [y fundamento de la concordia entre la revelación y la ciencia]),* 1859, 1313/1895 y 1319/1901, 1942 [3.ª ed., 1948]. Trad. esp. por M. Alonso en *La teología de Averroes,* 1947, págs. 149-200. Del *Kaṣf 'an-Ma-*

nahiŷ (Libro de la exposición de los caminos que conducen a la demostración de los artículos de fe) hay ed. en 1859, 1313/1895, 1319/1901. Trad. esp. por M. Alonso, *op. cit. supra*, págs. 203-353.

Sobre problemas planteados por escritos de Averroes véase sobre todo M. Alonso, «La cronología en las obras de Averroes», *Miscelánea Comillas,* 1 (1943), 441-60 [incluido en *La Teología de Averroes,* 1947, *cit. supra*].

Véase Álvaro de Toledo, *Comentario al «De substantia orbis» de Averroes (Aristotelismo y Averroísmo),* ed. Manuel Alonso, S. I., 1940.

AVICENA (Abū ‘Alī al-Husayn bn ‘Abd Allāh bn al-Hasan bn ‘Alī Ibn Sīnā (980-1037), nac. en Afsana, cerca de Bojara, Persia, continuador de la tradición aristotélico-platónica de Alkindi y, sobre todo, de Alfarabi, siguió a este último en su explicación del origen y jerarquía de las inteligencias. Avicena establece, en efecto, que el conocimiento depende de la realidad de los objetos conocidos, desde el saber de los principios primeros hasta el conocimiento obtenido por revelación, pasando por el de los universales o ideas. A cada una de estas formas corresponde, a su entender, una forma y modo de intelecto. Sólo mediante un proceso de abstracción progresiva es posible conocer las formas generales, sobre todo cuando, desvinculada el al-

ma de lo material, recibe directamente la influencia del entendimiento agente. Sin embargo, la importancia de Avicena no consiste meramente en su sistematización de la especulación anterior; la profundización en algunas de las nociones fundamentales de Alfarabi es precisamente lo que ha dado la mayor significación a la obra de Avicena para la filosofía escolástica. Así ocurre sobre todo con tres nociones capitales. En primer lugar, la noción de existencia *(esse),* la cual es considerada por Avicena como un accidente que se agrega a la esencia *(quidditas).* En segundo término, la noción que se refiere al concepto de la unidad del intelecto agente, hecha posible por medio de la ascensión de la potencia en el entendimiento al acto, con el cual la noción metafísica del ser se hace directamente accesible, ya que es el objeto formal propio de tal entendimiento. Finalmente, la que concierne a la distinción entre la esencia y la existencia en los seres creados, correspondiente a su unión en Dios. A diferencia de autores como Gorce, que han considerado su mística como la culminación y a la vez el motor de la especulación filosófica de Avicena, y a diferencia de T. J. de Boer, que ha centrado su sistema en la doctrina del alma, la diferencia entre esencia y existencia en los seres creados es considerada por A.-M. Goichon como la verdadera clave del pensamiento del filósofo. Esta distinción, ya sustentada en principio por Alfarabi, permite entender las bases de la teología de Avicena. De lo que es, no se concluye que existe. Hay que especificar lo existente mediante una esencia, que opera a modo de causa. Las existencias remiten a esencias, en una cadena que va hasta la Esencia suprema. Según Goichon, «los conceptos de esencia y de existencia culminan, en último análisis, en la distinción entre el ser creado y el ser increado, entre la esencia que no es y la Esencia que es». La división entre Esencia necesaria y esencia posible coloca entonces a la realidad en que la mencionada distinción se establece como algo cuyo constitutivo formal depende últimamente de la Esencia primera y necesaria. En este punto precisamente se inserta en la filosofía de Avicena el motivo neoplatónico, pues como consecuencia de la interpretación dada a aquella noción, Avicena hace engendrar los entes inferiores por medio de un proceso muy semejante al de la emanación plotiniana.

La doctrina de Avicena ejerció una considerable influencia sobre algunos escolásticos medievales. Observemos aquí que la mencionada doctrina no solamente introdujo importantes cambios en las concepciones metafísicas, sino también en las lógicas. En efecto, Avicena no siguió por entero en la lógica el modelo aristotélico (o, mejor, peripatético) y admitió muchos aspectos que habían sido ya tratados por los estoicos. Tal ocurre sobre todo con la atención prestada por el filósofo árabe a la lógica de las proposiciones y a la doctrina de los silogismos hipotéticos.

Véase: —M. Cruz Hernández, *La metafísica de Avicena*, 1949 (tesis) y su selección de textos titulada *Sobre Metafísica* (1950), con introducción y notas. —Ernst Bloch, *A. y la izquierda aristotélica*, 1968.

AYER, A[LFRED] J[ULIUS], nac. (1910) en Londres, profesor en la Universidad de Londres (1946-59) y en la de Oxford (desde 1960), defendió, en su primera obra sobre el lenguaje, la verdad y la lógica, las tesis capitales del positivismo o empirismo lógicos, en particular la doctrina estricta de la verificación, la separación completa entre enunciados lógicos (tautológicos) y enunciados empíricos, la imposibilidad de la metafísica por constituir un conjunto de pseudoproposiciones, es decir, de enunciados que no pueden ser ni verificados empíricamente ni incluidos dentro del cálculo lógico y, finalmente, la necesidad de reducir la filosofía al análisis. En la segunda edición de la mencionada obra, Ayer sometió algunas de las citadas tesis a revisión. En particular sucedió esto con el principio de verificación, que admitió no solamente en un sentido «fuerte», sino también, y sobre todo, en un sentido «débil», proporcionando, por consiguiente, un criterio más «liberal» del mismo. Sometió asimismo a revisión su tesis de lo *a priori* como puramente analítico-tautológico y, finalmente, insistió en los problemas que plantea el conocimiento empírico. Estos últimos problemas le condujeron en su obra sobre las bases del conocimiento empírico a un examen a fondo de los datos de los sentidos *(sense-data)*, con la conclusión de que no se trata de estados mentales, pero tampoco de modificaciones de ninguna substancia, física o biológica. Por el contrario, tales substancias —cosas materiales, conceptos mentales, etc.— deben ser entendidas en función de los mencionados datos. Esto desemboca en una concepción fenomenista análoga a las posiciones neutralistas de la filosofía a comienzos del siglo XX, pero apoyada en el análisis lógico y evitando tanto el realismo como el idealismo. Las influencias de Hume se hacen patentes en el análisis en cuestión, especialmente en lo que toca al problema de la causa. Este problema es uno de los más considerables para una teoría fenomenista, pero Ayer señala que, no obstante las dificultades planteadas al respecto, el fenomenismo puede afrontarlo mejor que ninguna otra doctrina.

En su lección inaugural en Oxford sobre «filosofía y lenguaje», Ayer considera que la filosofía oxoniense del «lenguaje corriente» no es, ni es deseable que sea, una pura «filosofía lingüística», sino un análisis del lenguaje en tanto que describe hechos. De no ser tal, la filosofía lingüística se convertiría en un fin en sí misma o, mejor, en un medio que pretendería pasar por fin. Pues la filosofía se debe interesar en las «fotografías» y no sólo en «el mecanismo de la cámara fotográfica». Por otro lado, la filosofía no debe ni tratar sólo de hechos, ni sólo de teorías, sino de los «rasgos arquitectónicos de nuestro sistema conceptual» en tanto que este sistema pretende describir o explicar hechos. Lo cual marca, como Ayer reconoce, un cierto «retorno a Kant», bien que a un Kant sin ninguna «antropología *a priori*».

Obras: *Language, Truth, and Logic*, 1936, 2.ª ed., rev., 1946. —*The Foundations of Empirical Knowledge*, 1940. —*Philosophical Essays*, 1954. —*The Problem of Knowledge*, 1956 (trad. esp.: *El problema del conocimiento*, 1962). —*Privacy*, 1960 (separata British Academy). —*Philosophy and Language*, 1961 (lección inaugural en Oxford, 1960). —*The Concept of a Person and Other Essays*, 1963 (trad. esp.: *El concepto de persona*, 1969). —*The Origins of Pragmatism: Studies in the Philosophy of Ch. S. Peirce and William James*, 1968. —*Metaphysics and Commom Sense*, 1970 (ensayos). —*Russell and Moore: The Analytical Heritage*, 1971. —*Bertrand Russell*, 1972 (trad. esp.: *R.*, 1973). —*Probability and Evidence*, 1972. —*The Central Questions of Philosophy*, 1974 (trad. esp.: *Las cuestiones centrales de la filosofía*, 1976). —*Wittgenstein*, 1985.

Biografía: *Part of My Life: The Memoirs of a Philosopher*, 1977 (trad. esp.: *Parte de mi vida,*

1981). —*Philosophy in the Twentieth Century*, 1982 (aspira a ser una continuación de B. Russell, *A History of Western Philosophy*). —*La filosofía del siglo XX* (trad. esp.: 1983). —*Freedom and Morality and others Essays*, 1984. —*More of My Life*, 1984.

B

BACON, FRANCIS (1561-1626), nac. en Londres, estudió en Cambridge, ejerció varios cargos (como el de abogado de la Corona y el de Fiscal general), fue nombrado Lord Canciller y Barón de Verulamio en 1618 y Vizconde de St. Albans en 1621. Acusado de concusión, fue juzgado y encarcelado por un tiempo hasta que se le rehabilitó. Considerado por algunos como el fundador de la filosofía moderna, es visto por otros como un pensador esencialmente «renacentista» y aun en algunos aspectos inmerso en formas de pensar medievales. La primera opinión se basa en su propuesta de reforma de las ciencias; la segunda, en su uso de ciertas nociones —como la de forma— que, aunque en sentido distinto del aristotélico, pertenecen más bien a la «tradición» que al pensamiento «moderno». Esta última opinión es reforzada con la advertencia de que, no obstante sus pretensiones de modernidad, el pensamiento de Bacon se desarrolló con independencia de las corrientes que daban origen en la misma época a la ciencia natural matemática.

Fundamental en la obra de Bacon fue la pretensión de proporcionar un nuevo Organon o instrumento que sustituyera al viejo Organon aristotélico, incapaz, a su entender, de servir de fundamento a las ciencias y en particular incapaz de servir de método de descubrimiento. A tal fin, Bacon procedió a criticar la sabiduría antigua y tradicional —que consideró como expresando la juventud y no la madurez del saber humano—; semejante «sabiduría» conduce a una vana especulación sobre cosas invisibles en vez de proporcionar verdades basadas en hechos. Estas verdades solamente pueden conseguirse cuando el hombre se reconoce como un sirviente e intérprete de la Naturaleza, cuando el poder humano es identificado con el conocimiento humano y cuando las artes mecánicas son aceptadas como el fundamento de la nueva filosofía. La verdad no depende de (ni se funda en) ningún razonamiento silogístico, el cual es meramente formal; depende del experimento y de la experiencia guiada por el razonamiento inductivo. Ahora bien, antes de precisar en qué consiste tal razonamiento, Bacon considera necesario combatir los falsos supuestos y en particular los ídolos, que obstruyen el camino de la verdadera ciencia. Así, en vez de las *anticipaciones de la Naturaleza* (fundada en opiniones y en dogmas), Bacon propone la *interpretación de la Naturaleza*, la cual es «una razón obtenida de los hechos por medio de procedimientos metódicos» *(Novum Organum,* I, xxvi). El hombre de ciencia verdadero debe ser un guía, y no un juez. Bacon reconoce que sus proposiciones no son de fácil comprensión, pues los hombres suelen comprender lo nuevo sólo por referencia a lo viejo *(ibid.,* 1, xxxiv). Por este motivo hay que usar a veces de comparaciones que permitan hacerse una idea aproximada del nuevo método. Una de tales comparaciones —la más célebre de ellas— es la que figura en el aforismo xcv del libro I del citado *Novum Organum:* los hombres de experimento son como hormigas que solamente recogen; los razonadores son como arañas que lo extraen todo de su propia substancia; los verdaderos filósofos deben ser como las abejas, que recogen materiales, pero los transforman mediante un poder propio. Solamente de este modo se conseguiría una filosofía natural pura, libre de las corrupciones de la lógica aristotélica y de la teología natural platónica. El método adecuado para obtenerla es el paso de los particulares a los «axiomas menores», de ellos a los «axiomas medios» y, finalmente, de éstos a las proposiciones más generales. Debe ser un paso sucesivo y no interrumpido, para que no se interponga en él ningún razonamiento vacío y para que haya siempre en el proceder científico una suficiente cautela. Se trata de una cautela que se aproxima al escepticismo, pero que no se confunde con él, pues mientras los escépticos proponían una suspensión o *acatalepsia,* Bacon propone una *eucatalepsia* o acopio de medios para entender verdaderamente la realidad, es decir, para proporcionar a los sentidos la *guía* —no la imposición o la supresión— del entendimiento.

Librarse de los falsos ídolos es indispensable si se quiere desbrozar el camino para el recto conocimiento y la justa aplicación de las reglas mediante las cuales se obtienen las «formas», es decir, el verdadero conocimiento de las realidades. Las «formas» no son esencias eternas e inmutables, conocidas innatamente: son causas eficientes, procesos latentes y configuraciones latentes. De ellas se ocupan los que están realmente versados en la Naturaleza, como el mecánico, el matemático, el médico, el alquímico y el mago (en el sentido no peyorativo de 'mago') *(Novum Organum,* Aforismos, Libro, I, V). Las reglas con el fin de obtenerlas o, mejor dicho, las reglas para investigar y descubrir la verdad son dos: «Una corre aceleradamente de los sentidos y cosas particulares a los axiomas [principios] más generales, y de éstos, en tanto que principios, y de su supuesta verdad indisputable, deriva y descubre los axiomas intermedios. Este es el procedimiento que hoy se usa. El otro construye sus axiomas a partir de los sentidos y cosas particulares, ascendiendo continuamente y gradualmente, hasta que finalmente llega a los axiomas más generales. Este es el procedimiento verdadero, pero no intentado hasta ahora» *(ibid.,* I, XIX). A veces se ha llamado inducción al procedimiento que Bacon propugna, y que es el término que el propio Bacon usa con frecuencia, pero como 'inducción' se ha entendido de varios modos, se ha introducido en ocasiones el término 'educción'.

Según Francis Bacon, tres distintas actividades, correspondientes a tres facultades, concurren al mismo propósito: la formación de una historia natural y experimental, realizada por los sentidos; la formación de tablas (de esencia y presencia, de desviación o de ausencia en proximidad, de grados o de comparación) y disposición de ejemplos, realizada por la memoria, y el uso de la inducción (verdadera y legítima) mediante el entendimiento o razón. Esta última actividad es especialmente importante; como dice Bacon, es «la llave de la interpretación». Mas para ejercerla propiamente es menester no confundirla con la inducción clásica, en la cual se empieza con el examen de fenómenos particulares, se busca una hipótesis, se comprueba si se aplica a tales fenóme-

nos y, en caso afirmativo, se convierte en un principio que explica lo que los fenómenos particulares *son* en su esencia. La inducción baconiana, en cambio, se basa en una exclusión, es decir, en una generalización, por la cual se establecen afirmaciones sobre todas las entidades de una clase a base de un número de ejemplos previamente cribados. Ejemplo del método de Bacon es la determinación de la esencia o forma del calor; después de señalar un cierto número de casos en los que aparece el calor, otros en los cuales no aparece y otros en los cuales varía, Bacon llega a definirlo como un movimiento expansivo que surge de abajo hacia arriba y afecta a las más pequeñas partículas de los cuerpos. Con esto Bacon pretendió establecer los fundamentos de un nuevo método y aun de una nueva filosofía —bien que no, como afirma, de una secta filosófica—: es lo que se llamó durante mucho tiempo la «nueva filosofía» o «filosofía experimental».

Bacon llamó a su obra capital la *Instauratio magna.* Una parte de ella fue el *Novum Organum scientiarum* (1620). Su última parte es la *Sylva Sylvarum* (ed. en 1627) o conjunto de materiales para la filosofía natural.

Ediciones de obras: La más completa es la de James Spedding, R. L. Ellis y D. D. Heath: *Works,* 14 vols. (Londres, 1858-1870, reimp., 1961-1963; Vols. I-VII.)

Trad. esp. del *Novum Organum,*

Alianza Editorial, 1985, y por C. H. Balmori, con estudio preliminar («Significación y contenido del *Novum Organum*», publicado originalmente en *Revista Nacional de Cultura*, N.º 68 [mayo-junio 1948], págs. 5-21) y notas de R. Frondizi, 1949. —Trad. esp. de *Ensayos sobre moral y política* (1946). —*La Gran Restauración*, trad. y notas por Miguel A. Granado, 1985.

Véase: —Ch. de Rémusat, *Bacon*, 1857 (trad. esp.: 1944).

BACON, ROGELIO (ROGER BACON) (1214-1294), llamado *doctor mirabilis*, nac. en los alrededores de Ilchester, en el Dorsetshire, estudió en Oxford bajo el magisterio de Roberto Grosseteste, cuyas investigaciones sobre la luz representaban una primera aplicación del método matemático a toda ciencia de la Naturaleza. Tras ampliar sus estudios en París regresó a Oxford, donde profesó. Miembro de la Orden de los franciscanos, fue perseguido en varias ocasiones y condenado en 1278 a ser enclaustrado. Antes de ello y bajo el pontificado de su amigo Guy le Gros (Clemente IV, 1265-1268) redactó a su intención el *Opus maius* (1267), compuesto de siete partes, que tratan de las causas de los errores, de las relaciones entre filosofía y teología, del lenguaje, matemáticas, teoría de la perspectiva, conocimiento experimental y ética. Le siguió el *Opus minus*, que es un complemento del *Opus maius* y que contiene, además de nuevas ideas so-

bre la teología y su relación con la filosofía y la ciencia, una exposición de la alquimia. Finalmente, el *Opus tertium*, dirigido asimismo a Clemente IV para convencerlo de sus ideas e impulsarlo a imponerlas, resume el contenido de los dos anteriores y agrega nuevas consideraciones. Aunque es fundamental en Rogelio Bacon la idea que se hace del conocimiento y de los métodos de conseguirlo, así como la insistencia en la experiencia y en la manipulación de la Naturaleza a que nos referiremos luego, debe tenerse en cuenta que la *intención* principal de las mencionadas obras y de la mayor parte de las otras redactadas por el autor consiste en una propuesta de reorganización de la sociedad a base de colocar como fundamento de ella la sabiduría cristiana. Las dificultades principales que se oponen a tal reorganización —la secularización de la sociedad cristiana y la existencia de los infieles— pueden solucionarse de varios modos. Ante todo, con el restablecimiento del Derecho canónico y la orientación hacia los bienes espirituales; luego, con el empleo de la filosofía para convencer, a los fieles de otras religiones, de la verdad cristiana; finalmente, con el uso de la fuerza para exterminar a los irreductibles (principalmente, los musulmanes). Para conseguir lo último es necesario el estudio de la Naturaleza y el desarrollo hasta el máximo de las técnicas, que se convierten para Rogelio Bacon no en un fin en sí —como algunos intérpretes suponen—, sino en un medio, entre otros, para el restablecimiento y expansión de una verdadera república cristiana.

La obra filosófica de Rogelio Bacon no es, por lo demás, como a veces se sostiene, opuesta a la escolástica; representa más bien un giro distinto dado a ella, pero un giro que, por diversos motivos, coincide con la posterior exigencia moderna de la experiencia en el tratamiento de la Naturaleza. Si hay una superioridad de la fe y del saber de las cosas divinas, conseguido por la influencia del entendimiento agente, que derrama sobre nuestras almas un conocimiento que ellas son incapaces de conseguir por sí mismas, semejante superioridad significa una eliminación de la excesiva autoridad humana. Aprender por la propia experiencia no es negar la fe, sino todo lo contrario: destruir el velo que se interpone entre lo que el alma, auxiliada por la gracia divina, es capaz de hacer y lo que efectivamente hace bajo la superstición de las autoridades. De ahí el tránsito a la experiencia en el conocimiento de la Naturaleza, a la explicación matemática de los fenómenos: Roberto Grosseteste y Pedro de Maricourt le enseñaron a valerse de la una y de la otra. Experiencia que hay que entender en un sentido amplio: internamente, como paso a la mística; externamente, como método de conocimiento de la realidad natural. Este conocimiento es el único que puede proporcionar resultados positivos en el trato

directo con la Naturaleza. «La autoridad no da el saber, sino sólo la credulidad... El razonamiento no puede distinguir entre el sofisma y la demostración, a menos que efectúe la conclusión por medio de la experiencia. Hay dos modos de conocer: por argumento y por experimento; el argumento concluye y nos hace concluir la cuestión, pero no elimina la duda.» Sin embargo, la noción de la experiencia en Rogelio Bacon no es idéntica a la sustentada por la modernidad, no sólo en virtud de los motivos apuntados, sino también porque experimentar es para el maestro de Oxford poseer la técnica que permita utilizar las fuerzas de la Naturaleza. De ahí la imagen del universo concebido como un conjunto de fuerzas ocultas y mágicas, que el sabio debe estudiar y poder desencadenar voluntariamente. Bacon se ocupó también de problemas de ingeniería y construcción, e imaginó en *De mirabili potestate artis et naturae* maravillosos artefactos mecánicos que profetizaban para el porvenir o que inclusive afirmaba haber visto o ser capaz de construir.

Obras: *Opera hactenus inedita fratris Rogeri Baconis,* 16 vols., 1905-1940, por Robert Steele, F. M. Delorme *et al.,* incluye el *Compotus Fratris Rogeris,* redactado por Egidio de Lessines.

Véase: —A. Aguirre, *R. B.,* 1936.

BERGSON, HENRI (1859-1941), nac. en Auteuil (París), profesó en los Liceos de Angers (1881), Clermond-Ferrand (1883-1885), Liceo Henri IV de París (1889-1897), École Normale Supérieure (1897-1900) y Collège de France (desde 1900). El primer punto de apoyo de sus ideas lo encontró en el positivismo espiritualista de Lachelier y en el análisis de Boutroux sobre la contingencia. Pero estos puntos de apoyo no son el planteamiento del problema. Como él mismo declara, su primeriza adhesión a las tesis de Spencer y el reconocimiento de la evolución de la realidad suscitaba de inmediato la pregunta de por qué la realidad no ha evolucionado *ya;* por lo tanto, la pregunta acerca de la utilidad del tiempo. El tiempo no hacía nada en el sistema de Spencer. Pero «lo que no hace nada no es nada», y de ahí que el tiempo sea lo que impide que todo haya sido dado de una vez. La filosofía de Bergson es, pues, por lo pronto, una continuación de las tendencias que, oponiéndose al positivismo, intentan su superación por medio de una asimilación de su contenido más valioso. Este rasgo de asimilación del positivismo, única forma posible de su superación, es característico de Bergson en el mismo sentido que lo es el «positivismo absoluto» de Husserl; por él no se reduce la filosofía bergsoniana a una mera repetición de las fantasías románticas, sino que es, desde su raíz, un nuevo método y una nueva orientación. Lo que Bergson encuentra en la inteligencia, lo que el examen de los datos inmediatos de la conciencia pone de manifiesto con toda claridad es, más bien que una incapacidad, una insuficiencia; la inteligencia tiene, ciertamente, una capacidad, pero es simplemente la capacidad de la medida. La inteligencia opera sobre la realidad por medio de esquemas; hace de esta realidad, que es algo perpetuamente móvil, algo real y concreto, un conjunto de elementos inmóviles, espaciales, separados. Esta tendencia de la inteligencia es claramente evidente en el caso de la ciencia natural, que convierte el movimiento en una sucesión de inmovilidades, que hace del tiempo, de ese fluir perpetuo, una serie de momentos distintos. La ciencia natural es, por consiguiente, una *espacialización,* pero una espacialización que no solamente afecta a la materia, sino también al tiempo. Ahora bien; estos actos de la inteligencia son inoperantes si, en vez de un esquema, se pretende una comprensión de la realidad misma. La filosofía, que tiene, según Bergson, la misión de dirigirse a lo inmediato y originario, a los datos inmediatos de la conciencia, no puede, por consiguiente, considerar la conceptuación más que como un falseamiento de la verdadera realidad. La filosofía es, desde el punto de vista metódico, una intuición, pero una intuición que busca expresarse, que intenta penetrar hasta la profundidad de lo real y extraer de ella, por medio de imágenes, lo que los conceptos son impotentes para revelar en su plenitud. No es una intuición romántica que pretenda hallar en sí misma el saber absoluto; es una intuición metódica, una forma de acceso a la realidad que no desprecia la ciencia, porque la ciencia es, en fin de cuentas, algo justificado, algo que la vida hace para apropiarse de algún modo la realidad y ponerla a su servicio. El método intuitivo, que representa, como la reducción fenomenológica de Husserl, «una inversión de la dirección habitual del pensamiento», se dirige, consiguientemente, a lo real y, por lo tanto, a lo que deviene y se hace, pues lo que la ciencia natural y el pensamiento pragmático consideran no es la realidad, sino el residuo que aparece después de su mecanización.

No es extraño, pues, que sean la psicología y la biología las disciplinas donde alcanza sus mejores triunfos la aplicación del método intuitivo. En la vida psíquica se encuentra, más que en ninguna otra parte, el carácter esencialmente cambiante y huidizo que posee lo real en su entraña; el asociacionismo, que Bergson somete a una incisiva crítica, es un ejemplo de la espacialización de lo psíquico, el cual se resuelve, en última instancia, en temporalidad y, por tanto, en duración —duración *real*—. Bergson encuentra en el problema de la memoria un tema que permite aclarar a fondo la distinción entre lo que se hace y lo hecho, entre el devenir y lo «devenido». El método intuitivo descubre en lo psíquico los caracteres de duración, cualidad y libertad. Estos caracteres son, naturalmente, opuestos a la yuxtaposición, a la cantidad y al determinismo, que el naturalismo considera como los elementos constitutivos de lo real y que no son más que esquemas de la inteligencia. Lo psíquico es duración, porque su tiempo es el tiempo concreto, no el tiempo espacializado de la física; es cualidad, porque es irreductible a lo cuantitativo y mecánico; es libertad, porque consiste en una creación perpetua. Materia y memoria, espacialización y temporalización son, pues, dos ejemplos de esta diversa forma en que lo real se ofrece sucesivamente a la inteligencia y a la intuición. Por la materia, la duración pura de la conciencia, su, por así decirlo, completa historicidad, se convierte en la memoria efectiva de la vida psíquica; por la memoria, la conciencia adquiere, en su devenir, los rasgos que la caracterizan, el hecho de que sea, en el fondo, una pura contemplación de la duración transcurrida. La distinción entre la memoria de repetición o memoria-hábito y la memoria representativa es la misma distinción existente entre la memoria lastrada por la materia del cuerpo y la memoria pura, que es la esencia propia de la conciencia. La memoria no es, por consiguiente, el producto de una actividad orgánica; es aquello en que la conciencia consiste cuando se contrae a lo esencial; es la absoluta y perfecta continuidad de sus actos realizados en la duración; es la unidad de la persona y la unidad del espíritu. Pues el espíritu y la persona, la duración real y la continuidad, la memoria y la conciencia son conceptos diversos que designan una misma realidad fundamental y única, que designan, para decirlo más propiamente, *la* realidad.

Sentado lo precedente, es perfectamente comprensible que la filosofía de Bergson se organice hasta la constitución de una metafísica. La metafísica, que Bergson concibió ya tempranamente como «el medio de poseer absolutamente una realidad», resulta considerablemente facilitada si con el método de la intuición encontramos un acceso a la realidad misma. La metafísica no debe ser una construcción dogmática; debe hallarse siempre abierta a nuevas intuiciones, de acuerdo con el carácter no sistemático del método, pero es innegable que la consideración de la duración real tal como anteriormente se ha bosquejado proporciona el acceso más íntimo posible. El resultado de la contribución de Bergson a la metafísica es la idea de la evolución creadora, en donde se hallan ampliadas y sintetizadas las anteriores concepciones. Situada en el interior de la realidad, que no puede expresar sino muy imperfectamente, la intuición descubre la evolución del mundo entero como la evolución de lo real creador, que es el dato primario y originario, como la evolución de la vida en sus infinitas posibilidades. Lo realizado y lo mecánico son solamente los productos de lo que se realiza, de lo vital. Por medio de datos extraídos de la ciencia, Bergson muestra esta evolución en toda su universalidad; la inclusión de una teoría del conocimiento dentro de esta metafísica es una consecuencia inevitable de la idea bergsoniana de la necesidad de la marcha para la comprobación de si esta marcha es posible. De ahí su denuncia de los falsos problemas del desorden (problema del conocimiento) y de la nada (problema del ser) y de ahí la crítica de la crítica de la razón pura, que es la expresión de un pseudo problema desde el momento en que la intuición alcanza lo real sin necesidad de volver a encontrar en él lo que la conciencia le había previamente dictado. Ahora bien, la inteligencia, como aprehensión de lo discontinuo y yuxtapuesto, surge naturalmente de la vida creadora, es un producto de la vida. La inteligencia es necesaria como uso práctico, pues en la vida práctica la realidad debe ser especializada y mecanizada. Pero la inteligencia misma, en una original inversión de su dirección habitual, intenta una busca de la realidad por encima de todo pragmatismo. Esta busca es justamente la metafísica, esta suprema intuición que podrá revelar, casi de un modo inefable, el impulso vital *(élan vital)* que desde su originaria unidad se desdobla y multiplica, se ramifica y diversifica, pues el impulso vital es la gran fuente de la vida. Mas el *élan vital* no es ni mucho menos un procedimiento cómodo para denominar una realidad que se deja inexplicada y a la cual se exige al propio tiempo una explicación de las demás realidades. Bergson insiste repetidamente en que el *élan vital* no es una noción vacía y menos aún, como pudiera interpretarse apresuradamente, un simple «querer vivir»; el *élan vital* puede caracterizarse, entre otras, por estas notas: (1) La ciencia no puede proporcionar una explicación físico-química de la vida, aun cuando su busca de lo físico-químico en lo vital sea legítima. (2) La evolución de la vida se realiza en direcciones determinadas; aunque el transformismo deba aceptarse como un hecho y el darwinismo ha llegado a comprender muy hondamente la realidad vital, ambos son insuficientes, pues la mera composición de lo azaroso con lo azaroso no explica el hecho de la vida. (3) Lo que lleva la vida a una dirección dada no es nunca la simple acción mecánica de las causas exteriores, sino un empuje interno. (4) La adaptación no es la imposición de unas formas a la vida, sino la adopción por ella de formas que representan su solución al problema que le plantea la constitución de lo externo. (5) La coordinación no es el resultado de una finalidad, sino de un acto simple que visto desde fuera se descompone en una infinidad de elementos, pero que desde dentro resulta sólo un conjunto de obstáculos vencidos. (6) La vida es una causa especial, sobrepuesta a la materia, que es a la vez instrumento y obstáculo. (7) La materia divide y opone resistencia, surgiendo de ella las diversas líneas de la evolución. (8) Instinto e inteligencia se presentan, antes de su desdoblamiento, como una realidad simple. (9) La vida es imprevisible: no es regida ni por la finalidad ni por el mecanicismo, que son teorías sustentadas por la inteligencia. Con ello se desvanece el misterio de la creación, que la inteligencia no puede entender si no es resolviendo el problema en multitud de dificultades; y por eso el hombre debe intentar ir más allá de los ojos de la inteligencia, que se aplica sobre lo hecho, para colocarse dentro de la originaria intuición, que nuestra acción libre nos permite experimentar y que se aplica sobre el hacerse o, mejor dicho, que es el propio hacerse. O, en otros términos: «Allí donde el entendimiento, al ejercerse sobre la imagen que se supone fija de la acción en marcha, nos mostraba partes infinitamente múltiples y un orden infinitamente sabio, vislumbramos un proceso simple, una acción que se hace a través de una acción del mismo género que se deshace, algo así como el camino que se abre al último cohete de unos fuegos artificiales en medio de los restos descendentes de los cohetes extinguidos». Todo participa así, y no sólo el hombre, de la acción libre y continua, pues la esencia del mundo es la actividad y la libertad.

La filosofía de Bergson queda completada con una filosofía de la religión y una ética. Moral y religión tienen, en sus propias palabras, dos fuentes; una de ellas es la sociedad natural, cerrada, la sociedad que puede compararse con las agrupaciones animales instintivas. En esta sociedad predomina la presión como forma moral, hasta el punto de que puede enunciarse que la ley moral no es por el momento sino el resultado de la presión social. No quiere esto decir que en tal sociedad la norma moral obligue y coaccione: por el contrario, como Bergson explícitamente reconoce, si se viviera naturalmente no habría «tensión de la obligación». Las teorías se basan por lo común en la estructura misma de la sociedad humana y acaban por calificar el bien con las determinaciones que corresponden a ella. Pero hay otra fuente: la sociedad abierta, donde la impersonalidad del conjunto de la obligación es sustituida por la personalidad que atrae y cautiva. No hay aquí un mero regreso del movimiento pendular a una situación equilibrada, sino un trascender continuo; la moral abierta no es la moral de la sociedad común, sino la de la sociedad creadora, del héroe, del profeta, del «sabio» y del santo. En manera alguna debe suponerse que la moral abierta suprime la anterior; lo que más bien ocurre es que la moral cerrada es un momento a lo largo de un proceso imprevisible; la fuerza social del impulso es, por así decirlo, una petrificación de la fuerza suprasocial de la atracción, que no busca adecuación a la obligación dada, sino creación de modelos de vida. Cosa análoga ocurre con la religión: la religión estática surge de lo que Bergson llama la función fabuladora, como reacción defensiva de la Naturaleza contra el poder disolvente de la inteligencia. En rigor, todo en ella es reacción, porque a la mencionada se agrega la reacción de la Naturaleza contra la representación intelectual de la inevitabilidad de la muerte que acecha al individuo desde el momento en que comienza a pensar desgajado de la especie; la reacción de la Naturaleza contra la representación intelectual da un margen desalentador de imprevisión entre la iniciativa tomada y el efecto deseado; finalmente la reacción defensiva contra lo que tiene de deprimente para el individuo y de disolvente para la Naturaleza el ejercicio de la inteligencia. Propia de las sociedades cerradas, la religión estática es también un momento y petrificación de la religión dinámica, que ya no tiende simplemente a conservar la sociedad, que no posee una mera «función social». La religión dinámica permite justamente romper el marco que encierra a la sociedad dentro de sí misma, en un ímpetu hacia el hontanar originario de la vida, sin el cual la propia sociedad moriría ahogada dentro de su atmósfera. La diferencia entre una moral y una religión cerradas y una moral y una religión abiertas permite, por otro lado, superar ciertas dificultades que el pensamiento de Bergson había provisionalmente dejado de lado en sus trabajos anteriores; permite sobre todo eludir y rechazar el calificativo de pandemonismo irracional que se ha dirigido con frecuencia contra Bergson cuando se ha confundido lo irracional y lo intuitivo con lo demoníaco. Como el propio Bergson señala, mientras una moral y, por lo tanto, una religión, tiene su base en la estructura de la sociedad humana, la otra se entiende por el principio explicativo de semejante estructura. Regresar al impulso originario del *élan vital* significa, pues, huir de esa petrificación que hace degenerar la vida y emprender de nuevo el camino para seguir adelante en un esfuerzo creador que jamás se detiene. Una ética y una filosofía de la religión tales (que García Morente ha considerado una traición al propio método y como una concesión al espíritu de sistema), representan, pues, a la vez, una filosofía de la historia en donde el pasado aparece como algo que debe ser justificado ante el tribunal de la vida. En todo caso, las conclusiones últimas de Bergson van, como él mismo confiesa, más allá de la evolución creadora: en ellas se bosqueja un universo, que es «aspecto visible y tangible del amor y de la necesidad de amar», con sus consecuencias: la aparición de seres vivos donde la emoción creadora encuentra su complemento y de otros sin los cuales

los primeros no existirían, de una materia que posibilita la vida. El Universo acaba siendo así, en el fondo, la evolución creadora de una especie de absoluto; su función esencial es, no acaso la de hacer a Dios —pues esto equivaldría a un panteísmo declarado—, sino la de hacer dioses: situándose dentro de la corriente de la evolución creadora, el hombre puede ser capaz de una especie de divinización.

Obras: *Essai sur les données immédiates de la conscience*, 1889 (tesis) (trad. esp.: *Ensayo sobre los datos inmediatos de la conciencia*, 1919, 2.ª ed., 1925). —*Matière et Mémoire*, 1896 (trad. esp.: *Materia y memoria*, 1909). *Le rire*, 1900 (trad. esp.: *La risa*, 1904). —*L'Évolution créatrice*, 1907 (trad. esp.: *La evolución creadora*, 2 vols., 1912). —*L'énergie spirituelle*, 1919 (trad. esp.: *La energía espiritual*, 1928; otra, 1945). —*Les deux sources de la morale et de la religion*, 1932 (trad. esp.: *Las dos fuentes de la moral y de la religión*, 1942).

Edición de obras: *Oeuvres* (Édition du Centenaire), en un vol., con int. de Henri Gouhier y notas de André Robinet, 1959. Esta edición (crítica) contiene todas las obras de H. B., con excepción de la tesis latina, «Durée et simultanéité» y los *Écrits et Paroles*. —El vol. IX de los *Études Bergsoniennes*, de André Robinet, 1970, contiene, entre otros textos, documentos sobre «el viaje español de B.», en 1916, recogidos por J. M. Palacios y trad. esp. de dos conferencias de B., según notas tomadas por Manuel García Morente, con retrad. francesa.

Para las opiniones de Bergson sobre diversos problemas y personas, véase Jacques Chevalier, *Entretiens avec B.*, 1959 (trad. esp.: *Conversaciones con B.*, 1960).

Hay trad. española de casi todas las obras; además, una *Abreviatura* de *La evolución creadora*, por F. Vela, 1947. —*Obras escogidas* en trad. esp.: *Materia y memoria. La evolución creadora. La energía espiritual, Pensamiento y movimiento*, 1 vol., 1959.

Bibliografía: Alfredo Coviello, «Bibliografía bergsoniana», *Substancia* [Tucumán], 7-8 (1941), 394-440, ed. separada: *El proceso filosófico de B. y su bibliografía*, 1941. —Vittorio Mathieu, Luciana Vigone, Manuel Gonzalo Casas, «Bibliografía bergsoniana», *Giornale di Metafisica*, 14 (1959), 835-72 (en Francia, Italia, España, Latinoamérica).

Véanse: Édouard Le Roy, *Une philosophie nouvelle: H. B.*, 1912 (hay trad. española). —M. García Morente, *La filosofía de H. B.*, 1917, reimp., 1972, con un discurso de B. en España de 1916 y una recensión de su último libro de 1932, ed. Pedro Muro Romero. —Alejandro Korn, «B.» y «B. en la filosofía contemporánea» (*Obras*, t. II, págs. 111-43). —Jacques Chevalier, *B.*, 1926. —Raimundo Lida, «B., filósofo del lenguaje», *Nosotros*, B. Aires, año 1937, N.º 292 (1933), 5-49; reimp. en *Letras hispánicas*, 1958. —E. Molina, *Proyecciones de la intui-*

ción. Nuevos estudios sobre la filosofía bergsoniana, 1934. —Varios (J. Chevalier, E. Mounier, L. Brunschvicg, etc.). *H. B.* 1941. —Varios (J. Gaos, E. Nicol, E. Noulet, S. Ramos, O. Robles, J. Vasconcelos, J. Xirau), *Homenaje a B.*, 1941. —Nimio de Anquín, «El bergsonismo, anagogía de la experiencia», *Sol y Luna*, N.º 6 (1941), 13-62. —J. Zaragüeta, *La intuición en la filosofía de H. B.*, 1941. —Joaquín Xirau, *Vida, pensamiento y obra de B.*, 1943. —Diamantino Martins, *B.: La intuición como método de la metafísica*, 1943, 2.ª ed., 1957. —José Ferrater Mora, «Introducción a B.», en *Cuestiones disputadas*, 1955, págs. 111-50. —V. Jankélévitch, *H. B.* (trad. esp., 1962).

BERKELEY, GEORGE (1685-1753), nac. en las cercanías de Kilkenny (Irlanda), estudió en Trinity College (Dublín), recibiendo su «B. A.» en 1704 y siendo admitido como «Fellow» en 1706. En 1707 fue ordenado en la fe anglicana. En 1724 renunció a su puesto de «Fellow» por haber sido nombrado Decano de Derry. Interesado en fundar un Colegio en las Bermudas, se dirigió a Londres, y en 1723 partió hacia América, instalándose en Newport (Rhode Island), donde intentó, sin conseguirlo, llevar a cabo el mismo proyecto que había concebido para las Bermudas. De regreso a Londres y luego a Irlanda fue nombrado en 1734 Obispo de la diócesis de Cloyne.

Uno de los principales motivos

que empujaron a Berkeley a desarrollar su pensamiento filosófico fue el interés en combatir a los deístas y librepensadores, pero no se puede reducir la filosofía de Berkeley al solo interés religioso; hay en ella una peculiar mezcla de intereses religiosos, especulación metafísica y agudeza analítica. Berkeley es por ello a la vez un metafísico y un «analista», inclusive en el sentido actual de esta palabra. Es asimismo a la vez un idealista y un empirista. Su filosofía ha sido calificada por ello de muy diversas maneras: un idealismo sensualista (o «sensacionalista»), un espiritualismo empirista y anti-innatista, etc. Berkeley ha sido asimismo visto como un metafísico altamente especulativo y hasta paradójico y como un defensor del sentido común. Todos estos aspectos se hallan en el pensamiento de nuestro autor, pero lo interesante del caso es que no están disgregados y sin orden, sino formando un conjunto bien trabado.

Algunas de las ideas más importantes de Berkeley se hallan ya en germen en su «diario filosófico». Allí se manifiesta ya su interés por desbaratar las opiniones de los ateos y de los escépticos y por mostrar que estas opiniones están fundadas en una errónea afirmación de que hay ideas innatas. Cuando nos atenemos a lo dado inmediatamente a la experiencia, podemos echar por la borda gratuitas hipótesis forjadas por la razón. Lo dado a la experiencia es lo percibido; la percep-

ción es, pues, la base del conocimiento y no las ideas abstractas. El nominalismo y empirismo característicos de Berkeley son ya, pues, patentes desde los comienzos. Estas ideas fueron elaboradas primariamente en oposición a las de Locke, el cual era, ciertamente, empirista, pero llegaba a una concepción mecánica del universo y de la mente que repugnaba absolutamente a Berkeley, por cuanto éste identificaba el mecanismo con el ateísmo.

En su obra sobre la nueva teoría de la visión, su primer libro fundamental, Berkeley intenta responder a las objeciones que, al negar la reducción de toda noción a lo percibido, suponen la existencia de realidades externas y establecen una falsa distinción entre espíritu y materia, entre lo interno y lo externo. La teoría de la visión no es una descripción del modo como opera el ojo; es un análisis de lo que hace posible estimar distancias y tamaños. Berkeley subraya la importancia a este respecto del entrenamiento y la práctica. Pero subraya, además, y sobre todo, el papel fundamental que desempeñan en toda teoría de la visión las expresiones lingüísticas por medio de las cuales estimamos las cosas vistas. Ya desde este instante el pensamiento de Berkeley se afina al hilo de un análisis lingüístico. Ello es probablemente debido al hecho de que Berkeley estima que todo conocimiento es conocimiento en tanto que expresa el modo como algo es conocido. Por eso la teoría de la visión es en gran parte un examen lingüístico-epistemológico de la cuestión más que un examen psicológico o inclusive epistemológico-psicológico.

Berkeley rechaza, por lo pronto, toda abstracción y, con ello, todo intento de hispostasiar en realidades meros conceptos abstractos. Las propias ideas geométricas no son conceptos abstractos ni entidades ideales subsistentes por sí mismas: se fundan en representaciones y percepciones, siendo, a lo sumo, compuestos significativos de percepciones individuales. La abstracción no es sólo imposible de hecho; es contradictoria. Cuando una idea se refiere a una multiplicidad de objetos que poseen las mismas notas, lo que representa la idea es un signo, pero no una realidad, y menos todavía una abstracción precipitadamente identificada con una realidad. Por haber creído en el poder y la realidad de la abstracción se ha llegado a la mayor aberración filosófica: a la afirmación de la existencia de realidades externas al espíritu. Debe observarse aquí que Berkeley no niega que haya objetos externos; lo que niega es una cierta interpretación dada a lo «externo». Niega, en fin de cuentas, la supuesta substancialidad de tales objetos. De no tenerse esto en cuenta no se comprendería cómo Berkeley, que parece llegar a conclusiones sumamente paradójicas, es al mismo tiempo un filósofo del sentido común. Es, en efecto, el sentido común el que lleva a pensar que los llamados «objetos externos» no son substancias, ya que sostener lo último es sencillamente especular a base de abstracciones. De ahí que hallemos unido en Berkeley un empirismo y sensualismo radicales con un radical espiritualismo. Decir que los objetos se componen de «ideas» no quiere decir que no «existan». Significa que el término 'existencia' debe ser entendido en forma distinta de la que, demasiado ingenua, precipitada e interesadamente proclaman los abstraccionistas, mecanicistas y «ateos». El fundamento de la noción de existencia se halla en la noción de percepción. Berkeley llega con ello a formular su famosa tesis: *Esse est percipere et percipi,* ser (existir) es percibir y ser percibido. Como han reconocido varios comentaristas esta fórmula va en distintas direcciones: es una afirmación del primado de la percepción y, por lo tanto, un empirismo consecuente; es una afirmación de que no existe la materia (en cuanto algo que subsiste por sí mismo) y, de consiguiente, que no puede admitirse la concepción del mundo como una máquina; es una afirmación de que la realidad es espiritual (la de los espíritus humanos y la de Dios). Con todo ello, y no obstante su aspecto paradójico, es una afirmación coincidente con el «sentido común» siempre que éste sea fundado en la experiencia y no en la abstracción.

Para llegar a las anteriores conclusiones Berkeley intenta demostrar —especialmente en su *Tratado* y en sus *Tres diálogos*— que todas las cualidades dependen enteramente de la percepción sensible. Esta dependencia había sido ya reconocida por muchos filósofos en lo que atañe a las llamadas cualidades secundarias. Pero Berkeley fue más lejos: afirmó que *también* las cualidades primarias —como la forma o la extensión de los cuerpos— dependen de la percepción. Así, por ejemplo, puede decirse que la extensión absoluta —a diferencia de los conceptos de extensión relativa tales como 'mayor o menor que'— no cambia. Pero la verdad es que tampoco existe. Todo lo que existe es particular, pues el espíritu no puede formar ninguna idea (es decir, ninguna percepción sensible) de nada abstraído de sus características particulares. Así como no es posible concebir un cuerpo extenso que no sea grande o pequeño, o que no tenga una figura determinada, no es tampoco posible concebir una extensión absoluta. El triángulo como tal, por ejemplo, es inconcebible; lo que concebimos son triángulos equiláteros, isósceles, escalenos, etc., pero jamás triángulos en general. Platón y los realistas habían supuesto que el resultado de cierta abstracción (lo que los escolásticos llamaron *abstracción formal*) es algo más real que el objeto singular sobre el cual se enfoca la abstracción. Berkeley niega terminantemente esta tesis; la abstracción da por resultado un ser no más, sino menos real.

En suma, Berkeley niega que puedan concebirse «ideas generales abstractas» y más aún que éstas representen o definan esencias de las cosas. A lo sumo admite que hay «ideas generales» si por ello se entienden símbolos o palabras con las cuales se habla *acerca* de lo real. Términos como 'substancia' son meros nombres, que no denotan nada. Su significación se basa enteramente en la imaginación de cualidades. Y como, por otro lado, la sensación activa no puede ser reducida (como algunos pretenden) a la volición, resulta que tal sensación (o *percipere*) es al mismo tiempo la sensación pasiva (o *percipi*). El principio de la *equivalencia* entre el percibir y el ser percibido resulta, así, de un análisis de la sensación.

Por ser lo externo fundamentalmente la idea que es percibida, la distinción entre lo imaginario y lo real se funda para Berkeley en la distinta vivacidad de las ideas y, sobre todo, en el derecho de que en las ideas que componen la Naturaleza se manifiesta una regularidad independiente de la voluntad del espíritu percipiente. El idealismo subjetivista de Berkeley no equivale, por lo tanto, a un solipsismo. Por un lado, la permanencia, por así decirlo, de las cosas es asegurada por la mencionada regularidad; por otro, su existencia no depende solamente del espíritu percipiente que las afirma, sino de todos los espíritus capaces de percepción y, en última instancia, del espíritu universal. La realidad es así un conjunto de ideas en cuya cima se halla Dios como espíritu productor y ordenador, como creador de esa regularidad que se nos aparece como una Naturaleza distinta de él, pero que no es sino manifestación suya, signo de su potencia. Por eso no hay posibilidad de conocer ninguna causa de los fenómenos, sino solamente las leyes mediante las cuales se suceden. Berkeley combate la física moderna en su pretensión de averiguar las causas y sostiene que los resultados obtenidos por ella han de ser separados de los supuestos en que se apoya. Lo exige tanto la imposibilidad de alcanzar los motivos del obrar de Dios, como el hecho de la inmanencia completa del espíritu, la negación de una distinción entre lo subjetivo y lo objetivo y la disolución de todo proceso en un fenomenismo que, apoyado conscientemente en Berkeley, ha tenido en el siglo XIX sus representantes más significados en el inmanentismo de Schuppe, el solipsismo de Schubert-Soldern y el sensualismo positivista de Avenarius y Mach.

Se ha hecho observar que la teoría de Berkeley está basada en una confusión: la confusión entre la cualidad percibida y el acto de percibir la cualidad. *Por este motivo,* la conclusión de Berkeley sería espiritualista; el sensualismo sería entonces el punto de partida para demostrar que la materia y sus cualidades no dependen menos de la sensación que las cualidades secundarias. Si, en cambio,

evitamos la mencionada confusión podremos decir que el sistema de Berkeley es fenomenista. Éste ha sido el aspecto aceptado por Mach y otros autores a que nos hemos referido en el anterior párrafo. En vista de ello se podría decir que cuando Lenin acusaba a Mach de «idealista» y de «discípulo de Berkeley» no tenía en cuenta la distinción apuntada. Ahora bien, como el propio Berkeley ha indicado que la no separación de la cualidad y el acto de percibirla se debe a que el percibir no es una volición (algo activo separado del «acto» pasivo del ser percibido), es difícil admitir que Berkeley no sea a la vez fenomenista y espiritualista. Ello se advierte con especial claridad cuando consideramos la teología de Berkeley en la cual Dios aparece como el único agente verdadero, la única actividad capaz de «engendrar» la materia. Pues no solamente es la idea lo que demuestra su pasividad al consistir su ser en ser percibida, sino que el propio espíritu humano es una percepción con respecto al espíritu universal que se manifiesta en Dios. La filosofía de Berkeley parece así consistir, como Bergson ha señalado, en cuatro tesis fundamentales: la que sostiene que la materia no es sino el conjunto de las ideas; la que indica que la idea abstracta es un mero *flatus vocis* y, por consiguiente, defiende un nominalismo sobre el cual se apoyará el posterior inmanentismo científico; la que opone el espiritualismo y el voluntarismo a un materialismo demasiado frecuentemente unido a una identificación de la materia con la realidad racional; y la que defiende el teísmo contra toda doctrina que, al sostener tesis opuestas a las anteriores, corre peligro de desviarse hacia un deísmo que niega la Providencia o hacia un franco ateísmo. Pero estas cuatro tesis son, según indica dicho filósofo, la expresión conceptual de una intuición única, que podría designarse como la percepción por Berkeley de la materia a modo de delgada película transparente que se interpone entre el hombre y Dios y que impide al primero la adecuada visión del segundo. La filosofía de Berkeley resultaría así de su afán de Dios; deseoso de romper las cadenas que la materia y lo sólido imponen al espíritu, Berkeley procura deshacerse de todo pensamiento que por las vías más diversas acabe por «condensar» la materia. La abstracción que hipostasia las «realidades» y la admisión de ideas innatas no son todavía un materialismo explícito, pero conducen inevitablemente a éste. Con las doctrinas de Berkeley, que representan desde un punto de vista positivo una crítica del exclusivismo naturalista de la física matemática, con su pretensión de hacer de las cualidades primarias el único verdadero sostén del universo, y una consecuente profundización del idealismo inmanentista, concordaron en parte las opiniones de Arthur Collier.

Las otras obras principales de Berkeley son: *An Essay Towards a New Theory of Vision*, 1709. —*A Treatise on the Principles of Human Knowledge*, 1710. —*Three Dialogues Between Hylas and Philonous*, 1713 («Hylas»=«el defensor del materialismo, de ὕλη, «materia», al cual se opone «Philonous»=«el defensor del espíritu», de νοῦς, «espíritu», es decir, el propio Berkeley). —*De Motu*, 1720. —*Alciphron, or the Minute Philosopher*, 1732. —*Siris, a Chain of Philosophical Reflexions and Inquiries Concerning the Virtues of Tarwater and Divers Other Subjects*, 1744.

Véase: *Tratado sobre los principios del conocimiento humano*, 1939, 3.ª ed., 1968, con estudio preliminar y notas por Risieri Frondizi, y la de la misma obra trad. por P. Masa, 1957. —*Ensayo sobre una nueva teoría de la visión* (1948).

BERNARDO (SAN), Bernardo de Clairvaux (1091-1153), nac. en el Castillo de Fontaines, en las proximidades de Dijon. En 1112 ingresó en el monasterio de Citeaux (cisterciense), y en 1115 fue nombrado abad del monasterio de Clairvaux, cargo que desempeñó hasta su muerte. Extremadamente activo en la vida de la Iglesia, luchó contra las herejías y predicó la segunda Cruzada. Entre las polémicas mantenidas por San Bernardo se distinguieron las dirigidas contra los Cluniacenses y contra Abelardo, a quien obligó a retractarse en el Concilio de Sens (1140).

San Bernardo cultivó y defendió la vida mística, basada en la ascética, y se opuso a cuanto pudiera empañar la auténtica experiencia mística. Éste es uno de los motivos de su constante oposición a los «filósofos puros», a los «dialécticos», que pretenden conocer a Dios a través de los inteligibles y olvidan que el verdadero conocimiento de Dios puede obtenerse únicamente por medio de la humildad y del amor. Estos dos últimos «temas» desempeñan un papel capital en la predicación y en los escritos de San Bernardo. Las ciencias profanas no pueden compararse en dignidad y en valor con las ciencias religiosas; una teología basada en las especulaciones filosóficas y en las argucias dialécticas no es propiamente ciencia, sino la manifestación del orgullo. En cambio, cuando el hombre comienza por humillarse, comienza también a ensalzarse hacia el único conocimiento valedero y auténtico: el de Jesús crucificado. Todo conocimiento digno de este nombre se basa en un modo de vida que se inicia con la mortificación de sí mismo, que continúa con el amor puro a Dios, y que culmina en el éxtasis místico, donde el alma se sumerge en la vida divina. Sin embargo, no debe concluirse que el éxtasis es el resultado del propio esfuerzo; de no mediar la gracia divina, el hombre no podría jamás pasar del primer estadio de la humildad. Tampoco debe admitirse que el hombre es simplemente «arrastrado» por la gracia; sólo la cooperación de la voluntad y el libre albedrío con la gracia hacen posible la comunidad de las almas en el amor divino. El acto del amor a Dios, fundamental para San Bernardo, es la purificación del amor natural del hombre a sí mismo y a Dios, paralelo y coincidente con el amor de Dios hacia el hombre. En la experiencia mística se realiza la perfecta unión de las voluntades dentro del amor.

La oposición de San Bernardo a la filosofía como mera «ciencia profana» y a la dialéctica no significa, de todos modos, que desdeñara toda tradición intelectual. Hay en su obra muchos elementos procedentes de la tradición agustiniana, de San Gregorio de Niza y del Pseudo-Dionisio, y hasta puede considerarse tal obra como una síntesis de las tradiciones teológicas y teológico-filosóficas latina y griega. Pero los elementos «intelectuales» se hallan fundidos en los requerimientos de la vida religiosa ascética y mística.

Siguiendo orientaciones semejantes a las de San Bernardo, escribieron y predicaron Guillermo de Saint-Thierry *(ca.* 1085-1148: *Epistola ad Fratres de Monde Dei; De contemplando Deo; Meditativae Orationes; De natura et dignitate amoris; Disputatio adversum Abelardum* [que San Bernardo utilizó en su polémica contra el filósofo]); Isaac de Stella, Alcher de Clairvaux *(ca.* 1180: *Liber de spiritu et anima,* posiblemente en respuesta a la *Epistola* de Isaac de Stella).* Todos ellos suclen ser considerados como místicos agustiniano-platonizantes, pero esta caracterización es, sobre ser demasiado vaga y general, excesivamente «filosófica» para describir la obra y el pensamiento de quienes se interesaban principalmente en el enriquecimiento y profundización de la vida religiosa, y especialmente monástica.

Obras principales: *De gradibus humilitatis et superbiae* (escrito *ca.* 1121). —*De diligendo Deo (ibíd.,* 1126). —*De gratia et libero arbitrio (ibíd.,* 1127). —*Sermones in Cantica Canticorum (ibíd.,* 1149). —*De consideratione libri quinque (ibíd.,* 1152).

Ediciones de obras: *S. Bernardi, abbatis primi Clarae-Vallensis, Opera omnia,* ed. Joanis Mabillon (París, 1667), reimp. en Migne, *P. L.,* CLXXXII-CLXXXV. —*Sancti Bernardi Opera,* ed. crítica J. Leclerq, C.-H. Talbot, H. M. Rochais (Roma, 8 vols., 1957 y sigs.).

Trads. al español: *Obras,* por J. Pons, S. J., 5 vols., 1925-1929; *Obras completas,* por el P. Gregorio Díez Ramos, O. S. B., I, 1953; II, 1955.

Obras principales:

Sobre B. y Abelardo, véase P. Lasserre, *Un conflict religieux aux XIIᵉ siècle,* 1930 (trad. esp.: *Abelardo contra San Bernardo,* 1937).

BLOCH, ERNST (1885-1977), nac. en Ludwigshafen, enseñó en la Universidad de Leipzig. En 1933 tuvo que exiliarse a consecuencia del advenimiento del régimen nacionalsocialista, pasando a Estados Unidos, donde permaneció hasta 1948. En esta fecha se domicilió en la Alemania del Este, profesando en la Universidad de Leipzig hasta 1958. Después de una serie de discusiones y dificultades causadas por artículos publicados por varios colaboradores en la *Deutsche Zeitschrift für Philosophie,* dirigida por Bloch, éste pasó a la Alemania del Oeste en 1961, siendo profesor visitante en la Universidad de Tubinga.

El pensamiento de Bloch es un marxismo considerablemente modificado por muy diversas corrientes, especialmente ciertos rasgos del idealismo alemán, en particular hegeliano, y tendencias místicas del judaísmo y del cristianismo. Ha sido considerado por ello como un marxista extremadamente heterodoxo, aun cuando aparezcan en sus obras muchos elementos que él estima más originaria y radicalmente marxistas que los que se encuentran en tendencias menos radicalmente heterodoxas. Su pensamiento culmina en la idea, y el ideal, de la esperanza, sobre la cual ha escrito su obra principal. Se trata de una obra que desarrolla una amplia y detallada filosofía un poco al modo de los grandes sistemas alemanes, de Hegel, Schopenhauer o Eduard von Hartmann. La idea rectora es la del principio cósmico según el cual la realidad no consiste en ser todavía lo que se espera que vaya a ser. La indiferenciación del sujeto y el objeto en una unidad primigenia es quebrada por una especie de «hambre cósmica»; desde este momento puede hablarse ya de realidad en cuanto mediación. Ésta es mediación de sujeto y objeto, pero se trata de una mediación siempre en marcha hacia una reconciliación alentada por la esperanza. El modo como encarna la esperanza en el sujeto —si no es más bien el sujeto que encarna en esperanza— es la no identidad dialéctica del sujeto en la historia con todos sus predicados. En vez de considerar la historia como algo ya hecho, o como algo que se va haciendo de acuerdo con un principio del cual emergen todas sus manifestaciones en forma lógico-metafísica, Bloch la concibe como un esperar lo que es a la vez inesperado y esperable. Lo esperable es la reconciliación a través de lo inesperado, en el sentido de insospechado. La conciencia es para Bloch ante todo «conciencia anticipadora» (Das Prinzip Hoffnung, cap. 9, págs. 49 y sigs.). No hay, propiamente, realidad actual, sino futura, es decir, posible. Bloch distingue entre varias clases de posibilidad o de «lo posible»: lo posible formal, lo posible como cosa objetiva, lo posible como algo «objetual» y lo posible como objetivo-real (ibid., cap. 18, pág. 258). En último término, hay dos clases de posibilidad: la posibilidad meramente objetiva, que se da cuando el objeto no es real —y que es una posibilidad próxima a lo formal— y la posibilidad real. Ésta es posibilidad de futuro. No

es una posibilidad vacía, sino completamente concreta, dada en la situación social. Por eso la realización de la posibilidad real no es asunto de teoría, sino de práctica. Ahora bien, la práctica no consiste en desarrollar un esquema que puede ser dado teóricamente; la verdadera práctica es aquella en la cual «el hombre es el ser que tiene todavía mucho ante sí» (ibid., cap. 19, pág. 284). La esperanza como el no ser todavía de lo que se está ya realizando, es algo así como el «punto de apoyo» arquimídeo con el que se puede levantar el mundo (ibid., cap. 19, pág. 328). El materialismo histórico permite no sólo entender, sino también actuar de modo que la conciencia anticipadora se convierta en conciencia total, aun o era ya, de algún modo, en su anticipación. De ahí la importancia que tiene para Bloch la utopía. Y la que tiene asimismo el sueño, del cual habla como un «sueño hacia adelante», Traum nach vorwärts (ibid., cap. 55, pág. 1616). No queda claro si una vez reconciliados el sujeto y el objeto o, mejor dicho, desvanecido el objeto en cuanto objeto, ya no tiene razón de ser la esperanza, pero cabe sospechar que para Bloch la esperanza permanece en el puro proceso en que consiste en realizarse el hombre en el mundo y el realizarse el mundo mismo en el hombre.

Bloch desarrolla su grandiosa construcción atendiendo a numerosos detalles, no solamente históricos, sino también de la vida cotidiana y de muchos de los fenómenos del mundo actual, con especial atención hacia fenómenos artísticos y religiosos. En todos los casos, parece que lo auténtico o esencial sea siempre «lo que no es todavía, lo que empuja en el mismo corazón de las cosas, lo que espera su génesis en la tendencia-latencia del proceso (*ibid.*, cap. 55, pág. 1625; subrayado por Bloch).

Obras principales: *Vom Geist der Utopie*, 1918 (*Del espíritu de la utopía*). —*Thomas Münzer als Theologe der Revolution*, 1921 (trad. esp.: *T. M., teólogo de la revolución*, 1968). —*Spuren*, 1930 (*Huellas*). —*Erbschaft dieser Zeit*, 1935 (*Herencia de este tiempo*). —*Freiheit und Ordnung. Abriss der Sozial-Utopien*, 1946 (*Libertad y orden. Sumario de utopías sociales* [o «social-utopías»]). —*Subjekt-Objekt. Erläuterungen zu Hegel*, 1951 (*Sujeto-objeto. Aclaraciones a H.*, trad. esp.: 1982. —*Avicenna und die aristotelische Linke*, 1951 (trad. esp.: *A. y la izquierda aristotélica*, 1966). —*Das Prinzip Hoffnung*, en 5 partes (55 capítulos), 1954-1959 (trad. esp.: *El principio Esperanza*, I, 1977 (caps. 1-37 escritos en 1938-1947; revisados, 1953). Varios cambios respecto a esta obra, especialmente en lo que toca a la idea de progreso, se encuentran en *Tübinger Einleitung in die Philosophie*, I, 1963. —*Entre mundo en la historia de la filosofía* (trad. esp.: 1984). —*El ateísmo en el cristianismo* (trad. esp.: 1983). De casi todas las obras citadas hay reediciones, muchas con cambios. Edición de obras: *Gesamtausgabe*, 16 vols., desde 1959. El vol. I: *Philosophische Grundfragen zur Ontologie des Noch-Nicht-Seins*, 1961 (*Cuestiones fundamentales filosóficas. Para la ontología del No-Ser-Todavía*), es básico para comprender el pensamiento de B.

Se han publicado asimismo unas «Conversaciones con Adorno» (*Gespräche über die Utopie*).

Véase: José Gómez Caffarena, Hans Mayer et al., *En favor de B.*, 1979 (Conferencias de 1977). —Justo Pérez del Corral, *El marxismo cálido, E. B.*, 1977. —José Jiménez, *La estética como utopía antropológica. B. y Marcuse*, 1983.

BLONDEL, MAURICE (1861-1949), nac. en Dijon, fue maestro de conferencias en la Universidad de Lille (1895-1896), y en la Universidad de Aix-en-Provence (Bouches du Rhône), donde en 1897 fue nombrado profesor. Partiendo de León Ollé-Laprune, Blondel comenzó su obra filosófica original con una reflexión sobre la acción. Según Blondel, la acción no es un «principio», sino algo menos y, a la vez, algo más: una necesidad, una marcha que no puede ser suspendida, a diferencia de lo que ocurre con la actividad especulativa. La acción debe entenderse, ha dicho Blondel, como «lo que es a la vez principio, medio y término final de una operación que puede permanecer inmanente en sí misma». Esto quiere decir, como ya reconocía en la introducción a su tesis, o «primera *Acción*», que tan pronto como abordamos la ciencia de la acción, «no hay nada que pueda darse por acordado, nada ni en lo que toca a los hechos ni a los principios ni a los deberes». Esto no significa adherirse a un punto de vista cercano a la duda metódica. Casi podría decirse que el método es inverso: «hay que acoger —dice Blondel— todas las negaciones que se destruyen entre sí»; «hay que entrar en todos los prejuicios como si fuesen legítimos; en todas las pasiones como si tuviesen la generosidad de que se jactan; en todos los sistemas filosóficos como si cada uno de ellos abrazara la infinita variedad que piensa acaparar». Por eso el problema de la acción no puede admitir ningún determinado postulado moral, ningún dato intelectual determinado que le sirva de punto de partida. Y por eso, dice Blondel, no es *una* cuestión particular, por importante que sea, sino *la* cuestión, aquella sin la cual no puede haber ninguna otra. Lo que llamamos el pensamiento será, en todo caso, algo que se encuentra en el camino de la acción. Con lo cual el pensamiento no queda negado o disminuido, sino englobado y justificado en su verdadera existencia. En cierto modo, pues, el pensamiento es lo que resulta cuando la acción se desarrolla: la idea permanece en el interior mismo de la acción, la cual consigue de este modo superar y unificar la teoría y la práctica. Sólo una filosofía de

la acción podrá, de consiguiente, efectuar una «crítica de la vida» y erigir una «ciencia de la práctica». La filosofía de la acción no es un esquematismo fundado en puras ideas abstractas. Pero no es tampoco un pragmatismo que haga de la verdad una función de la utilidad. La filosofía blondeliana de la acción representa la síntesis de todas las contradicciones entre el pensamiento y la vida, entre la idea y la realidad en que se ha debatido el pensamiento moderno. Blondel indica que una comprensión adecuada de la acción requiere dos investigaciones paralelas: la primera, un análisis al parecer meramente nominal de la acción, pero que, de hecho, representa el marco inteligible dentro del cual se da toda posible dialéctica; la segunda, la dialéctica concreta misma de la acción, la cual es examinada por Blondel, sobre todo en la ampliación de su tesis, de un modo mucho más completo que por medio de una dilucidación de las significaciones. La investigación de la acción —lo mismo que la investigación acerca del «pensamiento» y del «ser y los seres»— lleva a Blondel a considerar la acción teniendo presentes varias acepciones contrarias y aun contradictorias. La noción de acción queda inmersa por ello en una inextricable maraña de «aporías». Por eso es necesario perseguir el ascenso de la acción hasta donde ésta se manifiesta del modo más pleno, rico y concreto; desde el análisis de la actividad en los agentes físicos, y la observación de la insuficiencia en ellos de un «auténtico actuar», se asciende hasta el análisis del actuar en la acción humana, con lo cual se aclaran concretamente los distintos modos del obrar, incluyendo el contemplar. Mas el examen de los modos del obrar en las causas segundas es sólo preparación para la dilucidación del «misterio del puro obrar». Aquí se plantea de manera radical el problema de la inmanencia de la acción, una inmanencia que engloba toda trascendencia posible. Por eso el actuar es en su esencia tan poco «transitivo», que donde no hubiese *más que* devenir no subsistiría ya un actuar. Desde este punto de vista puede comprenderse mejor la relación entre la teoría y la práctica, la trascendencia y la inmanencia, la causa primera y las causas segundas. Así, no hay tanto un primado del *fieri* sobre el *esse* cuanto una doble atracción entre ambos. Sin embargo, puede afirmarse cierto primado del primero sobre el segundo si por el *fieri* entendemos el puro y auténtico actuar distinto tanto de un actuar secundario como de todas las formas «estáticas» de la actuación. Este primado no se manifiesta sólo en su aspecto metafísico, sino en todas las esferas de la ciencia y de la vida, de la moral y de la religión. Por ser lo devenido comprensible desde el devenir, aquél pierde su carácter abstracto. Y por representar la acción el principio de la multiplicidad y la necesaria jerarquía de ella, la filosofía de la acción puede convertirse en una filosofía de la contemplación activa, contemplación que adquiere su más elevada significación en la visión de Dios.

La filosofía de Blondel, que manifiesta su conformidad con la ortodoxia católica, declara que la aceptación de su visión de Dios es consecuencia necesaria de tal filosofía, pues no sólo así se hace concreta la contemplación de Dios y se satisface la voluntad que la acción lleva implícita, sino que también se revela la verdad de una persona divina que penetra en el interior de la persona humana. Así se cumple el «método de inmanencia» que Blondel ha defendido en la filosofía y en la apologética, un método que ha hecho considerar su doctrina como muy próxima al modernismo, pero que Blondel estima como el único procedimiento eficaz para que la trascendencia sea efectivamente dada y no se convierta en resultado abstracto de un intelectualismo puramente esquematizante. En la acción se da esa peculiar trascendencia en la inmanencia que sólo para un punto de vista intelectualista aparece como un círculo vicioso. En efecto, lo sobrenatural emerge en la inmanencia y en la acción, pero éstas son posibles por la inserción de lo sobrenatural en nosotros, por la atracción que sobre lo finito ejerce lo infinito. Nada puede entrar en el hombre, sostiene Blondel, que no esté en él, pero al mismo tiempo lo que entra en el hombre no es producido por éste como una imaginación o una simple «especulación».

Obras: *De vinculo substantiali et de substantia composita apud Leibinitium* (parte secundaria o complementaria de su tesis), 1893; texto francés *(Une énigme historique: le «vinculum substantiale» d'après Leibniz et l'ébauche d'un réalisme supérieur)*, 1930; texto latino y trad. francesa *(Le lien substantiel et la substance composée d'après Leibniz)*, 1972, ed. Claude Troisfontaines. —*L'Action. Essai d'une critique de la vie et d'une science de la pratique* (parte principal de su tesis), 1893. —*Histoire et dogme*, 1904. —*Le problème de la philosophie catholique*, 1932. —*La pensée:* I: *La genèse de la pensée et les paliers de son ascension spontanée*, 1933; II: *Les responsabilités de la pensée et la possibilité de son achèvement*, 1934. —*L'Etre et les Etres. Essai d'ontologie concrète et intégrale*, 1955. —*L'Action*, I: *Le problème des causes secondes et le pur agir*, 1936. II: *L'action humaine et les conditions de son aboutissement*, 1937 (esta obra es distinta de la citada tesis de 1893, bien que constituye en parte su desenvolvimiento; la tesis de 1893 suele recibir el nombre de «primera *Acción»;* la obra publicada en 1936-1937 recibe el nombre de «segunda *Acción»*). —*Lutte pour la civilisation et philosophie de la paix*, 1939. —*La philosophie et l'esprit chrétien*, 2 vols., 1944-1946 (I: *Autonomie essentielle et connexion indéclinable;* II: *Conditions de la symbiose seule normale et salutai-* re). —*Exigences philosophiques du christianisme*, 1950.

Correspondencia: *Correspondance* [con Auguste Valensin], 1899-1912, 2 vols., 1957. —*Lettres philosophiques de M. B.* [a E. Boutroux, V. Delbos, et al., 1886-1914], ed. E. Le Roy, 1961. —*Correspondance* [con Teilhard de Chardin], ed. Henri de Lubac, 1965. —*Correspondance* [con Joannes Wehrle], ed. Henri de Lubac, 2 vols., 1969. —*Correspondance* [con Henri Bremond], 3 vols., 1970-1971.

Véase: Juan Roig Gironella, *La filosofía de la acción*, 1943. —Henri Bouillard, *B. et le christianisme*, 1961 (trad. esp.: *B. y el cristianismo*, 1966). —J. M. Isasi, M. B. *Una rigurosa filosofía de la religión*, 1982.

BOLZANO, BERNHARD (1781-1848), nac. en Praga, de padre italiano. Sacerdote de la Iglesia católica, se ocupó de problemas teológicos y manifestó en este terreno opiniones muy debatidas por los teólogos católicos centro-europeos de la época, y con frecuencia muy combatidas. En metafísica, Bolzano se opuso a Kant, reivindicando el carácter constructivo, y no simplemente regulativo, de algunas ideas metafísicas, tales como las relativas a Dios y a la inmortalidad del alma. Según Bolzano, pueden formularse juicios sintéticos sobre la realidad suprasensible, pues ni Dios ni el alma son para él meros conceptos vacíos de contenido; el contenido de tales realidades desborda su concepto. Positivamente, Bolzano defendió una concepción metafísica pluralista ligada a la doctrina leibniziana de las mónadas, pero negando la falta de apertura de cada uno de los últimos elementos constitutivos de lo real. La realidad es plural, pero a la vez homogénea, con lo cual no es menester sostener la doctrina de una armonía preestablecida. La realidad evoluciona hacia un perfeccionamiento progresivo de la fuerza representativa radicada en el fondo de todo ser; este perfeccionamiento lleva hacia lo espiritual, el cual no es un ser estático dado de una vez para siempre, sino un continuo dinamismo. El alma es para Bolzano una sustancia simple y espiritual, pero la sustancialidad del alma es la de una energía y no la de una cosa.

Por interesantes que sean las especulaciones metafísicas y teológicas de Bolzano, hay hoy común acuerdo que la más importante e influyente contribución de este pensador a la filosofía se halla en sus ideas sobre lógica y teoría del conocimiento. Por las primeras, sobre todo, Bolzano influyó grandemente sobre Husserl y, en general, sobre muchos de los que intentaron depurar la lógica de todo psicologismo y fundarla en el análisis de proposiciones más bien que de las supuestas «ideas» constitutivas de las proposiciones. Según Bolzano, la lógica tiene como misión estudiar las proposiciones como tales, es decir, las proposiciones en sí *(Sätze an sich)*. Debe, pues, prescindirse del sujeto pensante, real o posible, así como de los vocablos mediante los cuales se pueden formular las proposiciones, pues éstas no son ni fenómenos psíquicos ni palabras, sino enunciados mediante los cuales se declara que algo es o no es, con independencia de que sea verdadero o falso, de que sea formulado de esta o de la otra manera, de que sea o no efectivamente pensado por un sujeto. Pero decir que las proposiciones son enunciados es todavía confuso; las proposiciones son lo que los enunciados significan o, si se quiere, pretenden enunciar. Las proposiciones no deben confundirse tampoco con las existencias a las cuales se refieren o de las cuales afirman o niegan la existencia. Las proposiciones, ha escrito Bolzano, «no pertenecen en modo alguno a la misma especie de cosas que son llamadas entes reales o inclusive existentes». «Una existencia llega a ser pensada», es decir, llega a ser objeto de proposiciones (o de juicios considerados como verdaderos), pero las «proposiciones en sí» son la *materia* (materia lógica) del pensamiento. Puede decirse que las proposiciones en sí son como puras esencias (bien que no necesariamente en sentido platónico); su modo de ser es «objetivo» y hasta puede decirse que es «un objetivo» en el sentido que dio posteriormente Meinong a este término.

Junto a las proposiciones en sí, Bolzano examinó las «representaciones en sí». Éstas son el contenido de las proposiciones, pero no exigen tampoco en principio la existencia de un sujeto pensante, con lo cual el vocablo 'representación' no debe ser interpretado en sentido psicológico, sino lógico-epistemológico. Las representaciones en sí pueden ser concretas o abstractas, según posean o no el carácter del objeto representado por ellas. También examinó Bolzano las «verdades en sí», con independencia de que fueran o no pensadas. Bolzano insistió en que la verdad no es en modo alguno una «existencia».

La despsicologización de la lógica —o, mejor dicho, de los «objetos» de que se ocupa la lógica— no significa que Bolzano se desentendiera del problema de la aprehensión de las proposiciones. Si sus meditaciones al respecto pueden llamarse «psicológicas», lo son solamente en el sentido de que Brentano se ocupó de psicología. Bolzano estudió especialmente los procesos del representar y del juzgar. Estos procesos son distintos. El representar es el contenido de los juicios, mientras que el juzgar es una afirmación cuyo término es la proposición en sí.

Bolzano contribuyó asimismo a los problemas de la fundamentación de la matemática, no solamente en su teoría lógica, sino también en sus estudios de las paradojas del infinito. Casi olvidada su obra durante unas décadas, la escuela de Brentano, la fenomenología, Meinong y el desarrollo de la lógica formal durante los primeros años del presente siglo la han reactualizado grandemente.

Obras principales: *Athanasia oder Gründe für die Unsterblichkeit der Seele*, 1827, 2.ª ed., 1838 (*Atanasia o razones a favor de la inmortalidad del alma*). — *Lehrbuch der Religionswissenschaft*, 1834 (*Manual de ciencia de la religión*). — *Wissenschaftslehre*, 4 vols., 1837 (*Teoría de la ciencia*). — *Versuch einer objektiven Begründung der Lehre von den drei Dimensionen des Raumes*, 1842 (*Ensayo de una fundamentación objetiva de la teoría de la tridimensionalidad del espacio*). — *Paradoxien des Unendlichen*, 1850 (*Paradojas del infinito;* obra póstuma). — *Drei philosophische Abhandlungen*, 1851 (*Tres tratados filosóficos;* obra póstuma).

Edición de obras: *Gesamtausgabe,* desde 1969, ed. Eduard Winter, Jan Berg, Friedrich Kambartel, Jaromír Louzil y Bob van Rootselaar, 50 vols., en 2 vols. introductorios (biografía y bibliografía) y 4 series: *I.* Schriften, II. *Nachgelassene Schriften,* III. *Briefwechsel,* y IV. *Dokumente.*

BRENTANO, FRANZ (1838-1917), nac. en Merienberg, en la región del Rin. Se ordenó sacerdote en la Iglesia católica (1864), pero abandonó el sacerdocio y la Iglesia (1873). Durante un año (1872-1873) profesó en la Universidad católica de Würzburgo, pero tuvo que renunciar a la cátedra a causa de las dificultades suscitadas por su situación religiosa. En 1874 pasó a Viena, donde fue nombrado profesor, pero en 1880 abandonó la cátedra por las mismas dificultades citadas y por su deseo de contraer matrimonio, por lo que se dirigió a Leipzig y regresó a Viena, pero sólo como «Privatdozent». En 1896 se trasladó a Florencia y en 1915 a Zürich.

Brentano, gran estudioso de Aristóteles y de la escolástica, desarrolló un estilo filosófico opuesto, tanto en el contenido como en la forma, al del idealismo alemán, criticando acerbamente a Hegel y a Fichte por sus tendencias especulativas, y a Kant por haber sido, conscientemente o no, el iniciador de tales tendencias. El estilo filosófico de Brentano se caracteriza por la sobriedad y por el análisis conceptual. En este sentido puede decirse que su modo de pensar es aristotélico y se aproxima al de otro gran investigador de Aristóteles del siglo XIX: Trendelenburg. Brentano consideró que la filosofía no debe apartarse de la ciencia natural y hasta afirmó que «el verdadero método de la filosofía es la ciencia natural, y el verdadero método de la ciencia natural es la filosofía» («Abajo los prejuicios», en *El porvenir de la filosofía* [trad. esp., 1936]). Esto no significa que Brentano fuese un «naturalista» en el sentido que ha adquirido luego este término. Su propósito era rescatar a la filosofía de manos de quienes habían sido responsables de su «decadencia» y la habían imbuido de «prejuicios» de toda clase. En el fondo del idealismo especulativo

latía un peligroso relativismo, el cual se hallaba ya inclusive en los propios esfuerzos realizados por Kant para salvar a la filosofía del escepticismo de Hume. Brentano escribía a este respecto: «En el campo de la filosofía ya no se piensa en pedir luz y verdad, sino solamente un entretenimiento con novedades sorprendentes. Por estos frutos, que han madurado en el árbol de los conocimientos sintéticos *a priori,* puede revelársenos más que suficientemente lo que éstos son» *(op. cit.).*

Ello no significa que Brentano se opusiera a la metafísica, de la que se ocupó constantemente. Significa solamente que rechazaba la metafísica puramente especulativa y espectacular, y que quería fundarla en el análisis riguroso de los conceptos empleados y en el estudio de las diversas categorías del lenguaje. Brentano se oponía, además, a confusiones entre conceptos lógicos y conceptos psicológicos; tales confusiones conducían, a su entender, al relativismo contra el cual luchó toda su vida. Su propósito capital fue fundar en bases sólidas la filosofía. En cierto sentido tiene razón su discípulo Alfred Kastil cuando indica que Brentano inauguró un modo de filosofar análogo en sus *intenciones* al de los miembros del Círculo de Viena. Esto puede explicarse históricamente cuando se tiene en cuenta que Brentano estaba situado dentro de un área filosófica (la de la zona comprendida en el antiguo Imperio austro-húngaro, y que se extendía por algunos otros países, como Polonia) que, aunque usaba el alemán como lenguaje cultural, era en muchos respectos distinta de otra área que empleaba la misma lengua (el área alemana propiamente dicha). Muchos filósofos «austro-húngaros» y polacos en el siglo XIX siguieron tendencias a la vez empiristas y analíticas, mostrando escasa simpatía hacia las tendencias especulativas de muchos filósofos alemanes en la primera mitad del siglo XIX. Brentano fue uno de los adalides de la inclinación hacia un pensamiento sólido y sobrio, analítico y riguroso, de una de las «fases» de la filosofía: la fase de la cuidadosa elaboración de los conceptos. Sus escritos y sus enseñanzas ejercieron gran influencia sobre sus dos discípulos inmediatos: el mencionado A. Kastil y Oskar Kraus. Ejercieron asimismo influencia sobre una serie de pensadores que se separaron de él en puntos capitales, pero que fueron fieles al estilo de pensar brentaniano. Mencionamos entre ellos a C. Stumpf, Ch. Ehrenfels, A. von Meinong, Anton Marty y A. Höfler. Hoy día se habla especialmente de la influencia ejercida por Brentano sobre Husserl (quien estudió con Brentano en 1881 y de 1884 a 1886); de hecho, ha sido el gran predicamento alcanzado por la fenomenología husserliana lo que ha hecho revalorizar la filosofía de Brentano en nuestra época.

De las numerosas contribuciones de Brentano destacaremos algunas de las más capitales realizadas en la psicología, la lógica, la teoría del conocimiento, la teoría de los valores y la metafísica. La psicología y la teoría de los valores de Brentano —por lo demás, estrechamente relacionadas entre sí— han sido usualmente destacadas como las partes más importantes de su pensamiento.

La psicología de Brentano es de carácter descriptivo (psicognosia) y no genético. Su tarea es estudiar la naturaleza de los fenómenos psíquicos y clasificar tales fenómenos. Lo característico de los fenómenos psíquicos, a diferencia de los físicos, es la intencionalidad, el «hallarse dirigidos hacia» un objeto en tanto que dado interiormente. La conciencia, como conjunto de relaciones intencionales, es, pues, siempre «conciencia de». Hay tres clases de fenómenos psíquicos o tres tipos de relaciones intencionales: las representaciones *(Vorstellungen)*, los juicios *(Urteile)* y los afectos —actividades afectivas o movimientos afectivos *(Gemütstätigkeiten, Gemütsbewegungen)*, tales como el amor y el odio—. Lo que caracteriza cada tipo de fenómeno psíquico es el modo de «estar dirigido a» y no, por lo tanto, como los fenómenos físicos, el ser dado.

La psicología desempeña en Brentano el papel de una ciencia fundamental en un sentido similar a lo que será luego la teoría de los objetos y la fenomenología, y por razones afines. El estudio de las representaciones es la estética (en el sentido de una teoría de las «ideas», sensibles o no sensibles). El estudio de los juicios es la lógica. Ésta se ocupa del hecho del reconocimiento o rechazo de las representaciones en el juicio. Los juicios son afirmaciones y negaciones de los objetos intencionales. Los juicios básicos son los de carácter existencial —dentro de los cuales se hallan muchos juicios usualmente considerados como categóricos—. Junto a ellos, hay los juicios predicativos. El estudio de los afectos (intencionales) es el tema de la ética. Ésta se halla fundada en una concepción de los valores como actos de preferencia y repugnancia. Estos valores no son simplemente representaciones subjetivas; como actos de preferir y de rechazar, se refieren necesariamente a lo valorado o desvalorado. Brentano se opone tenazmente al subjetivismo ético y funda una teoría objetiva de los valores. Según Brentano, es posible establecer leyes rigurosamente universales de carácter axiológico (las mismas leyes que Max Scheler usó como una de las bases de su *Ética*). Afirmar, por ejemplo, que algo es bueno no es tener sólo una experiencia subjetiva de algo bueno; es un acto de preferencia que se dirige hacia algo en virtud del carácter intencional del acto.

Las relaciones entre los diversos actos intencionales y entre los actos y los objetos intencionales son conocidas *a priori*. Se puede establecer, por ejemplo, *a priori* que no hay representaciones sin modos temporales, ni juicios sin representaciones, ni afectos sin amor u odio (o preferencia o repugnancia). Éstos son ejemplos de verdades apodícticas, o evidentes *a priori*, las cuales no deben ser confundidas con las evidencias de la experiencia interna. El apriorismo de Brentano no es, pues, comparable al apriorismo trascendental; es más bien el resultado de una intuición derivada de un previo examen de la naturaleza de los actos intencionales.

Dentro de la metafísica de Brentano puede incluirse su doctrina del espacio y del tiempo, y su teoría del ser. Brentano concibe la espacialidad y la temporalidad como continuos unidos a los objetos corpóreos; no son, pues, substancias absolutas, pero tampoco meras condiciones del conocimiento de los objetos. En su teoría del ser, Brentano defiende la idea de que todo lo real es necesario de modo mediato o inmediato. Lo necesario de un modo mediato es todo lo susceptible de experiencia. Lo necesario de un modo inmediato es una realidad trascendental. Esta última realidad es condición de todas las realidades. Pero lo trascendental no es necesariamente una substancia infinita e inmóvil, absolutamente distinta de lo que es accesible a la experiencia: es la condición real de la experiencia en tanto que se halla en evolución continua.

Obras: *Die Psychologie des Aristoteles*, 1867. —*Phychologie vom empirischen Standpunkt*, I, 1874 (trad. esp. parcial: *Psicolo-*

gía, 1935). —*Ueber die Gründe der Entmutigung auf philosophischem Gebiete*, 1874 *(Sobre las razones del desaliento en la filosofía;* trad. esp. en el tomo: *El porvenir de la filosofía. Las cuatro fases de la filosofía y su estado actual*, 1936). —*Vom Ursprung sittlicher Erkenntnis*, 1889 (trad. esp.: *El origen del conocimiento moral*, 1927). —*Ueber die Zukunft der Philosophie. Mit apologetisch-kritischer Brücksichtigung der Inaugurationsrede von A. Exner «Ueber politische Bildung»*, 1893. —*Die vier Phasen der Philosophie und ihr augenblicklicher Stand*, 1895 (trad. esp. de las dos últimas obras en el citado tomo: *El porvenir, etc.*, 1936). —*Aristoteles und seine Weltanschauung*, 1911 (trad. esp.: *Aristóteles*, 1930).

Véase: H. Rodríguez Sanz, *El problema de los valores en la teoría del conocimiento moral de F. B. (Acta Salmanticensia.* Filosofía y Letras, t. IV, I, 1948). —M. Cruz Hernández, *F. Brentano,* 1953.

BRUNO, GIORDANO [FILIPPO] (1548-1600), nac. en Nola (Nápoles), discípulo de Francesco Patrizzi, maestro de la Academia Florentina, ingresó en la Orden de los Dominicos en 1565, fue ordenado sacerdote en 1572 y recibió el grado de doctor en teología en 1575. En 1576 se fugó, habiéndosele iniciado dos procesos, según consta en el *Index processatorum,* pasando por Siena, Milán, Chambéry, Ginebra, Lyon, Aviñón, Montpellier, Tou-louse (en cuya Universidad profesó durante casi dos años), París, Oxford, Londres, Wittenberg, Praga, Helmstedt, Frankfurt, Zürich y, finalmente, de nuevo en Italia, en Venecia y en Roma, en donde fue encarcelado por la Inquisición y quemado vivo en la hoguera al negarse a la abjuración de sus doctrinas. Influido muy poderosamente por el neoplatonismo y por la admisión de la teoría copernicana, pero acogiendo asimismo otros múltiples elementos —estoicismo, mística, etc.—, Bruno defendió con exaltación poética la doctrina de la infinitud del universo, el cual es concebido, por otro lado, no como un sistema de seres rígidos, articulados en un orden dado desde la eternidad, sino como un conjunto que se transforma continuamente, que pasa de lo inferior a lo superior y de éste a aquél por ser, en el fondo, todo una y la misma cosa, la vida infinita e inagotable. En esta vida quedan disueltas todas las diferencias, las cuales son propias únicamente de lo superficial, de lo finito y limitado. La infinitud espacial y temporal del universo astronómico corresponde a la infinitud de Dios, que se halla a la vez en el mundo y fuera del mundo, que es causa inmanente del mundo y está infinitamente por encima de él, oposiciones que sólo son paradójicas para Bruno cuando no se comprenden desde el mismo punto de vista que Nicolás de Cusa atribuye a la razón especulativa: el punto de vista de la coincidencia de los opuestos en lo infinito. El Universo está penetrado de vida y es él mismo vida, esto es, organismo infinito en el cual se hallan los organismos de los mundos particulares, de los infinitos sistemas solares análogos al nuestro. Lo que rige esta infinitud de mundos es la misma ley, porque es la misma vida, el mismo espíritu y orden y, en última instancia, el mismo Dios. Dios está presente en todas las cosas, con su infinito poder, sabiduría y amor, porque es todas las cosas, el máximo y el mínimo o, como dice Bruno, la mónada de las mónadas. La concepción «monadológica» es el complemento de esta visión de un universo-vida infinito; las mónadas son los componentes del organismo del mundo y no los átomos, que son disolución y muerte. La misión del hombre es el entusiasmo ante la contemplación de esta infinitud, la adoración del infinito, que es Dios, adoración en la cual puede hallarse la verdadera unidad de las creencias religiosas más allá de todo dogma positivo. Tal entusiasmo es, al mismo tiempo, una heroicidad, un «entusiasmo heroico» que Bruno debió experimentar del modo más completo al morir justamente por haberlo defendido hasta el fin.

La filosofía de Bruno manifestaba así, de manera eminente, esta peculiar condición del pensamiento renacentista: la aspiración a una filosofía dinámica construida con los materiales clásicos y, sobre todo, con aquellos materiales que eran con frecuencia formalmente rechazados, los aristotélicos. Condición que se revela particularmente en la doctrina de la materia, sometida en el pensamiento de Bruno a un proceso de disolución que la lleva al ser pleno, del mismo modo que el ser pleno es dialécticamente transformado en materia y en nada. De ahí la afirmación de que «en nada se diferencian la absoluta potencia y el acto absoluto»; y de ahí también la tesis de que «en definitiva, bien que haya individuos innumerables, todo es uno, y conocer esta unidad es el objeto y término de toda filosofía y contemplación natural» (*Causa, principio y uno*, IV).

Frances A. Yates ha puesto de relieve la importancia de la «tradición hermética» en el pensamiento de Bruno. Hay, según Bruno, una «antigua sabiduría», que ya poseyeron los egipcios; es la que se expresa en el *Corpus hermeticum* y fue desarrollada por Platón, los neoplatónicos antiguos y los neoplatónicos renacentistas. Es una magia que hace posible la comunión del hombre con los poderes de la Naturaleza. La verdadera religión está incorporada en el panteísmo «hermético».

Ediciones: *Opere italiane*, ed. G. Gentile, 3 vols., 1907-1909 *(Classici della filosofia moderna)*. —*Opera latine conscripta*, ed. Fiorentino, continuada por Imbriani y Tallarigo y terminada por F. Tocco y G. Vitelli, 3 tomos, 1879-1891 (reimp., 8 vols., 1961-1963).

Véase: *De la causa, principio y uno*, 1941. —*Del universo, infinito y mundos*, 1941.

Véase: R. Hönigswald, *G. B.* (trad. esp. en la colección: *Los grandes pensadores*, 1935). —R. Mondolfo, *Tres filósofos del Renacimiento*, 1947 (Bruno, Galileo-Campanella). —Francis A. Yates, *G. B. y la tradición hermética* (trad. esp.: 1983).

BUENAVENTURA (SAN) (1221-1274), llamado el *doctor seraphicus*, nac. en Bagnoregio (Balneoregium), cerca de Viterbo, en la Toscana, siendo su nombre privado Juan Fidanza. En 1238 ingresó en la Orden de los Franciscanos, de la que fue nombrado, hacia 1257, Vicario general. Estudió en París bajo el magisterio de Alejandro de Hales y enseñó en la misma Universidad desde 1248 hasta 1255. En 1273 fue nombrado Cardenal.

San Buenaventura fue principalmente un teólogo cuya principal intención era mostrar el camino que conduce del alma a Dios. Se ha discutido hasta qué punto ha influido San Agustín en el pensamiento de San Buenaventura. Mientras Gilson considera que San Buenaventura fue fundamentalmente un agustiniano, F. Van Steenberghen difiere de esta opinión. Independientemente de los «complejos doctrinales» que hayan influido sobre San Buenaventura, parece cierto, en todo caso, que éste se interesó básicamente por Dios y por el alma —lo que San Agustín había manifestado le interesaba por encima de todo—. Ello no excluye en San Buenaventura, como no la había excluido en San Agustín, una investigación de naturaleza filosófica. Pero ésta se puede entender como un auxilio para emprender y proseguir el mencionado camino. Si hay en San Buenaventura un ingrediente agustiniano, mayor o menor, se halla filosóficamente modificado por el hecho de que en la época de nuestro pensador se había ya desarrollado considerablemente el método escolástico y se había adelantado grandemente en la vía de una interpretación y asimilación de las doctrinas de Aristóteles. Puede, pues, decirse que la teología —y aun la teología mística— de San Buenaventura está penetrada de elementos escolásticos. Para San Buenaventura existe, sin embargo, una diferencia fundamental entre teología y filosofía: la primera empieza con aquella Realidad con que la filosofía a lo sumo termina. Ahora bien, esta diferencia no significa incompatibilidad; quiere decir únicamente que hay que atender al orden propio de los saberes y de las actividades humanas. El saber y la actividad más elevada es la contemplativa; a esta suprema luz están subordinadas las luces de las demás artes, la ínfima de las cuales —mas no enteramente despreciable— es la mecánica, que trata de lo más bajo y de lo más externo. La filosofía ocupa un lugar intermedio; el conocimiento que proporciona es considerable, pero termina por ser impotente y oscuro si no es iluminado por la luz de la fe. Dentro de este marco hay que entender las doctrinas propiamente filosóficas de San Buenaventura, tales como la concepción realista en la cuestión de los universales; se trata, en efecto, de una doctrina destinada a resolver un problema de más elevada naturaleza que las cuestiones epistemológicas o inclusive metafísicas. Por ejemplo conocer a Dios no es para San Buenaventura llegar hasta el límite de la razón y el misterio y aceptar desde entonces el dogma por la fe; es partir de la luz divina, sin la cual ni siquiera la razón podría ser entendida. A causa de esto se ha destacado con frecuencia la diferencia entre San Buenaventura y Santo Tomás. Esa diferencia es innegable, no solamente a causa de la actitud que ambos adoptan respecto al Estagirita y la filosofía en general, sino también por el lenguaje que uno y otro emplean: el lenguaje con frecuencia simbólico del primero, correspondiente a la concepción de que lo sensible es signo destinado a ser de continuo trascendido y traspasado, y el lenguaje casi siempre formal del segundo. Pero la citada diferencia no debe ser exagerada, pues el marco de los *credibilia* es el mismo en ambos. Se trata, por consiguiente, de dos vías distintas (o de dos itinerarios distintos) que conducen a lo mismo. El itinerario propugnado por San Buenaventura está fundado en una fe que pasa, cuando es necesario, a la razón, pero que dirige a ésta incesantemente hacia la contemplación.

La parte más conocida, y más frecuentemente tratada, de la doctrina de San Buenaventura es la que se llama «doctrina de la iluminación» y también «doctrina de la iluminación divina». Esta doctrina, de inspiración agustiniana (y últimamente platónica), afirma que hay en el hombre una luz intelectual —distinta de la luz de la gracia— que hace posible la intelección natural. Esta luz procede de Dios y en ella se funda la comprensión del ser. Por lo tanto, la intelección de lo real no es, como en Santo Tomás, el resultado de una abstracción fundada en la experiencia, sino consecuencia de una previa iluminación. Esta doctrina bonaventuriana ejerció gran influencia sobre muchos pensadores medievales: Mateo de Aquasparta, Juan Pecham, Pedro Juan Olivi, Enrique de Gante y, en cierta medida, Juan Duns Escoto. A veces se considera que el llamado «bonaventurismo» coincide con la historia de la doctrina de la iluminación.

Entre las obras de San Buenaventura de interés filosófico y teológico, destacamos: *Comentarii in quatuor libros Sententiarum Petri Lombardi*, redactados entre 1248 y 1255. —*Breviloquium*, íd., *ca.* 1255. —*Itinerarium mentis in Deum*, íd. 1259. —*Opusculum de reductione artium ad theologiam.* —*Collationes sin Hexaêmeron*, íd. 1273. —*Sermones selecti de rebus theologicis.* —San Buenaventura es asimismo autor de diversos comentarios a las Escrituras (al *Eclesiastés*, Evangelios de San Juan y San Lucas), de diversos opúsculos místicos (como *De triplici via* —llamado asimismo *Incendium amoris*—; *Tractatus de praeparatione ad Missam; De regimine animae; Vitis mystica)* y de numerosos *Sermones.*

Ediciones: *Opera omnia* (Venecia, 14 vols., 1753-56). —*Opera omnia* (ed. crítica, llamada «ed. de Quaracchi», prep. por los franciscanos del Colegio San Buenaventura: 10 vols., 1882-1902 [I-IX, 1882-1901;X, 1902]). —Ed. con texto latino de Quaracchi y trad. esp.: Madrid, 6 vols., 1943-49 (el vol. I con bibliog.).

Véase: É. Gilson, *La filosofía de S. B.,* trad. esp.: 1948. —Dionisio Castillo Caballero, *Trascendencia e inmanencia de Dios en S. B.,* 1974.

C

CARNAP, RUDOLF (1891-1970), nac. en Rundsdorf, cerca de Barmen (hoy Wuppertal, Westfalia), ha sido profesor en Viena (1926-1931), Praga (1931-1935), Chicago (1938-1954) y Los Ángeles (desde 1954). Cinco aspectos pueden ser subrayados en su trabajo filosófico, lógico y semiótico, correspondientes aproximadamente a cinco fases: el aspecto crítico-filosófico, el aspecto del análisis de la constitución, el de la sintaxis lógica del lenguaje, el semántico y el del examen de la inducción.

El aspecto crítico-filosófico se concentra en su primer análisis del problema del espacio. Resuenan en él las influencias kantianas, si bien de un Kant interpretado en sentido crítico-fenomenista y lógico-regulativo.

El análisis de la constitución se basa en una teoría en la cual se ordenan los diferentes sistemas de objetos o conceptos según grados. 'Constituir' equivale para Carnap a 'reducir', pero esta reducción ha de entenderse en sentido lógico-sistemático y no metafísico. La teoría carnapiana de la constitución puede ser considerada como una ontología de base lógica en el curso de la cual se caracterizan los objetos mediante «meras propiedades estructurales» o por «ciertas propiedades lógico-formales de relaciones o tramas de relaciones».

La teoría de la constitución se halla dentro de las orientaciones del Círculo de Viena del que Carnap fue uno de los principales representantes. Ligada a la misma se encuentra su elaboración del fisicalismo, su crítica de la metafísica y la elaboración de la sintaxis lógica del lenguaje. Según Carnap, hay que distinguir entre el modo formal y el modo material de hablar. Cuando se olvida tal distinción se recae en la metafísica y, por lo tanto, en la confusión entre las proposiciones y las pseudoproposiciones. Las proposiciones metafísicas son, en efecto, a su entender, pseudoproposiciones que parecen tener referentes objetivos, pero no los tienen. Hay que ver, por consiguiente, de qué modos pueden formularse correctamente proposiciones, esto es, hay que examinar en cada caso si las «proposiciones» formuladas obedecen o no a las reglas sintácticas del lenguaje. La filosofía acaba siendo definida inclusive como un «análisis lógico del lenguaje».

La insistencia en el aspecto sintáctico conducía, sin embargo, a dificultades que obligaron a Carnap a prestar considerable atención a la semántica. Los detallados estudios semánticos de Carnap han abarcado tanto los problemas semánticos en general como los de la formalización de la lógica. Importantes son también al respecto sus estudios acerca de la modalidad.

Durante los últimos años, Carnap se ha ocupado intensamente de la elaboración de un sistema de lógica inductiva a base de un examen de la probabilidad como grado de confirmación y del supuesto de que todo razonamiento inductivo es un razonamiento en términos de probabilidad. La lógica inductiva de Carnap es antipsicologista y no presupone ninguna de las doctrinas que las lógicas clásicas estimaban indispensable, tales como, por ejemplo, la de la regularidad de los fenómenos naturales. Advertiremos que la preponderante atención a la elaboración de dicha lógica no ha impedido a Carnap ocuparse asimismo con frecuencia de problemas lógicos y semánticos y de reiterar ciertos puntos de vista —la oposición a la ontología; la estricta separación de expresiones en analíticas y sintéticas, etc.— que se habían ya manifestado en las fases anteriores.

Obras principales: *Der Raum. Ein Beitrag zur Wissenschaftslehre*, 1922 (*El espacio. Contribución a la teoría de la ciencia*). —*Physikalische Begriffsbildung*, 1926 (*Conceptuación fisicalista*). —*Der logische Aufbau der Welt. Versuch einer Konstitutionstheorie der Begriffe*, 1928 (*La estructura lógica del mundo* [trad. esp. 1985]. *Ensayo de una teoría de la constitución de los conceptos*). —*Scheinprobleme in der philosophie. Das Fremdpsychische und der Realismusstreit*, 1928 (*Problemas aparentes en la filosofía. Lo psíquico ajeno y la discusión en torno al realismo*). —*Abriss der Logistik, mit besonderer Berücksichtigung der Relationstheorie und ihrer Anwendungen*, 1929; 2.ª ed., 1960 (*Compendio de logística, con especial consideración de la teoría de la relación y de sus aplicaciones*). —«Ueberwindung der Metaphysik durch logische Analyse der Sprache», *Erkenntnis*, 2 (1931), 219-41 (trad. esp.: *La superación de la metafísica por medio del análisis lógico del lenguaje* [Centro de Estudios filosóficos. Univ. de México, Cuad. 10; con notas del autor]). —*Die Aufgabe der Wissenschaftslogik*, 1934 (*El tema de la lógica de la ciencia*). —*Logische Syntax der Sprache*, 1934; 2.ª ed., 1968 (*Sintaxis lógica del lenguaje*; ampliada en trad. inglesa: *The Logical Syntax of Language*, 1937). —*Foundations of Logic and Mathematics* [International Encyclopedia of Unified Science, I, 3]. —*Studies in Semantics (I. Introduction to Semantics*, 1942; *II. Formalization of Logic*, 1943). Se considera como tomo III el libro *Meaning and Neccessity. A Study in Semantics and Modal Logic*, 1947, 2.ª ed., 1958. —*Logical*

Foundations of Probability, I, 1950; 2.ª ed., rev., 1962. —*The Continuum of Inductive Methods,* 1932 (monog.). El contenido del tomo I fue anticipado en los artículos «Testability and Meaning», *Philosophy of Science,* 3 (1936), 419-71, (1937), 1-40, y «On the Application of Inductive Logic», *Philosophy and Phenomenological Research,* 3 (1947). —rev. y refundida por Wolfgang Stegmüller, *Induktive Logik und Wahrscheinlichkeit,* 1959. —*Einführung in die symbolische Logik,* 1954, nueva ed., 1960; 3.ª ed., 1968. —*Two Essays on Entropy,* 1978, ed. Abner Shimony. —Obra póstuma: *A Basic System of Inductive Logic,* part. I, en *Studies in Inductive Logic and Probability,* I, ed. R. Carnap y R. C. Jeffrey, 1972 [Carnap, Jeffrey, Jurgen Humburg y Haim Gaifman] y ed. R. Jeffrey, 1980 ap.

CASSIRER, ERNST (1874-1945), nac. en Breslau, estudió en las Universidades de Berlín, Leipzig, Heidelberg y Marburgo. Fue «Privatdozent» en Berlín (1906); de 1919 a 1933 fue profesor en la Universidad de Hamburgo. Se exilió de Alemania en 1933, profesando primero en Oxford (1933-1935), luego en Göteborg (Suecia) (1935-1941) y, finalmente, en la Universidad de Yale, en Estados Unidos (1941-1944) y, como profesor visitante en la Universidad de Columbia (1944-1945).

Cassirer fue, con Herman Cohen y Paul Natorp, uno de los «tres grandes» de la Escuela de Marburgo, pero, a diferencia especialmente del primero, se interesó grandemente por otras corrientes filosóficas contemporáneas, como la fenomenología. Cassirer no abandonó el punto de partida neokantiano, pero lo transformó en muchos puntos capitales. Puede considerarse a Cassirer como un continuador de la gran tradición «idealista», de Platón a Kant, y de Descartes a Leibniz.

Distingue a Cassirer la universalidad de sus intereses: las ciencias naturales, las ciencias sociales, la antropología, la filología y la lingüística, la historia. Sus numerosas contribuciones a la historia de la filosofía —sus escritos sobre Descartes, Kant, Leibniz, los platónicos de Cambridge, la filosofía de la Ilustración— forman una parte integrante de su pensamiento filosófico. Esto ocurre también, y sobre todo, con su voluminosa obra sobre el problema del conocimiento en la filosofía y en la ciencia modernas. Se propone mostrar que en la época moderna se abre paso la idea, de raigambre kantiana, según la cual el conocimiento consiste en una conceptualización de la experiencia. Aunque Kant representa un momento culminante en este desarrollo, no es su fin, sino un fecundo principio. Es menester ir más allá de Kant. Cassirer difiere de Kant en que la conceptualización no se confina a las ciencias naturales, sino que se extiende a las ciencias culturales e históricas; en que los conceptos, o categorías, no constituyen un sistema cerrado y completo, sino un sistema abierto y esencialmente incompleto. Cassirer tiene en cuenta, en lo que concierne a las ciencias naturales, y especialmente a la física, nuevos desarrollos que no entraban dentro de la conceptualización kantiana. Sigue fiel a Kant en la idea de que los conceptos básicos en las ciencias son de carácter trascendental. Hay un hiato entre los conceptos involucrados en las leyes científicas y los conceptos filosóficos que examinan sus fundamentos. Este hiato es, sin embargo, menos amplio y brusco que el kantiano. A despecho de su fidelidad al método trascendental kantiano, Cassirer apunta a menudo a un enlace efectivo, y hasta a una especie de «continuo», entre la conceptualización epistemológica y la científica.

El concepto de función parece cumplir el papel de unificador. Los conceptos, tanto científicos como filosóficos, tienen un carácter funcional. Cassirer tiende fuertemente al funcionalismo en contraposición con todo «substancialismo».

Otro concepto unificador en las ciencias y en la filosofía, es el que Cassirer desarrolló en una de sus obras capitales, si no principal: la *Filosofía de las formas simbólicas*. Todos los modos de aprehensión de la realidad y, a la postre, todos los modos como el hombre se enfrenta con la realidad, incluyendo modos no estrictamente cognoscitivos, tienen un aspecto simbólico, es decir, están fundados en simbolizaciones. El hombre, manifiesta Cassirer, es «un animal simbólico», *homo symbolicus*. La cultura humana —ciencia, arte, religión, ética, política— se constituye dentro de una trama de simbolizaciones. Cassirer examinó, en la obra antes indicada, tres sistemas simbólicos fundamentales. Cada uno corresponde a una determinada función: el sistema de los mitos, que corresponde a una función expresiva de los símbolos; el sistema de lenguaje común, que corresponde a una función intuitiva, y el sistema de las ciencias, que corresponde a una función significativa. Cada función son otras tantas formas de «lenguaje»; el estudio del «origen de la función simbólica» es para Cassirer una filosofía del lenguaje en sentido amplio. Al mismo tiempo, esta filosofía del lenguaje es una filosofía de la cultura, o de las formas culturales. La «crítica de la razón» se convierte entonces en «crítica (o examen) de la cultura», que abarca todas las manifestaciones del espíritu humano dentro de la unidad del *homo symbolicus*.

Obras: *Leibniz' System in seinen wissenschaftlichen Grundlagen*, 1902 *(El sistema de Leibniz en sus fundamentos científicos).* —*Das Erkenntnisproblem in der neuren Zeit*, 4 vols. (I, 1906, 3.ª ed., 1922; II, 1907, 3.ª ed., 1922; III, 1920, 2.ª ed., 1923; IV, 1957) (trad. esp.: *El problema del conocimiento*, 4 vols.: I, 1953; II, 1956; III, 1957; IV, 1948 [la trad. esp. del vol. IV aparecío antes que la edición alemana]). —*Der kritische Idealismus und die Philosophie des «gesunden Menschenverstandes»*, 1906 *(El idealismo crítico y la filosofía del «sentido común».* —*Substanzbegriff und Funktionsbegriff*, 1910 *(Concepto de substancia y concepto de función).* —*Kants Leben und Lehre*, 1918 (trad. esp.: *Kant. Vida y doctrina*, 1948). —*Zur Kritik der Einsteinschen Relativitästheorie*, 1921 *(Para la crítica de la teoría einsteiniana de la relatividad).* —*Idee und Gestalt*, 1921, 2.ª ed., 1924 *(Idea y Forma [Estructura]).* —*Philosophie der symbolischen Formen*, 3 vols. *(I. Die Sprache*, 1923; *II. Das mythische Denken*, 1925; *III. Phänomenologie der Erkenntnis*, 1929) *(Filosofía de las formas simbólicas. I. El lenguaje. II. El pensamiento mítico. III. Fenomenología del conocimiento)* (trad. esp. en curso de publicación: I, 1973), 2.ª ed., 1954. —*Sprache und Mythos. Ein Beitrag zum Problem der Götternamen*, 1925 (trad. esp.: *Mito y lenguaje*, 1959). —*Individuum und Kosmos in der Philosophie der Renaissance*, 1927, reimp.: 1962; (trad. esp.: *Individuo y cosmos en la filosofía del Renacimiento*, 1951). —*Die platonische Renaissance in England und die Schule von Cambridge*, 1932 *(El renacimiento platónico en Inglaterra y la escuela de Cambridge).* —*Goethe un die geschichtliche Welt. Drei Aufsätze*, 1932 *(Goethe y el mundo histórico. Tres ensayos).* —*Die Philosophie der Aufklärung*, 1932 (trad. esp.: *Filosofía de la Ilustra-*

ción, 1943). —*Determinismus und Indeterminismus in der modernen Physik. Historische und systematische Studien zum Kausalproblem*, 1936 [Göteborgs Högskolas Arskrift, 52] *(Determinismo e indeterminismo en la física moderna. Estudios históricos y sistemáticos en torno al problema de la causa).* El vol. citado *supra, Zur Kritik der Einsteinschen R.* y *Determinismus und Indeterminismus*, en un vol.: *Zur modernen Physik*, 1957. —*Descartes. Lehre, Persönlichkeit, Wirkung*, 1939 *(Descartes. Doctrina, personalidad, influencia).* —*Logos, Dike, Kosmos in der Entwicklung der griechischen Philosophie*, 1941 [Göteborgs Högskolas Årskrift, 57] *(Logos, Dike, Cosmos, en la evolución de la filosofía griega).* —*Zur Logik der Kulturwissenschaften*, 1942 *[ibid., 58]* (trad. esp.: *Las ciencias de la cultura*, 1951). —*An Essay on Man*, 1945 (trad. esp.: *Antropología filosófica*, 1945). —*The Myth of the State*, 1947; trad. esp.: *El mito del Estado*, 1947; en ed. alemana: *Der Staatsmythos*, 1949. —*Symbol, Myth and Culture: Essays and Lectures of E. C.*, 1935-1945, ed. Donald P. Verene. —*Symbol, Technik, Sprache. Aufsätze aus den Jahren 1927-1931*, 1984, ed. Ernst Wolfgang Orth y John Michael Krois con la colab. de Josef M. Werle.

Véase: Mercedes Rein, *La filosofía del lenguaje de E. C.*, 1959. —Sara Ali Jafella de Dolgopol, *Las formas simbólicas en el pensamiento de E. C.: Una interpretación*, 1974.

CHOMSKY, NOAM, nac. (1928) en Filadelfia, Pennsylvania, estudió y se doctoró en la Universidad de Pennsylvania, donde recibió, entre otras, las enseñanzas de Zellig Harris, en el Departamento de Lingüística, y donde profesaba a la sazón Nelson Goodman, en el Departamento de Filosofía. Chomsky es profesor, desde 1955, en el Massachusetts Institute of Technology (MIT), de Boston, en el cual ocupa, a partir de 1966, la cátedra «Ferrari P. Ward» de Lenguas Modernas y de Lingüística.

Chomsky ha revolucionado la lingüística. Aunque empezó dentro de la tradición de los cultivadores de la lingüística estructural de los «bloomfieldianos» (o seguidores del lingüista L. Bloomfield), y entre los que figuraba Zellig Harris, por interesarse primariamente, si no exclusivamente, por cuestiones sintácticas y fonológicas, y aunque hizo uso del llamado «análisis de constituyentes inmediatos», se separó pronto de dicha tradición. Se opuso a las bases conductistas de la lingüística estructural norteamericana —así como a las ideas de B. F. Skinner sobre conducta verbal— y a toda idea del lenguaje como un *corpus* susceptible de mero examen taxonómico. Según Chomsky, la tarea de la lingüística no es simplemente describir un lenguaje, sino establecer las reglas gramaticales que permitan producir (engendrar) todas las oraciones del lenguaje que sean gramaticales y que no permitan engendrar ninguna ora-

ción que no sea gramatical. En vez de los «procedimientos de descubrimiento» en que insistían los estructuralistas norteamericanos, Chomsky propugnó procedimientos de evaluación capaces de distinguir entre gramáticas alternativas. Una distinción que ha llegado a ser fundamental en Chomsky es la que estableció entre «competencia» y «ejecución». La competencia es *grosso modo* la internalización en un hablante de las reglas gramaticales; la ejecución es la actividad lingüística. En el curso de esta actividad se pueden producir oraciones que no sean gramaticales, o que exhiban «incorrecciones», pero ello se debe a factores extralingüísticos. No es siempre perfectamente claro lo que se entiende por «internalización», pero ello se debe, entre otras razones, a que hay en el pensamiento de Chomsky dos aspectos que no son independientes entre sí, pero que no encajan siempre completamente uno en el otro: el aspecto estrictamente lingüístico y el de una teoría acerca de la estructura de la mente. Lingüísticamente, la llamada «competencia» es una idealización; mejor dicho, por medio del concepto de «competencia» se describe en forma ideal la competencia del hablante de una lengua. En un sentido, la competencia parece ser independiente del hablante y consistir sólo en un conjunto de reglas para engendrar oraciones gramaticales —y no engendrar oraciones no gramaticales—. A la vez, el hablante tiene que poseer competencia, porque de lo contrario no sería capaz de engendrar un número infinito de oraciones, incluyendo, por supuesto, oraciones que no ha oído previamente. La idea chomskyana de competencia es, así, a la vez una construcción lingüística y un postulado concerniente al sujeto humano. Este postulado ha llevado a Chomsky a defender la tradición del racionalismo —específicamente la tradición de autores como Sánchez de las Brozas, Descartes, los cartesianos como Cordemoy y La Forge, los autores de la *Gramática de Port-Royal*— contra el empirismo, y a mantener la noción de «idea innata» y de los universales lingüísticos, tanto formales como sustantivos.

Chomsky elaboró varios modelos gramaticales de la llamada «gramática generativa»: un modelo «lineal», un modelo de «estructura de la frase» y un modelo transformacional. Este último, que incluye asimismo reglas de estructura de frase, es el que tiene mayor poder explicativo y el que Chomsky, así como muchos discípulos, colaboradores y seguidores suyos, han aplicado al estudio de varias lenguas. Se han suscitado objeciones contra los modelos de Chomsky, y específicamente contra el modelo más desarrollado, que es conocido comúnmente con el nombre de «gramática generativo-transformacional». Las objeciones de los que siguen la tradición del estructuralismo norteamericano clásico han sido contestadas por Chomsky con argumen-

tos sacados de sus ideas contra la concepción meramente taxonómica del lenguaje. Las objecciones desarrolladas, por así decirlo, «desde dentro», por algunos de los propios discípulos de Chomsky —como John R. Ross, George Lakoff y Paul M. Postal— han llevado a Chomsky a ampliar y refinar sus propios modelos, especialmente por medio de la llamada «teoría standard ampliada». Se ha alegado que Chomsky se interesó excesivamente por la dimensión sintáctica (y la fonológica) del lenguaje en detrimento de la semántica, y se ha puesto asimismo de relieve que algunas de sus nociones —como las de «estructura superficial» y «estructura profunda» de la frase— se prestan a malentendidos. En lo que toca al primer punto, Chomsky ha considerado que una ampliación de sus modelos puede resolver problemas semánticos. En lo que respecta al segundo punto, Chomsky ha admitido la posibilidad, pero no la necesidad, de malentendidos cuando 'superficial' y 'profundo' se entienden rectamente.

Muchos filósofos se han interesado por las ideas lingüísticas de Chomsky, porque estas ideas suscitan cuestiones filosóficas, por lo demás admitidas y tratadas por el propio Chomsky, el cual ha considerado que sus teorías lingüísticas forman parte de una teoría de la mente humana, especialmente de la facultad cognoscitiva de la mente; la lingüística es «una rama particular de la psicología del conocimiento», o «psicología cognoscitiva». Ha considerado asimismo que no se pueden separar sus ideas lingüísticas y psicológicas de sus ideas políticas y sociales, ya que éstas están fundadas en una concepción del hombre como ser libre, que aspira a deshacerse de toda coacción y de todo autoritarismo. Desde este punto de vista, el «mentalismo» —que muchos habían considerado como «retrógrado» o «reaccionario»— es progresivo, mientras que el conductismo —que muchos habían considerado como «científico» y «progresivo»— es retrógrado, ya que presenta al ser humano como maleable por condicionamientos, que pueden muy bien tener un carácter totalitario. Chomsky no ha descartado la posibilidad de encontrar un fundamento biológico para su «hipótesis innatista» (una expresión que, por lo demás, Chomsky manifiesta que es usada más bien por los críticos que por los defensores de la hipótesis y que él mismo se abstiene de usar por prestarse a malentendidos), pero no parece haber encontrado dificultades para reconciliar la posibilidad mencionada con su fundamental actitud «libertaria». En rigor, cuanto más se descubra que hay en todas las realizaciones humanas, inclusive las más humildes, y que hay en todos los seres humanos, aun los más desposeídos, un sistema común de estructuras y principios invariantes, tanto más quedará confirmada la igualdad fundamental de todos los hombres y la

posibilidad para todos de ser libres. Para Chomsky, los problemas del conocimiento y los problemas de la libertad no son dos distintas series de problemas: son dos caras de un mismo problema —como son dos caras del mismo problema el interpretar el mundo y el cambiarlo—. La libertad va unida, para Chomsky, a la creatividad, la cual es distinta de una serie de actos azarosos y arbitrarios. «Es razonable suponer —escribe Chomsky— que lo mismo que las estructuras intrínsecas de la mente subyacen en el desarrollo de las estructuras cognoscitivas, también un 'carácter de especie' provee el marco para el crecimiento de la conciencia moral, de la realización cultural e inclusive de la participación en una comunidad libre y justa... Hay una importante tradición intelectual que presenta algunos interesantes alegatos en este respecto. Aunque esta tradición se inspira en el compromiso empirista en el progreso y la ilustración, creo que encuentra raíces intelectuales aún más profundas en los esfuerzos racionalistas para fundar una teoría de la libertad humana. Investigar, profundizar en, y a ser posible establecer las ideas desarrolladas en esta tradición por los métodos de la ciencia es una tarea fundamental para la teoría social libertaria» *(Reflections on Language,* 1975, pág. 134). Las pasiones y los instintos del ser humano —agrega—, lejos de quedar reprimidos y deformados por estructuras sociales autoritarias y competidoras, pueden eventualmente ayudar a poner fin a lo que Marx llama «la prehistoria de la sociedad humana», de modo que se instaure «una nueva civilización científica en la cual la 'naturaleza animal' quede trascendida y la naturaleza humana pueda verdaderamente florecer» *(loc. cit.)*.

Obras principales: *Syntactic Structures*, 1957 (tesis doctoral; procedente en gran parte de un manuscrito anterior; trad. esp.: *Estructuras sintácticas*, 1974). —*Aspects of the Theory of Syntax*, 1965 (trad. esp. con «Nota preliminar» por Carlos Peregrín Otero: *Aspectos de la teoría de la sintaxis*, 1970). —*Cartesian Linguistics: A Chapter in the History of Rationalist Thought*, 1966 (trad. esp.: *Lingüística cartesiana. Un capítulo de la historia del pensamiento racionalista*, 1969). —«Recent Contributions to the theory of Innate Ideas», en Robert S. Cohen, Marx Wartofsky, eds., *Boston Studies in the Philosophy of Science*, vol. 3, 1968 (trad. esp.: «Contribuciones recientes a la teoría de las ideas innatas», *Teorema*, 3, Núm. 1 [1973], 45-55). —«Form and Meaning in Natural Language» [conferencia de 1969 (trad. esp. de la 1.ª ed.: *El lenguaje y el entendimiento*, 1971)]. —«Remarks on Nominalization», en R. Jacobs, P. S. Rosenbaum, eds., *Reading in English Transformational Grammar*, 1969 (trad. esp.: «Observaciones sobre la nominalización», en Víctor Sánchez de Zavala, ed.,

Semántica y sintaxis en la lingüística transformatoria, 1974. En este volumen se incluye «Estructura profunda, estructura superficial e interpretación semántica», trad. esp. de «Deep Structure, Surface Structure, and Semantic Interpretation» [1970]). —*At War with Asia*, 1970 (trad. esp.: *La guerra de Asia*, 1972). —«Problems of Explanation in Linguistics» y «Reply» en R. Borger, F. Cioffi, eds., *Explanation in the Behavioural Sciences*, 1970 (trad. esp.: *La explicación en las ciencias de la conducta*, 1973). —*Problems of Knowledge and Freedom. The Russell Lectures*, 1971 (trad. esp.: *Conocimiento y libertad*, 1972). —*American Power and the New Mandarins*, 1969 (trad. esp.: *La responsabilidad de los intelectuales*, 1969). —*The Case Against B. F. Skinner*, 1972 (trad. esp.: *Proceso contra S.*, 1974). —*For Reasons of State*, 1973 (trad. esp.: *Por razones de Estado*, 1975). —«Questions of Form and Interpretation», *Linguistic Analysis*, 1, 1975, 75-109 (trad. esp.: *Cuestiones de forma e interpretación*, 1978 [Cuadernos Teorema, 14]). —*The Fateful Triangle: the United States, Israel, and the Palestinians*, 1984.

Debate entre N. Ch. y Michel Foucault en el libro *Reflexive Water: The Basic Concerns of Mankind*, 1974 (trad. esp. de la porción pertinente: *La naturaleza humana. ¿Justicia o poder?*, 1976 [Cuadernos Teorema, 6].

Véase: John Lyons, *N. Ch.* (trad. esp.: 1974). —J. Lyons, D.

B. Fry *et al.* (trad. esp.: *Nuevos horizontes de la lingüística,* 1975). —J. Daniel Quesada, *La lingüística generativo-transformacional: Supuestos e implicaciones,* 1974. —Carlos Peregrín Otero, *«Introducción»* a trad. de *Estructuras* cit. *supra* [1974]. —Víctor Sánchez de Zavala, ed., *Semántica y sintaxis en la lingüística transformatoria,* 1974. —José Hierro S. Pescador, *La teoría de las ideas innatas en C.,* 1976. —G. Harman, J. J. Katz *et al., Sobre N. Ch.: Ensayos críticos,* AU 307, 1981, Alianza Editorial.

COMTE, AUGUSTE (1798-1857), nac. en Montpellier. Secretario de Saint-Simon y colaborador en el órgano del saint-simonismo, *Le Producteur,* rompió con él para dictar libremente su primer curso de filosofía positiva. Repetidor de matemáticas en la Escuela Politécnica, no pudo conseguir un nombramiento oficial y vivió desde 1823 hasta su muerte de la protección de sus adeptos. La ruta de su doctrina siguió un curso sensiblemente distinto al conocer a Clotilde de Vaux, quien, según propia manifestación, le inspiró su religión de la humanidad. Comte ha dado a su filosofía el nombre de positiva; sin embargo, el posterior positivismo, que cuenta a Comte como su fundador, no equivale exactamente a dicha filosofía. Procedente, en su parte afirmativa, del saint-simonismo, y, en su parte negativa, de la aversión al espiritualismo metafísico, el positivis-

mo de Comte constituye una doctrina orgánica, no sólo en el aspecto teórico, sino también y muy especialmente en el práctico. El propósito de Comte no es, por lo pronto, erigir una nueva filosofía o establecer las ciencias sobre nuevas bases; es proceder a una reforma de la sociedad. Pero la reforma de la sociedad implica necesariamente la reforma del saber y del método, pues lo que caracteriza a una sociedad es justamente para Comte la altura de su espíritu, el punto a que ha llegado en su desarrollo intelectual. De ahí que el sistema de Comte comprenda tres factores básicos: en primer lugar, una filosofía de la historia que ha de mostrar por qué la filosofía positiva es la que debe imperar en el próximo futuro; en segundo lugar, una fundamentación y clasificación de las ciencias asentadas en la filosofía positiva; por último, una sociología o doctrina de la sociedad que, al determinar la estructura esencial de la misma, permita pasar a la reforma práctica y, finalmente, a la reforma religiosa, a la religión de la Humanidad.

La significación de 'positivo' resalta inmediatamente de la filosofía de la historia de Comte, resumida en la ley de los tres estadios: el teológico, el metafísico y el positivo, que no son simplemente formas adoptadas por el conocimiento científico, sino actitudes totales asumidas por la humanidad en cada uno de sus períodos históricos fundamentales. El estadio teológico es aquel en el cual el hombre explica los fenómenos por medio de seres sobrenaturales y potencias divinas o demoníacas; a este estadio, cuyas fases son el fetichismo, el politeísmo y el monoteísmo, corresponde un poder espiritual teocrático y un poder temporal monárquico, unidos en un Estado de tipo militar. Le sigue un estadio metafísico, que arranca del monoteísmo como compendio de todas las fuerzas divinas en un solo ser y que, al personalizarlas en una unidad, permite al propio tiempo su despersonalización. Las causas de los fenómenos se convierten entonces en ideas abstractas, en principios racionales. Es un período crítico, negativo, una desorganización de los poderes espirituales y temporales, una ausencia de orden que tiende continuamente a la anarquía, pues en el estadio metafísico irrumpen todas las fuerzas disolventes de la inteligencia. Finalmente, sobreviene el estadio positivo, que sustituye las hipótesis y las hipóstasis metafísicas por una investigación de los fenómenos limitada a la enunciación de sus relaciones. A esta altura del progreso intelectual corresponde una superación de la fase crítica intermedia; el poder espiritual pasa entonces a manos de los sabios, y el poder temporal a manos de los industriales. El saint-simonismo resurge claramente en esta fase última de la historia, pero la era industrial que Saint-Simon anunciaba queda completada y perfeccionada por

el positivismo de la ciencia, que renuncia a todo lo trascendente, que se reduce a la averiguación y comprobación de las leyes dadas en la experiencia, y ello no sólo para los fenómenos físicos, sino también para los puramente espirituales, para el mundo de lo social y de lo moral.

Lo positivo no es, pues, solamente una forma de organización de las ciencias; es un estadio total que requiere ante todo un orden y una jerarquía. El paso por los tres estadios en cada una de las ciencias es para Comte perfectamente demostrable, pero lo que caracteriza a las ciencias no es la rigurosa vinculación de todas y cada una de ellas al período social correspondiente, sino cabalmente su gradual anticipación en el camino que conduce a lo positivo, el hecho de que su jerarquía coincida con su mayor o menor estado de positivización. Esta jerarquía forma, por así decirlo, una pirámide en cuya base se encuentra la sociología; entre una y otra, y apoyándose cada una de las ciencias en el conocimiento de los principios de la precedente, se encuentran la astronomía, la física, la química y la biología. Lo que las diferencia entre sí no es tanto su mayor o menor carácter positivo *esencial*, sino la comprobación de que lo positivo ha irrumpido en ellas en épocas distintas y progresivamente más avanzadas de la historia. Por la simplicidad de su objeto, las matemáticas son las ciencias en donde lo positivo ha sido adquirido con anterioridad a las demás; ya en la Antigüedad han sido tratadas positivamente. Pero la mayor complicación gradual que ofrecen los demás saberes, el predominio en ellos de lo concreto y de lo inductivo hace que su positivismo sea progresivamente más tardío. Así ocurre con la astronomía; así también y en grado mayor con la física, la química y la biología. Por último, la ciencia cuyos objetos son más concretos, la sociología, es la que con más retraso penetra en el dominio de lo positivo. Justamente la inclusión de la sociología en este dominio es lo que caracteriza, en el fondo, el advenimiento del estadio positivo total, de la fase en la cual la sociología como ciencia del hombre y de la sociedad podrá, finalmente, ser convertida, por el método naturalista, en una estática y en una dinámica de lo social.

El tema de la nueva época es, por tanto, la conversión de la sociología en ciencia positiva de acuerdo con la irrupción de un nuevo estadio que supere la destrucción del último gran período orgánico, la Edad Media, y sustituya los factores anárquicos del protestantismo, del liberalismo y del Estado jurídico por un nuevo orden de factura medieval, pero sin la dogmática católica. Por eso la nueva época exige que la explicación dinámica de la sociedad, que culmina en la ley de los tres estadios, sea reemplazada por una explicación estática. La estática social se enlaza a su vez con la religión de la Humanidad, pues

sólo cuando se hace posible la sociología como ciencia positiva puede el nuevo orden espiritual y temporal tener un fundamento religioso. La filosofía de la historia, de Comte, explica, así, el esfuerzo realizado por cada época en su camino hacia la fase positiva. Los estadios teológico y metafísico representan, ciertamente, una busca, pero una busca infructuosa. El último y definitivo estadio se presenta de este modo como el hallazgo de lo que, en su fondo último, ha sido siempre la aspiración de la Humanidad: la ciencia positiva, que rechaza toda sobrenaturalización y toda hipóstasis y que convierte al filósofo en un «especialista en generalidades»; el poder espiritual en manos de los sabios; el poder temporal en manos de los industriales; el pacifismo, el orden y la jerarquía, y, como atmósfera que lo envuelve todo, una moral del altruismo basada en la estática esencial de la vida social, o, como resume Comte, «el amor como principio, el orden como base, el progreso como fin».

El paso a la religión de la Humanidad es una consecuencia necesaria de la negación de la «rebelión de la inteligencia contra el corazón» propia del estadio metafísico; es también una derivación del mismo carácter positivo de la estática social, que exige un objeto enteramente positivo, una entidad no trascendente, sino perfectamente cognoscible y cercana, como lo es la Humanidad revelada por la historia. La Humanidad, en el conjunto de todos sus esfuerzos, aun de los meramente posibles, constituye el objeto inevitable de un culto que se niega a Dios como ser trascendente. Lo positivo penetra de este modo en la propia religión que, vaciada del contenido dogmático del cristianismo, puede llegar, sin embargo, a producir en la sociedad los mismos efectos de orden y organización. Esta religión, a la cual dedicó Comte los últimos años de su vida, tiene por objeto la Humanidad en su pasado, presente y futuro como el Gran Ser. Los sabios, que retienen el poder espiritual, son ahora los sacerdotes del nuevo culto y por ello pueden vencer, si la ciencia positiva no bastara, la insurrección de la inteligencia contra el corazón.

La influencia de Comte ha seguido aproximadamente el mismo curso que el destino del positivismo, el cual, en su aspecto de reacción contra la especulación del idealismo romántico, ha recogido principalmente de Comte su posición antimetafísica. Aparte la influencia perceptible de Comte en todas las direcciones positivas imperantes en la segunda mitad del siglo XIX y prescindiendo de la formación de numerosos grupos y asociaciones positivistas que se propagaron particularmente en la América del Sur (sobre todo en el Brasil), donde el positivismo de procedencia europea se encontró con lo que Alejandro Korn ha llamado el «positivismo autóctono», el pensamiento de Comte ha influido de un modo más directo

en Émile Littré, que rechazó, sin embargo, la religión de la Humanidad, y en Pierre Laffitte, que acentuó justamente su adhesión a esta última fase de la filosofía comtiana. En Inglaterra propagaron la doctrina de Comte, además de John Stuart Mill, G. H. Lewes, Harriet Martineau (1802-1876), que tradujo, resumió y comentó el *Curso de filosofía* y, sobre todo, Richard Congreve (1818-1899), que formó a su vez varios discípulos entusiastas del comtismo en Wadham; entre ellos se distinguieron Frederic Harrison (1831-1923), autor entre otros libros de *Creed of a Layman* (1907), *The Philosophy of Common Sense* (1907), *The Positive Evolution of Religion* (1913) y sus *Autobiographic Memoirs* (2 vols., 1911); John Henry Bridges (1832-1906), que en su *The Unity of Comte's Life and Doctrine* (1866) combatió la usual escisión entre el positivismo científico y la religión de la Humanidad, y en sus *Five Discourses on Positive Religion* (1882) insistió en la importancia de esta última; y Edward Spencer Beesly (1831-1915), autor de *Comte as a Moral Type* (1885). El grupo de Wadham fundó en 1867 la «London Positivist Society», afiliada a la organización positivista que tenía su sede en Francia. La escisión aquí producida entre Laffitte y Littré repercutió también en la sociedad inglesa, que se adhirió casi íntegramente al primero. *The Positivists Review (Humanity,* en 1923, fue fundada en 1893 y desapareció en 1925.

Obras: *Cours de philosophie positive*, 6 vols., 1830-1842 (ed. crítica por Michel Serres, 1975). —*Discours sur l'esprit positif*, 1844. —*Discours sur l'ensemble du positivisme*, 1848. —*Système de politique positive, instituant la religion de l'Humanité*, 4 vols., 1851-1854 (contiene, en el volumen IV, la reimpresión de varios de los primeros ensayos de Comte en los que figuran ya las grandes líneas de su filosofía y, sobre todo de su doctrina social; entre ellos, las *Considérations philosophiques sur les sciences et les savants*, 1825; estos escritos han sido traducidos y publicados en español con el título: *Pequeños ensayos*, 1942). —*Catéchisme positiviste ou sommaire exposition de la religion universelle*, 1852. —*Synthèse subjective ou système universel des conceptions propres à l'état normal de l'Humanité*, 1856. —Los «Archives Positivistes» están publicando una serie de obras inéditas, ed. Paulo E. de Berredo Carneiro y Pierre Arnaud: *Écrits de jeunesse 1816-1828, suivis de Mémoire sur la cosmogonie de Laplace 1835*, 1970. —*Correspondance générale et Confessions*, 2 volúmenes, 1973 *(I. 1814-1840; II. Avril 1841-Mars 1845)*. —Los *Principios de filosofía positiva* fueron traducidos al español por L. de Terán. Existen asimismo traducciones del *Catecismo positivista* y del *Discurso sobre el espíritu positivo*.

Véase: F. S. Marvin, *C. the Founder of Sociology*, 1936 (trad. esp.: *C.*, 1941).

CONDILLAC, ÉTIENNE BONNOT DE (1715-1780), nac. en Grenoble; después de ingresar en un seminario abandonó los estudios sacerdotales, relacionándose con significadas personalidades del enciclopedismo, entre ellas Diderot y Rousseau. Preceptor del hijo del duque de Parma, se retiró finalmente de la vida pública en 1772. Condillac se consagró especialmente al análisis de los problemas psicológicos, empezando con una severa crítica del racionalismo y del innatismo de los filósofos del siglo XVII, a los cuales acusaba de insuficiencia en la explicación del origen de los conocimientos intelectuales. Siguiendo en parte a Locke, de quien discrepó, por otro lado, en muchos puntos, Condillac estimó toda noción intelectual superior como un compuesto de nociones o ideas simples en el sentido de las representaciones. Para descubrir el tránsito de unas a otras es preciso un riguroso análisis no tanto psicológico como lógico. Una noción o idea simple es para Condillac lo que permanece en todas las nociones en general, la que ejerce, por así decirlo, el oficio de una constante o función de todas ellas. Esta idea es la sensación. De la sensación brotan todas las demás nociones por medio de una serie de transformaciones sucesivas. La demostración de esta primacía de la sensación se efectúa por la conocida imagen de la estatua de mármol carente de toda facultad de pensamiento y sin comunicación con el mundo externo. Si se concede a dicha estatua uno cualquiera de los sentidos, por ejemplo, el sentido inferior del olfato, se verá cómo, partiendo de él, se originan todas las facultades superiores: en primer lugar, la sensación olfativa como tal; la atención como la aplicación exclusiva a esta sola sensación; la memoria como su persistencia después de la desaparición de la sensación primaria; la comparación cuando a la sensación olfativa de un objeto se sobrepone otra; el juicio como la relación entre las sensaciones, etc. Pero no solamente se originan así las facultades de la memoria, de la comparación y del juicio, sino también las volitivas, derivadas del agrado o desagrado de su sensación y de la tendencia a la persistencia o eliminación de la sensación correspondiente. Cada sensación supone, por consiguiente, todas las facultades superiores, incluyendo las abstractivas, y éstas no son por su parte sino transformaciones de las sensaciones originarias.

La teoría condillaciana de las sensaciones es una de las dos principales contribuciones filosóficas de nuestro autor. La otra es su teoría del lenguaje. Cronológicamente, el orden de las contribuciones de Condillac es inverso al aquí indicado: Condillac llevó a cabo primeramente un análisis del significado del lenguaje como sistema de símbolos en la formación del conocimiento, y sólo luego pasó a ocuparse de la cuestión de la naturaleza y origen de las sensaciones. Sin embargo, aquí alteramos el orden de presentación, porque el propio Condillac reconoció que la doctrina de las sensaciones es básica. El principio del conocimiento son las sensaciones; el lenguaje se constituye en una etapa más avanzada en el proceso cognoscitivo. Abona nuestro orden, además, el hecho de que bajo el nombre de 'teoría del lenguaje' puedan agruparse varias investigaciones semióticas de que Condillac siguió ocupándose después de desarrollar la doctrina de las sensaciones.

Condillac estimó que una sensación determinada no constituye todavía una «idea» (en el sentido lockiano de este término). Para que haya una idea es menester que una sensación se vincule a otras (del mismo o de distinto carácter) por medio de un signo o símbolo. El sistema de estos símbolos es el lenguaje. Esta es la trama dentro de la cual se forman los conceptos y los juicios, haciendo posible, propiamente hablando, el conocimiento.

La mayor parte de los lenguajes existentes (por ejemplo, los llamados «lenguajes naturales») son inadecuados, por no haber correspondencia perfecta entre el signo y lo significado. Pero es posible construir lenguajes donde tal correspondencia se haga cada vez más estrecha. Cuando el lenguaje construido es perfecto, tenemos una ciencia perfecta. Condillac llegó inclusive a definir la ciencia como «un lenguaje bien hecho». Esto no significa que los lenguajes se basten a sí mismos; la correspondencia de los términos del lenguaje con los fenómenos es indispensable para que haya ciencia. Por eso Condillac rechazó las construcciones sistemáticas de filósofos racionalistas para su gusto demasiado especulativas (como Descartes o Spinoza), alegando que tales construcciones eran aplicaciones erróneas de la idea del lenguaje «bien hecho». El método que debe usarse para la formación de un lenguaje satisfactorio es el método analítico, en el cual (como en Locke y en los empiristas) se parte de un fenómeno, se descompone en sus partes integrantes y se reconstruye luego sintéticamente. Hay que rechazar, pues, los sistemas que son sólo pseudo-sistemas, pero hay que formar sistemas adecuados a la naturaleza de lo que se pretende investigar.

La llamada «lengua de los cálculos» constituye un buen ejemplo de la teoría semiótica de Condillac. En cuanto «lenguajes bien hechos», los de las ciencias no exhiben ningún término arbitrario. Cuando exhiben términos semejantes, las ciencias son inadecuadas. Una ciencia adecuada —o un «lenguaje bien hecho»— presenta los caracteres de simplicidad, «analiticidad» y exactitud que son propias de las matemáticas. Para llevar a todas las ciencias a este estado de perfección es menester construir una teoría general de los signos y de la relación de éstos con los conceptos, y ver si la ciencia examinada cumple

con las condiciones semióticas establecidas.

Aunque Condillac no empleó estos términos, puede decirse que hay en su teoría semiótica elementos de sintaxis, de semántica y de pragmática. La semiótica de Condillac influyó grandemente en Destutt de Tracy, en Laromiguière, en Degérando y, en general, en los llamados ideólogos».

Obras filosóficas principales: *Essai sur l'origine des connaissances humaines*, 1746. —*Traité des systèmes*, 1749. —*Recherches sur l'origine des idées que nous avons de la beauté*, 1749. —*Traité des animaux*, 1755. —*Cours d'études pour l'instruction du prince de Parme*, 13 vols., 1769-1773, a los cuales pertenecen el *Art de Penser.* —*Logique*, 1780. —*La langue des calculs*, 1798. —Ed. crítica de Anne-Marie Chouillet, 1981. —Ediciones de obras completas: París, 1798, 23 vols.; París, 1803, 31 vols.; París, 1821-1822, 26 vols. —Nueva edición crítica por Georges Le Roy en el tomo XXIII del *Corpus général des philosophes français modernes:* I, 1947; II, 1948; III, 1951; ed. Jean Sgard, 1981 (biografía, catálogo de correspondencia, iconografía, etc.). —*Les monades* (1746-1749), ed. Laurence L. Bongie, 1980. Entre trad. españolas mencionamos: *La lógica o los primeros elementos del arte de pensar* (trad. española por B. M. de Calzada, Madrid, 1784). *Lógica y extracto razonado del Tratado de las sensaciones*, 1956 (con prólogo de L. Rodríguez Aranda).

Véase: Angel J. Cappelleto, *Introducción a C.*, 1973.

CONDORCET, JEAN-ANTOINE-NICOLAS CARITAT, MARQUÉS DE (1743-1794), nac. en Ribemont, en la Picardía, estudió en el «Collège de Navarre», regido por los jesuitas (el mismo «Collège» en que estudió Bossuet). Ingresó en 1769 en la Academia de Ciencias y fue su secretario perpetuo desde 1776. Fue miembro de la Asamblea Legislativa y de la Convención Nacional. Adherido al grupo de los girondinos, fue acusado por los jacobinos, siendo detenido y encarcelado. Falleció pocas horas después de ingresar en la cárcel.

La formación matemática de Concordet y su interés por las cuestiones políticas y por las ciencias sociales le llevó a tratar de aplicar a estas últimas los métodos que habían dado gran fruto en las ciencias naturales. El instrumento más importante al efecto es la matemática. Como los factores que intervienen en las realidades sociales son muchos y muy complejos es menester considerarlos desde el punto de vista de la probabilidad y aplicar el cálculo de probabilidades a las «ciencias morales y políticas». Este cálculo no da resultados inciertos: los resultados son ciertos, pero expresados en términos de probabilidad. De esta manera se pueden obtener explicaciones y predicciones, incluyendo predicciones de las opiniones sobre materias en discusión y de las decisiones a tomar por la mayoría en un grupo.

Condorcet estimó que no hay incompatibilidad, sino armonía entre el progreso científico y moral. Quiso mostrar que la historia del hombre es la historia de un incesante mejoramiento en la capacidad humana para liberarse de todos los obstáculos que se oponen a la formación de una sociedad en la cual todos los ciudadanos gocen de libertad, satisfagan sus necesidades básicas y perfeccionen sus sentidos, sus ideas y sus conocimientos. El progreso social va aparejado al progreso científico y técnico, con el cual el hombre puede, además, aprovecharse ventajosamente de las leyes naturales. Condorcet no alcanzó a escribir más que algunos fragmentos de una obra sobre el progreso del espíritu humano, pero terminó el «bosquejo» que expresa las ideas capitales de la obra. En el curso de la historia los hombres han forjado muy distintas organizaciones políticas y sociales, han desarrollado diversas religiones, sistemas de creencias, códigos morales. A veces se han producido obstáculos o movimientos regresivos, pero estos obstáculos se han salvado y se ha podido torcer (rectificar) el rumbo de tales movimientos. A medida que se han desarrollado las ciencias, las técnicas y las artes se han producido condiciones que han ido asegurando el progreso. Éste no es inevitable: requiere un esfuerzo colectivo y una educación intelectual y moral constante. Así, la historia total de la humanidad, vista en conjunto, es una serie de etapas en el camino hacia el progreso. Éste es el progreso de la razón. La razón se va abriendo paso y va liberando a los hombres de toda clase de tiranías. El progreso es, en último término, una emancipación: emancipación de la Naturaleza y de sí mismo.

Se deben a C. numerosas obras científicas: *Du calcul intégral,* 1765. —*Du problème des trois corps,* 1767. —*Essais d'analyse, I,* 1768, etc. Su obra más conocida es su *Esquisse d'un tableau historique des progrès de l'esprit humain,* publicada póstumamente en 1795.

Ediciones: *Oeuvres complètes de C.,* 21 vols., 1804, ed. Mme. de Condorcet, con la colaboración de A. A. Barnier, P.-J.-G. Cabanis, D.-J. Garay. Segunda ed. (con nuevo material): *Oeuvres de C,* 12 vols., 1847-1849, ed. A. Condorcet-O'Connor y François Arago (conocida como «edición de Arago»).

D

DEMÓCRITO *(ca.* 460-370 antes de J. C.) de Abdera (Tracia), discípulo de Leucipo, parece haber realizado numerosos viajes y, según cuenta Diógenes Laercio, haber estudiado «con algunos magos y caldeos que el rey Jerjes dejó por maestros a su padre cuando se hospedó en su casa». Aunque estuvo en Atenas, no se relacionó con los filósofos áticos de su tiempo, por lo cual permaneció relativamente ignorado, bien que Aristóteles se refiera a él, lo mismo que a Leucipo, con el mismo detalle que a los demás presocráticos, en su *Metafísica* y en otras obras. Decía Aristóteles *(De gen. et cor., 315 a 35)* que Demócrito «no sólo parece haber pensado cuidadosamente en todos los problemas, sino haberse distinguido del resto [de los filósofos] por su método». Los argumentos de Demócrito son, según el Estagirita, apropiados a su tema y derivados del conocimiento de la Naturaleza *(ibíd., 316 a 12)*, aun cuando —como indica en *Met.,* y *Phys.,* I y II— resultan insuficientes por no haber tenido en cuenta los múltiples significados de 'causa' y de 'movimiento'. Las teorías de Leucipo y Demócrito fueron, con todo, «las más consistentes» *(De gen. et cor.,* 324 a 1*)*. Más que ningún otro filósofo anterior subraya Demócrito la incertidumbre de las impresiones sensibles, afirmando que su origen se halla en algo más fundamental que la sensación. Los principios que establece en su explicación del universo parecen ser una síntesis tanto de la doctrina eleática como de la de Heráclito: en vez del ser único y de la fluencia constante y perpetua establece Demócrito, en efecto, como «principios», lo lleno y lo vacío, es decir, el «ser» y el «no ser». El «ser» son los átomos, cuyo número es infinito, diferenciándose entre sí no por las cualidades sensibles, como las homeomerías de Anaxágoras, sino por su orden, figura y posición. Los átomos son elementos cuyas determinaciones generales son geométricas y, por ende, cuantitativas; su movimiento se efectúa en el vacío, que es, por así decirlo, el lugar de los cambios y no la simple nada, pues el vacío existe de un modo efectivo, aunque en forma distinta del ser sólido y lleno que son los átomos. Ahora bien, el movimiento que tiene lugar en el vacío no es impulsado por una fuerza externa, que junta o disgrega las cosas, como el amor y el odio; los átomos son eternos e incausados porque son lo primero a partir de lo cual las cosas llegan a la existencia, pero su eternidad pertenece también a su movimiento, que se efectúa así de un modo enteramente mecánico, con un riguroso encadenamiento causal que no es un simple azar, pues «todo acontece por razón y necesidad». Los átomos constituyen el ser de «las cosas que son» y, por lo tanto, no sólo de las físicas, sino de las que parecen inmateriales, del alma que está compuesta de átomos de fuego, es decir, de átomos redondos impulsados por el más rápido movimiento. La solución dada por Demócrito es con ello una de las grandes soluciones clásicas al problema del ser y en particular al problema del devenir, solución tanto más aguda cuanto que conserva por partes iguales la necesidad racional de un ser inmóvil y la comprobación empírica de un mundo que se mueve. Y ello hasta tal punto, que los átomos de Demócrito parecen ser una partición del ser único de Parménides, el cual era evidentemente racional, pero no podía explicar en manera alguna el mundo de la opinión y del cambio. Al dividir ese ser Demócrito conserva su inteligibilidad sin contraponer violentamente ésta a la irracionalidad del cambio; de ahí que la doctrina de Demócrito haya sido una constante en toda la historia del pensamiento, en mucha mayor proporción de lo que puede hacer suponer la imagen que se da habitualmente de la filosofía griega, imagen que reduce el democritismo a una cualquiera de las diversas posiciones presocráticas. Pero la importancia de Demócrito se manifiesta en el hecho de que su doctrina pasa muy pronto de ser una teoría sobre la realidad a ser una total concepción del mundo que incluye como una de sus partes esenciales la ética. En sus máximas, Demócrito basa la virtud en el equilibrio interno entre el tumulto de las pasiones. Este equilibrio puede conseguirse mediante el saber y la prudencia, que enseñan cómo hay que vivir, esto es cómo hay que conseguir la felicidad, la cual no radica, por lo pronto, en los bienes externos, sino en la propia alma, que es «la más noble parte del hombre».

Discípulos directos o indirectos de Demócrito son, entre otros, Metrodoro de Quíos, Anaxarco y Diógenes de Esmirna. El atomismo se enlazó posteriormente, por un lado, con el escepticismo pirrónico y, por otro, con el epicureísmo.

Fragmentos en Diels-Kranz, 68 (55). —Edición esp. de fragmentos de Leucipo y Demócrito, por Juan Martín Ruiz-Werner, 1965.

Véase: Alfredo Llanos, *D. y el materialismo,* 1965.

DERRIDA, JACQUES, nac. (1930) en El Biar, Argel, profesor en la Escuela Normal Superior, de París, ha colaborado, entre otras publicaciones, en *Tel Quel,* lo que ha llevado a algunos a filiarlo dentro del estructuralismo francés contemporáneo. Pero aunque Derrida se ha ocupado de temas tratados por autores estructuralistas (Lévi-Strauss, Lacan) o afines al estructuralismo (Foucault), ha combinado estos temas con inspiraciones procedentes de la fenomenología de Husserl, de Heidegger y de Hegel. En todo caso, el método adoptado por Derrida es lo que ha llamado la «desconstrucción». En alguna medida, Derrida ha llevado a extremas consecuencias algunas de las actitudes del último Heidegger, acentuando el carácter no representativo del lenguaje. Esto equivale a situarse, por lo pronto, contra todo «logocentrismo», o discurso racional. Pero el logocentrismo forma a su vez parte del tejido de todos los discursos, los cuales se hallan todos a la par, no teniendo ninguno de ellos privilegio. La propia desconstrucción no es suficiente, y es acaso imposible, porque a toda desconstrucción le sigue una construcción que deberá ser «desconstruida», y así sucesivamente. El lenguaje tiene que disolverse para dar lugar a la «escritura». El saber de la escritura, la gramatología, es un saber de *lo que* está escrito, y esto es independiente del logos y de la verdad. La escritura misma es una condición de la *episteme (De la grammatologie,* pág. 43). Por eso no se trata de elaborar una ciencia, sino de hacer aparecer el horizonte histórico en el cual la escritura tiene lugar. No se puede decir ni siquiera que el «fuera» es el «dentro», porque el «es» del «fuera» y del «dentro» queda eliminado, al modo del «Ser» y posiblemente por iguales motivos. No se trata, por tanto, de rehabilitar la escritura, pues ésta solamente ha sido posible a condición de que «el lenguaje 'original', 'natural', etc. no haya existido nunca, que no haya estado jamás intacto, intocado por la escritura, que él mismo haya sido una escritura» *(op. cit.,* pág. 82*).*

No hay, según Derrida, ningún lugar central por el cual discurra la filosofía, porque lo que hay no es ningún «discurrir». Los temas tratados por Derrida son todo lo opuesto a temas tradicionales; son temas marginales, pero no lo son frente a supuestos temas centrales: la marginalidad es la centralidad. En los «márgenes», en los comentarios, en las notas, aparece lo esencial, que es inesencial, el libro que está «fuera del libro». La verdad queda diseminada a lo largo de una diferencia: se difiere todo, porque se disemina todo. El escrito *(l'écrit)* corre parejo en la pantalla *(l'écran)* y ésta con el cofre *(l'écrin).* Los juegos de palabras dejan de ser juegos justamente por serlo. No se habla de lo primero ni de lo último, sino de lo antepenúltimo. El pensamiento es la columna y el cruce. Repetición, polisemia, diferencia y diseminación son instrumentos para una «desconstrucción» de la escritura.

Todas las escrituras, incluyendo la escritura sobre estas escrituras, se entrecruzan, haciéndose y deshaciéndose perpetuamente. La inclusión se deshace; la exclusión se constituye a base de un discurso posible (que es asimismo incluible). Derrida margina y fragmenta; no se trata de antología, ni siquiera de fragmentos de antología, sino de fragmentos de estos fragmentos. Lo que se busca es religar *(relier)* y releer *(relire)* desde todos los ángulos y desde todos los fragmentos. Con todo ello Derrida aspira a «vomitar la filosofía», a enviarla al campo general que ha querido señorear, a confrontarla con la ficción y con otras prácticas de escritura sobre las que había aspirado a ejercer el dominio. Con ello se procede a decapitar la filosofía. Pero situarse al límite del discurso filosófico es sólo un modo de situarse al límite de todos los discursos. La desconstrucción va acompañada de, o se halla entrecruzada con, la recomposición, el desplazamiento, la disociación de significantes como interrupción de síntesis, de todo deseo de una separación. Los temas antifilosóficos, y antidiscursivos, de Derrida, se convierten entonces en palabras, que son las que aparecen y reaparecen, como si fuesen obsesiones: diferencia, espaciamiento, diseminación, injerto, marca, margen, pharmakon, hymen y, desde luego, desconstrucción.

Obras: *La voix et le phénomène. Introduction au problème du signe dans la phénoménologie de Husserl,* 1967 (trad. esp.: *La voz y el fenómeno. Introducción al problema del signo en la fenomenología de H.,* 1985). —*De la grammatologie,* 1967 (trad. esp.: *De la gramatología,* 1971). *L'écriture et la différence,* 1967. —*La dissemination,* 1972 (trad. esp.: *La diseminación,* 1975). —*Marges de la philosophie,* 1972. —*Positions,* 1972 [entrevistas]. —«L'archéologie du frivole», en la ed. de Condillac, *Essai sur l'origine des connaissances humaines,* 1973. —*Glas,* 1974. —*Eperons. Les styles de Nietzsche,* 1965 [edición bilingüe: francés, inglés]. —*La verité en peinture,* 1978. —*La carte postale,* 1980. —*Signéponge=Signponge,* 1984 [parte procedente de un coloquio, 1975].

Véase Clement Rosset, *La desconstrucción del pensamiento* (trad. esp., 1977).

DESCARTES, RENÉ, Renatus Cartesius (1596-1650), nac. en La Haya (Turena), se educó (1606-1614) en el Colegio de Jesuitas de La Flèche. Deseoso de ver mundo, se alistó en 1618 en el ejército del príncipe Mauricio de Nassau, y en 1619 en el de Maximiliano de Baviera. Siguieron varios años de viajes, y al parecer una peregrinación al santuario de Nuestra Señora de Loreto para cumplir un voto que había hecho después de descubrir «una ciencia maravillosa». Entre 1625 y 1628 residió en París. En 1628 se trasladó a Holanda, donde permaneció hasta 1649, cuando fue invitado por la reina Cristina a trasladarse a Suecia, donde falleció.

Descartes es considerado como «el padre de la filosofía moderna» y también, aunque con menos razón, como «el fundador del idealismo moderno». En todo caso, su pensamiento y su obra se hallan en un punto crucial en el desarrollo de la historia de la filosofía y pueden considerarse como inicio de un período que algunos historiadores hacen terminar en Hegel y otros hasta entrada la época contemporánea. Se habla con frecuencia del racionalismo de Descartes, y también del voluntarismo de Descartes. Su filosofía ha sido interpretada de muy diversas maneras. No hay duda de que influyó grandemente, no solamente dentro de la tendencia o tradición llamada «cartesianismo», sino también en muchos autores que se han opuesto a ella, pero que de algún modo deben a Descartes sus principales incitaciones filosóficas. Ciertos autores han destacado la casi absoluta originalidad de Descartes. Otros han mostrado que el filósofo forjó sus conceptos fundamentales tomándolos de la escolástica. La verdad no está probablemente en el punto medio, sino en otro más capital: en el hecho de que Descartes representó, para usar una expresión de Ortega, un nuevo «nivel» en filosofía, y en el hecho de que este nivel fue justamente el que llamamos «moderno».

La filosofía de Descartes no puede reducirse, como a veces se ha hecho, a metodología. Tal filosofía es un conjunto muy completo de diversos elementos: método,

metafísica, antropología filosófica, desarrollos científicos (especialmente matemáticos), preocupaciones religiosas y teológicas, etc., etc. Es plausible, sin embargo, comenzar por destacar la busca cartesiana de un nuevo método. Éste no debe ser, como según nuestro filósofo era la silogística aristotélica, mera ordenación y demostración lógica de principios ya establecidos, sino un camino para la invención y el descubrimiento. Este camino debe estar abierto a todos, esto es, a todos los que participan igualmente de la razón y del «buen sentido».

El ejemplo de la matemática, en donde el análisis constituye un arte inventivo, representa la principal incitación del método cartesiano. La primera condición para su realización consiste (Discurso, II) en «no admitir como verdadera cosa alguna que no se sepa con evidencia que lo es», evitando la precipitación y la prevención y aceptando sólo lo que se presenta clara y distintamente al espíritu; la segunda, en «dividir cada dificultad en cuantas partes sea posible y en cuantas requiera su mejor solución»; la tercera, «en conducir ordenadamente los pensamientos», empezando por los objetos más simples y fáciles de conocer para ascender gradualmente a los más compuestos, y la cuarta, «en hacer en todo unos recuentos tan integrales y unas revisiones tan generales que se llegue a estar seguro de no omitir nada». Estas cuatro célebres reglas resumen todos los caracteres esenciales del método. Para Descartes no puede conocerse en principio ninguna verdad a menos que sea inmediatamente evidente. Pero la evidencia como único criterio admisible, debe poseer las notas de claridad y distinción. Descartes llama a las ideas que poseen estas notas naturalezas simples *(naturae simplices)*. Su conocimiento se efectúa por una intuición directa del espíritu; su verdad es, al propio tiempo, su inmediata evidencia. De ahí la necesidad de descomponer toda cuestión en sus elementos últimos y más sencillos y en reconstruirla para la prueba con los mismos elementos, es decir, con sus mismas y primarias evidencias. Toda verdad se compone, por consiguiente, de evidencias originarias, simples, irreductibles, o de nociones relacionadas con ellas. Lo que debe hacer el espíritu es distinguir lo simple de lo compuesto e investigarlo con orden hasta llegar a un sistema de elementos en el cual lo compuesto pueda ser reducido cada vez a algo simple. Esta regla es fundamental «y no hay —dice Descartes explícitamente— otra más útil, pues advierte que todas las cosas pueden ser dispuestas en series distintas, no en cuanto se refieren a algún género del ente, tal como las dividieron los filósofos conforme a sus categorías, sino en cuanto que unas pueden conocerse por otras, de tal modo que, cuantas veces ocurre alguna dificultad, podamos darnos cuenta al momento de si no será tal vez útil examinar primero unas y cuáles y en qué orden» *(Regulae, VI)*. En otros términos, el verdadero secreto del método —y ningún saber es posible sin método— consiste en regresar a lo más «elemental».

Descartes busca una proposición apodíctica; no simplemente una verdad fundamental —pues las verdades de fe poseen también este carácter—, sino una verdad que pueda ser creída por sí misma, independientemente de toda tradición y autoridad; una verdad, además, de la cual se deduzcan las restantes por medio de una serie de intuiciones en el curso de una cadena deductiva. Esta verdad ha de ser, por otro lado, común a todo espíritu pensante, de tal suerte que sea accesible a todo pensar, siempre que funcione rectamente y se desprenda de cuanto se interponga para desviarlo o entorpecerlo, pues «nada puede añadirse a la pura luz de la razón que en algún modo no la oscurezca». En otros términos, el espíritu posee, por el mero hecho de ser sujeto pensante, una serie de principios evidentes por sí mismos, ideas innatas, con las cuales opera por el conocimiento, el cual reduce a ellas, mediante relación y comparación, cuantas otras nociones surjan de la percepción y de la representación. Este afán de claridad y de evidencia se revela en el proceso de la duda metódica, que elimina cuantas objeciones pudieran oponerse a semejante fundamentación en los últimos elementos intuitivos. En la duda metódica se indaga el último criterio de toda verdad. No es una duda en un sentido escéptico con una finalidad nihilista o con un propósito moral: se duda justamente porque sólo de la duda puede nacer la certeza máxima. La duda pone sólo entre paréntesis los juicios, pero no las acciones. Toda irresolución en estas últimas queda suprimida por lo que Descartes llama la «moral provisional», indispensable para no convertir la actitud dubitativa en una destrucción del orden moral, político y religioso existente.

Descartes procede a dudar de todo, y no sólo de las autoridades y de las apariencias del mundo sensible, sino también de las propias verdades matemáticas. El proceso de la duda es llevado a sus últimas consecuencias por la hipótesis del «genio maligno» (malin génie), introducido por Descartes para agotar completamente el repertorio de posibles dubitaciones. Pudiera existir, señala, un genio maligno omnipotente que se propusiera engañar al hombre en todos sus juicios, inclusive en aquellos que, como los matemáticos, parecen estar fuera de toda sospecha. Mas una vez practicada esta duda metódica y radical, mientras el espíritu piensa en la posibilidad de toda suerte de falsedades, advierte que hay algo de que no es posible dudar en manera alguna, esto es, de que el propio sujeto lo piensa. La duda se detiene, finalmente, en este pensamiento fundamental, en el hecho primario de que, al dudar, se piensa que se duda. Este núcleo

irreductible en donde el dudar se detiene es el *Cogito ergo sum*. Yo pienso: luego, yo existo; yo soy, por lo pronto, una cosa pensante, algo que permanece irreductible tras el absoluto dudar *(Discurso,* IV; *Meditaciones,* II*)*. El *Cogito* es, por consiguiente, la evidencia primaria, la idea clara y distinta por antonomasia —idea distinta, certeza primaria, pues, más bien que primaria realidad—. Tal proposición es juzgada por Descartes como una verdad inconmovible «por las más extravagantes suposiciones de los escépticos». El *Cogito* —que no debe interpretarse como un mero acto intelectual, sino como un «poseer en la conciencia»— afirma que «yo soy una cosa pensante» con completa independencia de la coincidencia del pensar con la situación objetiva y aun de la propia existencia de tal situación.

Ahora bien, el momento inmanente del *Cogito* queda transformado muy luego en un momento trascendente. Ocurre tal en la demostración de la existencia de Dios y en las sucesivas afirmaciones de substancialidad del alma y de la extensión de los cuerpos. Por eso el *Cogito* representa la posición de un idealismo que no renuncia al realismo y que, por otro lado, no se satisface con el inmanentismo de la conciencia. De ahí que su función sea distinta de la representada en el pensamiento moderno por el fenomenalismo espiritualista de Berkeley y por el criticismo de Kant. Aunque Descartes tiene de común con estos autores el participar de los supuestos del idealismo moderno, se distingue de ellos en que admite a la vez no pocos supuestos realistas. En todo caso, Descartes aspira a salir lo antes posible del fenómeno o de la conciencia con el fin de encontrar una realidad que le garantice la existencia de las realidades. Ello tiene lugar por medio del indicado paso a la demostración de la existencia de Dios. Sólo Dios puede garantizar la coincidencia entre semejantes evidencias y sus existencias correspondientes. Como demostración principal usa Descartes el argumento ontológico, pero le da un sentido distinto al deducir la existencia de Dios de su idea como ser infinito en el seno de la conciencia finita. Sólo porque una naturaleza infinita existe puede poner su idea en una naturaleza finita que la piensa. Así, esta demostración es superación del solipsismo de la conciencia y paso al reconocimiento de la realidad y consistencia de las objetividades.

Busca y hallazgo del método (y de sus reglas), proceso metódico de la duda, evidencia del *Cogito* y demostración de la existencia de Dios son cuatro elementos fundamentales de la filosofía cartesiana. Lo que religa a estos elementos es el esfuerzo por encontrar proposiciones apodícticas y que sean a la vez explicativas de lo real. La razón en la que Descartes ha comenzado por «encerrarse» no es, en efecto, una razón puramente formal. O, si esta razón es formal, lo es en un sentido más

parecido a como lo son las razones de la matemática, en las cuales hay invención y descubrimiento y no sólo ordenación o pura «dialéctica». La razón cartesiana puede ser considerada, además, como intuitiva, en el sentido de que parte de intuiciones para desembocar en intuiciones, en una cadena que tiene que ser perfectamente transparente. Ahora bien, la filosofía de Descartes no queda detenida en el paso de la prueba de la existencia del yo como ser infinito capaz de garantizar al yo pensante las verdades, y en particular las verdades eternas. El yo se aprehende a sí mismo como naturaleza pensante, y aprehende a Dios como alguien que «concurre conmigo para formar los actos de mi voluntad», pero Descartes estima que debe considerarse si hay también cosas externas. Esta consideración se hace, por lo pronto, al hilo de la idea clara y distinta de lo externo. Esta idea lleva a considerar otra substancia, también clara y transparente, la substancia extensa. La distinción entre substancia pensante y substancia extensa es absolutamente clara justamente porque cada una se define por la exclusión de la otra: lo pensante no es extenso; lo extenso, no piensa. La extensión no es esencial al yo pensante; el pensamiento no es esencial a la realidad extensa. Así se forman dos substancias separadas y claramente definidas, en tanto que podamos decir que son propiamente substancias, ya que, en alguna medida, sólo Dios es substancia.

La consecuencia de ello es un dualismo (y, según algunos autores, si tenemos presente a Dios, un «trialismo»).

Consideremos ahora solamente el dualismo citado. Éste planteó a Descartes muy agudos problemas, en particular al hilo de la famosa cuestión de la relación entre alma y cuerpo como relación entre substancias. Una parte considerable del pensamiento racionalista postcartesiano (Malebranche, ocasionalistas, Spinoza, Leibniz) se ocupó de esta cuestión, dándole muy diversas soluciones. Pero sería erróneo creer que hay en el pensamiento de Descartes sólo una metafísica: la separación de las dos substancias, aunque metafísicamente enojosa, le parece a Descartes científicamente fecunda. Ella es, en todo caso, el fundamento de la doctrina del hombre (de la «psicología») y de la doctrina del mundo (de la física).

De la física cartesiana habría mucho que hablar. Pueden encontrarse en varias partes de su obra —especialmente en los *Principios de filosofía*— elementos que permiten concluir que Descartes no fue tan extremado como pareció en su concepción de las realidades físicas como puras substancias extensas; la cuestión de las fuerzas que se manifiestan en los cuerpos es para Descartes, como para todos los físicos, una cuestión capital. Pero *grosso modo* puede decirse que la física cartesiana aparece bajo la forma de una estática dominada por el sistema de las relaciones espaciales. Las cualidades y las supuestas fuerzas ínsitas en la naturaleza de los cuerpos son eliminadas; de otra suerte no podría entenderse racionalmente la substancia extensa. Ello equivale en gran parte a considerar la física desde el punto de vista de la geometría. Equivale también a adoptar lo que se ha llamado luego «el método del análisis reductivo», por lo menos dentro de cada uno de los tipos fundamentales de substancia. Es curioso advertir que aun cuando Descartes se opuso tenazmente en su física a las teorías escolásticas, por considerar que tales teorías se fundaban en ciertas supuestas «virtudes» de los cuerpos, de las que se procedía a derivar racionalmente sus propiedades, su propia física es en muchos puntos no menos metafísica que la de los escolásticos. En efecto, Descartes intenta derivar ciertas teorías físicas —por ejemplo, su idea de la materia como un complejo de «torbellinos»— de las propiedades racionales de la materia como substancia extensa.

La «psicología» de Descartes no sigue enteramente las líneas de la racionalización geometrizante que opera en la física. Por un lado, hay en las ideas psicológicas de Descartes mucha más descripción que deducción racional. Por otro lado, Descartes tiene conciencia de que aunque todas las operaciones psíquicas son *cogitaciones,* lo único común a éstas es su carácter intencional. Los fenómenos de la voluntad, por ejemplo, no se reducen fácilmente a los de la inteligencia. Ahora bien, aun así, Descartes trata de encontrar en su «psicología» un método basado en la claridad y la distinción. Por eso cada una de las variedades de los modos psíquicos tiene que ser deducida de la propia esencia de este modo. Así, Descartes define las pasiones como «reacciones». Las principales «reacciones» son la admiración, el amor, el odio, el deseo, la alegría y la tristeza. La voluntad es la facultad de juzgar o abstenerse de juzgar, de asentir o negar el juicio. Esta voluntad es infinita y completamente libre de dar o no su adhesión, pues el entendimiento muestra simplemente a la voluntad lo que debe elegir. La infinitud de la voluntad se contrapone a la finitud del entendimiento: el error radica no sólo en la adhesión a las representaciones confusas y oscuras, sino en el acto volitivo que sobrepasa el carácter limitado del entendimiento. Pero los supuestos de la filosofía cartesiana no quedan agotados tampoco en la tendencia a la reducción de lo complejo a lo simple. Hay en ella la idea de que es posible reconstruir el universo entero a base de elementos simples; hay la seguridad de que se ha alcanzado por vez primera una seguridad intelectual completa; hay la confianza en que todo hombre, por el mero hecho de serlo, puede llegar al conocimiento siempre que utilice el método conveniente. Lo que importa para la verdad es, pues, menos la penetración espiri-

tual que el adecuado uso del método. Hay, finalmente, el supuesto de una ordenación de la Naturaleza o, más aún, de una ordenación según ley matemática, pues el método se contrapone continuamente a la suerte. Por eso el método es como la clave de un lenguaje. Y por eso la filosofía de Descartes es casi el «programa» de la época moderna, cuando menos en tanto que exploración de las posibilidades de la razón.

La filosofía de Descartes ha sido objeto de numerosas interpretaciones. Mencionaremos sólo tres grupos de teorías sobre tres puntos estimados centrales.

Uno de estos grupos de teorías se refiere a un aspecto sociológico-histórico: se trata de saber si hay que interpretar siempre de modo más o menos literal lo que Descartes ha escrito o de si hay que considerar a Descartes como un «filósofo enmascarado», que oculta su verdadero pensamiento (*Larvatus prodeo*) por miedo a las consecuencias que su manifestación podría acarrear. La interpretación de los escritos de Descartes como expresión del pensamiento auténtico del filósofo es no sólo la tradicional, sino también la aceptada hoy generalmente por todos los expositores del cartesianismo. La interpretación de Descartes como «filósofo enmascarado» ha sido propuesta por M. Leroy. Otro de estos grupos afecta al interés predominante de Descartes. Para algunos, el único interés del filósofo consistió en dar un fundamento filosófico a la nueva ciencia natural, o inclusive desarrollar pura y simplemente esta última. Para otros (como León Blanchet), Descartes pretendió hacer lo mismo que la Iglesia Católica ha intentado frecuentemente: establecer un equilibrio entre teología y filosofía, y entre revelación y razón. Para otros (Cassirer), Descartes se interesaba, como filósofo teórico, por la fundamentación filosófica de la nueva ciencia, y, como creyente, por la obtención de la *pax fidei*. Para otros (H. Gouhier), puede distinguirse entre Descartes y el cartesianismo y atribuir a cada uno de ellos no intereses opuestos, pero sí una cierta acentuación de tales intereses en un sentido o en otro.

Otro de estos grupos, finalmente, toca a la estructura de la obra filosófica de Descartes y a la función desempeñada en ella por ciertas afirmaciones (tales, el *Cogito ergo sum*). Para algunos (M. Guéroult), Descartes fue ante todo un razonador, cuya filosofía siguió un estricto «orden de razones»; para otros (F. Alquié), Descartes concibió las verdades fundamentales como «experiencias ontológicas».

Obras: *Discours de la méthode, pour bien conduire la raison et chercher la vérité dans les sciences*. Este *Discours* apareció anónimamente en 1637, junto con los tratados de *Dioptrique, Météores y Géométrie* —de los cuales constituía el prefacio—, bajo el título común de *Essais philosophiques*. Traducción latina, revisada por Descartes, del Abbé Étienne de Courcelles, bajo el nombre de *Specimina philosophica* (1644) con exclusión de la *Geometría* (las objeciones proceden de: 1) Caterus, de Amberes; 2) de *savants* de París reunidas por el P. Mersenne; 3) de Hobbes; 4) de Arnauld; 5) de Gassendi; de varios teólogos y filósofos). Trad. francesa de las *Meditaciones* por el Conde de Luynes y de las «Objeciones y respuestas» por Clersier en 1647. —*Renati Descartes Principia philosophiae*, 1644 (trad. francesa por Picot, 1647). —*Les passions de l'ame*, 1649 (trad. latina, 1650). —Después de la muerte de Descartes apareció *Le monde ou traité de la lumière*, 1664. —*Traité de l'homme et de la formation du foetus*, 1664. —*Cartas*, 1657-1667 (en latín, 1668, 1792). —*Regulae ad directionem ingenii* e *Inquisitio veritatis per lumen naturale* (ambas en *Opera posthuma Cartesii physica et mathematica*, 1701). —Trad. francesa, anotada, de las *Regulae; Règles utiles et claires pour la direction de l'esprit et la recherche de la verité*, 1976, ed. P. Costabel y Jean-Luc Marion.

Edición latina de las obras filosóficas, Amsterdam, 1650; edición en francés: París, 1701. —Edición de Cousin, 1824-1826. —Edición completa de Adam y Tannery, 11 vols., 1897-1909; reimp., con notas suplementarias, por É. Gilson, M. Guéroult *et al.*, 1963 y sigs. —Edición de *Oeuvres philosophiques*, Ferdinand Alquié, 3 vols., 1967-1973. —Correspondencia publicada por Ch.

Adam y G. Milhaud, 8 vols., 1936-1963. —Correspondencia entre Descartes y Huygens: *Correspondence of Descartes with Constantyn Huyghens 1635-1647* (Oxford, 1926, ed. Leon Roth). —Para el *Discurso del método* véase especialmente la ed. de É. Gilson, con comentarios, 1925; 3.ª ed., 1930. —Edición de cartas sobre la moral por Jacques Chevalier, *Lettres sur la morale. Correspondance avec la princesse Elizabeth, Chanut et la reine Christine*, 1935 (Edición española: *Cartas sobre la moral*, 1945).

En español: *Discurso del método y Meditaciones metafísicas*, 1945 (trad. de M. García Morente). —Edición del *Discurso* con introducción y notas por R. Frondizi, 1954, reimpr., 1960, 1967 —*Discurso del método, Dióptrica, Meteoros y Geometría* Alfaguara, trad. Guillermo Quintas Alonso, 1981. —*Reglas para la dirección del espíritu*, 1935 (trad. M. Mindán). —*Los principios de la filosofía* (trad. J. Izquierdo y Moya; otra trad. por G. Halperin).

Véase: A. Hoffmann, *Descartes*, 1905 (trad. esp. 1932). —Octave Hamelin, *El sistema de Descartes*, trad. esp. 1949. —Joaquín Xirau, *Descartes y el idealismo subjetivista moderno*, 1927. —*Descartes y la filosofía*, trad. esp. 1960. —Varios autores, *Escritos en honor de Descartes* (Universidad de La Plata, 1938). —Varios autores, *Descartes. Homenaje en el tercer centenario del Discurso del método* (Universidad de Bue-

nos Aires, 3 vols., 1938). —Elisabeth Goguel, *Descartes y su tiempo*, 1946. —J. P. Sartre, «La liberna»tad cartesiana», en trad. de *Situaciones, El hombre y las cosas*, 1960, y Alianza Editorial, 1985. —Varios autores, número de *Filosofía y Letras* (México, tomo XX, núm. 39, 1950) dedicado a Descartes. —Luis Villoro, *La idea y el ente en la filosofía de D.*, 1965. —Juan de Dios Vial Larrain, *La metafísica cartesiana*, 1971.

DEWEY, JOHN (1859-1952), nac. en Burlington (Vermont), ha profesado en Michigan (1884-88), Minnesota (1888-89), Michigan (1889-94), Chicago (1894-1904) y Columbia University (New York). Influido en parte por el idealismo alemán, particularmente por el hegelianismo —que representa para Dewey la «otra cara», la sistemática y unificadora, de su pensamiento, orientado sobre todo hacia la movilidad de la experiencia, y que le ha incitado a superar las divisiones de lo real subyacente en la herencia de la cultura de la Nueva Inglaterra—, la filosofía de James y la necesidad de otros métodos y vías para la realización de sus propósitos de reforma y «reconstrucción», le inscribieron muy pronto en la «nueva filosofía» —una filosofía que, a su entender, se distingue de la tradicional no sólo por considerar como realidad central la experiencia, sino también y muy especialmente por el giro distinto que da a esta misma experiencia—. El propio Dewey, por lo demás, ha expuesto en una breve autobiografía intelectual los «motivos» capitales que han conformado u orientado su pensamiento. En primer lugar, la importancia otorgada a la teoría y práctica de la educación. En segundo término, el deseo de superar el dualismo entre «ciencia» y «moral» por medio de una lógica que sea un «método de investigación efectiva» y que no rompa la continuidad de las diversas regiones de la experiencia. En tercer lugar, la mentada influencia de James. Finalmente, la intuición de la necesidad de una integración del pensar que comprenda los problemas desarrollados por las ciencias sociales y que permita resolver al mismo tiempo las situaciones derivadas de tales problemas. La insistencia en la experiencia sólo adquiere sentido a partir de estas bases. Pues la experiencia no es para Dewey lo meramente experimentado por un sujeto y menos lo que éste experimenta con el fin de adquirir un saber, sino el resultado de una relación que para el sujeto tiene como término a la vez opuesto y complementario el objeto y el medio, pero que puede ser concebida en su mayor generalidad como relación entre objetos, como su forma propia de mantener una conexión. El punto de vista «biológico» de Dewey no es, según esto, más que una consecuencia de su amplia noción de la experiencia, noción amplia en el sentido de su comprensión, pero no en el sentido de que constituye

el objeto de un absoluto. De ahí el método empírico o «denotativo» que Dewey utiliza o, si se quiere, el método empírico que debería usar si se atuviera siempre a sus propios postulados. Pues, como se ha hecho observar con frecuencia, Dewey es «técnicamente» un filósofo empirista, aun cuando, de hecho, el curso de sus razonamientos esté edificado muchas veces al hilo de una dialéctica. En todo caso, la filosofía por él postulada es una filosofía que renuncia a un todo absoluto, que procura averiguar en cada proceso la múltiple trama de relaciones entre los medios y los fines de que está compuesto, y que no se limita a considerar el instrumentalismo pragmatista como simple método, como aún pretendía James. Sólo dentro de este marco es posible entonces comprender lo que Dewey entiende por naturalismo. El propio filósofo ha calificado, en efecto, a su pensamiento de «naturalismo empírico», de «empirismo naturalista». Mas «Naturaleza» no es simplemente aquí un conjunto de cosas regidas mecánicamente; es historia, acontecimiento y drama. Por eso, y sólo por eso, el pragmatismo no es sólo un método, sino una filosofía, es decir, una manera de acercarse a una realidad que se supone infinitamente múltiple. Por todas partes tiende Dewey a lo concreto, pero ello no sólo en virtud de un postulado filosófico, sino como resultado de una crítica de la cultura moderna, cuyo parcial intelectualismo quiere Dewey corregir en todas sus dimensiones, particularmente en las educativas y sociales. Su teoría del pensamiento, su pragmatismo y su instrumentalismo no tienen, en última instancia, otro propósito. Dewey parte del reconocimiento de que el hombre se siente inseguro en el mundo y busca algo permanente y estable. Semejante permanencia le es dada en el curso de la historia de múltiples formas: por ritos mediante los cuales cree propiciarse las fuerzas de la Naturaleza, por las artes con que domina a esta misma Naturaleza. Mas también por los objetos tradicionales del saber y de la filosofía, por esa actividad filosófica que busca lo inmóvil tras la contingencia y el cambio. Pero la filosofía ha olvidado que el pensamiento no funciona meramente con vistas a un saber, sino con vistas a un «dominio». Pues, en general, todo conocimiento es un instrumento forjado por la vida para su adaptación al medio, y por eso el pensar no comienza, como creía el racionalismo clásico, con premisas, sino con dificultades. Lo que el pensar busca no es una certidumbre intelectual, sino una hipótesis que se haga verdadera mediante el resultado y la sanción pragmática. La noción de verdad tan próxima a la de James, es consecuencia de la sustitución del conceptualismo del conocer por un funcionalismo y un operacionismo del pensar. El pensamiento funciona entre dificultades que acongojan al hombre, pero más bien que relativizar el pensar, el instrumentalismo de Dewey pretende justificarlo de un modo concreto y no por cualquier absoluto trasmundano. Por eso el pensamiento y la teoría son elementos inmanentes a la vida humana, «programas» que el hombre forja para responder a situaciones futuras. La orientación hacia el futuro, tan vigorosa en Dewey, no queda, empero, limitada a la ciencia y a la filosofía: ella impregna todo el esfuerzo social y educativo de este pensador y es como el norte hacia el cual se dirigen todos sus pensamientos. Mas la busca de lo concreto ha conducido a Dewey en los últimos tiempos a una reanudación de su primitiva influencia hegeliana: su inclinación hacia la metafísica, que se hace tan patente en los trabajos últimos sobre cuestiones lógicas, no desmiente la concepción pragmática e instrumentalista en torno a la cual gira su teoría del pensar, pero la hace aún más vinculada a ciertas corrientes del existencialismo metafísico y a todos los esfuerzos últimos para lograr una unidad de la razón con la vida. Pues esto es lo único que puede terminar con aquel divorcio de la teoría y la práctica tan característico de la filosofía clásica y del intelectualismo moderno, lo que puede conducir a una vida armónica que es para Dewey el ideal último de la educación.

Obras: *Psychology*, 1886. —*Outlines of a Critical Theory of Ethics*, 1891. —*The School and Society*, 1900. —*Studies in Logical Theory*, 1903. —*Experience and Objective Idealism*, 1907. —*Ethics* (en colaboración con J. H. Tufts), 1908. —*The Influence of Darwin on Philosophy and Other Essays*, 1910. —*How We Think*, 1910. —*Brief Studies in Realism*, 1911. —*Democracy and Education*, 1916. —*Essays in Experimental Logic*, 1916. —«The Need for a Recovery in Philosophy» (en el volumen colectivo: *Creative Intelligence*, 1917). —*Reconstruction in Philosophy*, 1920. —*Human Nature and Conduct: An Introduction to Social Psychology*, 1922. —*Experience and Nature*, 1925, nueva ed., 1929. —*The Public and Its Problems*, 1927. —*The Quest for Certainty*, 1929. —*Individualism, Old and New*, 1930. —*Philosophy and Civilization*, 1931. —*A Common Faith*, 1934. —*Art and Experience*, 1934. —*Liberalism and Social Action*, 1938. —*Freedom and Culture*, 1939. —*Theory of Valuation (International Encyclopedia of Unified Science*, II, 4), 1939. —*Problems of Men*, 1946. —*Knowing and the Known*, 1949 (en colab. con A. F. Bentley). —*Essays in Experimental Logic*, 1954.

Edición de obras completas, incluyendo textos inéditos: *Works*, en más de 40 vols., 1969 y sigs. —*The Early Works*, 1969-1972, reimp., 1975.

—*The Poems of J. D.*, 1977, *The Middle Works of J. D.* (I al XV, 1976 a 1984); *The later Works of J. D.* (I, 1981; II, 1984; III, 1984).

Correspondencia: J. D. y Arthur F. Bentley, *A Philosophical Correspondance, 1932-1951*, 1964,

selec. y ed. por Sidney Ratner y Jules Altman.

Trad. esp.: *La escuela y el niño*, 1926; *Ensayos de educación*, 1926; *Teoría sobre la educación*, 1926; *Los fines, las materias y los métodos de la educación*, 1926; *Filosofía de la educación. Los valores educativos*, 1927 [los tres últimos trabajos son trad. de *Democracy and Education*]; *Cómo pensamos*, 1928; *El hábito y el impulso en la conducta*, 1929; *La inteligencia y la conducta*, 1930 [los dos últimos trabajos son trad. de *Human Nature and Conduct*]; *Reconstrucción de la filosofía*, 1930; *Ciencia de la educación*, 1941; *Democracia y educación*, 1946 [véase también *supra*]; *Lógica. Teoría de la investigación*, 1950; *El hombre y sus problemas*, 1952; *La busca de la certeza*, 1952; *Experiencia y educación*, 1958; *Experiencia y Naturaleza*, 1959; *Naturaleza humana y conducta*, 1964.

Véase: A. Mendoza de Montoro, *Líneas fundamentales de la filosofía de J. D.*, 1940.

DIDEROT, DENIS (1713-1794), nac. en Langres (Champaña), estudió en Langres y en París. La biografía intelectual de Diderot está estrechamente asociada con la preparación, dirección (con d'Alembert) y publicación de la *Enciclopedia*. De 1772 a 1774 Diderot residió en el extranjero, principalmente en San Petersburgo, donde estuvo en relación con Catalina la Grande, que se interesó por las ideas de Diderot, así como de otros «enciclopedistas» y *philosophes,* pero que, a la postre, encontró demasiado radicales algunas de dichas ideas.

Desde sus primeras obras, que coincidieron con la preparación de la *Enciclopedia,* Diderot expresó opiniones que le granjearon la hostilidad de los poderes establecidos y que tuvieron por consecuencia el estar encarcelado en la prisión de Vincennes durante varios meses del año 1749. Algunas de las más conocidas obras literarias de Diderot, como *Le neveu de Rameau, La religieuse* y *Jacques, le fataliste* (publicadas póstumamente), constituyen una crítica mordaz de la sociedad de su tiempo, a la que describió como víctima de la hipocresía y sojuzgada por la tiranía religiosa y política. Una parte extensa de la obra de Diderot está consagrada a cuestiones de estética y crítica literaria y pictórica; destacan la *Paradoxe sur le Comédien* y los extensos *Salons,* que han revelado a Diderot como uno de los primeros y más importantes críticos de arte modernos.

Las concepciones filosóficas de Diderot, influidas, entre otros, por Locke y Condillac, así como por la actitud crítica y escéptica atribuida a Bayle, se caracterizan por la constante oposición a toda especulación y a toda abstracción y por su defensa del empirismo y del sensacionismo, es decir, de la tesis según la cual todo nuestro conocimiento se halla fundado en sensaciones. A la vez, el sensacionismo no es en Diderot una teoría, sino una convicción apoyada por

casos concretos —como los ciegos y los sordomudos—. Diderot no negaba, sino que, al contrario, destacaba fuertemente el papel desempeñado por la imaginación, pero ésta no era para él ninguna facultad abstracta, o separable de las otras actividades mentales, sino que estaba estrechamente unida a las sensaciones, esto es, al contacto sensible con las cosas.

Diderot se interesó grandemente por el progreso de las ciencias y de las artes, que no consideraba como actividades independientes una de otra. Se interesó especialmente por cuestiones sobre la formación y desarrollo de organismos biológicos. Se opuso en este respecto a las ideas de que dicha formación y desarrollo se explican únicamente por factores externos, de carácter «mecánico», y anticipó la idea de la constitución celular de los seres vivos, así como la importancia de los que luego se estudiaron bajo la forma de los factores genéticos.

Nada de ello era incompatible para Diderot con el materialismo, sino que, por el contrario, contribuía a reafirmarlo. La estructura de los seres vivos es un modo de organización de la materia. La propia materia posee una cierta sensibilidad primaria que, unida al movimiento, hace posible la variedad y multiplicidad de fenómenos del universo, físicos, orgánicos y mentales. Diderot parece concebir los átomos como mónadas leibnizianas, pero se trata de mónadas materiales y no espirituales. El universo forma un continuo de tal orden que podría compararse con un organismo en el cual cada parte está en relación con otra. «Todos los seres —ha escrito Diderot— circulan unos en otros... Todo se halla en perpetua fluencia... No hay otro individuo que la totalidad. Nacer, vivir y morir es cambiar de forma.»

Primeras ediciones completas: *Oeuvres*, por Jacques-André Naigeon, 1798, 15 vols.; *Oeuvres*, por J. L. Brière, 1821-1823, 21 vols. (el tomo XXI comprende obras hasta entonces inéditas); *Oeuvres complètes*, por J. Assérat y Tourneaux, 1865-1877, 20 vols.; *Oeuvres*, por A. Billy («La Pléiade»), 1935. —Ed. de *Oeuvres complètes*, en 33 vols.

Entre las obras (principalmente las de interés filosófico) publicadas durante la vida del autor, mencionamos: *Essai sur le mérite et la vertu*, 1745. —*Pensées philosophiques*, 1746 (sin el nombre del autor). —*Les bijoux indiscrets*, 1748. —*Lettre sur les aveugles à l'usage de ceux qui voient*, 1749. —*Lettre sur les sourds et muets à l'usage de ceux qui entendent et qui parlent*, 1751. —*Pensées sur l'interprétation de la nature*, 1754. —Entre las obras póstumas (en las que figuran varios de sus importantes cuentos filosóficos) mencionamos: *Salons* (publicados cada 2 años, de 1759 a 1771, 1775 y 1781, 1795 y 1798. —*Supplément au voyage de Bougainville*, 1796 (escrito en 1772). —*La Religieuse*, 1796 (escrita en 1760). —*Jacques, le Fataliste*, 1796 (escrita en 1773). —*Le Neveu de Rameau*, escrito en 1761, publicado por vez primera en trad. alemana de Goethe, en 1805, y en francés en 1823 (tomo XXI de la edición de *Oeuvres* de Brière). —*Entretien de d'Alembert et de Diderot; le Rêve de d'Alembert, suite de l'Entretien*, 1830. —*Paradoxe sur le Comédien*, 1830. —*Est-il bon, est-il méchant?*, 1834.

Sobre Diderot véase: I. K. Luppol, *D.*, 1924, 1934, ed. rev., 1960 (trad. esp. de la ed. de 1934, 1940). —Jean Luc, *Diderot*, II (trad. esp., 1940).

DILTHEY, WILHELM (1833-1911), nac. en Biebrich am Rhein, profesó en Basilea, Kiel y Breslau antes de ocupar, en 1882, la cátedra de historia de la filosofía que H. Lotze dejó vacante en Berlín.

El carácter fragmentario de la obra de Dilthey hace difícil articularla en «sistema», cosa que, por otro lado, rechazaba el propio Dilthey, quien prefería la actitud inquisitiva a la pretensión constructiva que muestran los grandes sistemas metafísicos. La importancia de Dilthey radica ante todo en sus investigaciones sobre la gnoseología de las ciencias del espíritu y sobre la psicología, a la cual dio el nombre de psicología descriptiva y analítica, psicología estructural o psicología de la comprensión.

Dilthey coincide con el positivismo y con el neokantianismo en su negación de la posibilidad de conocimiento metafísico, pero le separa de ellos su oposición al naturalismo de su tiempo. Su dedicación a las ciencias del espíritu y su preferencia por la Historia le inserta en una línea que, procedente de Hegel, se enlaza con Windelband y Rickert, sigue paralela a los representantes de la filosofía de la vida y desemboca en varias direcciones científico-espirituales. Su propósito consiste ante todo en completar la obra de Kant con una gnoseología de las ciencias del espíritu, con una «crítica de la razón histórica» paralela a la «crítica de la razón pura». Sus estudios históricos —*Leben Schleiermachers (Vida de Schleiermacher,* 1867-1870); *Auffassung und Analyse des Menschen im XV und XVI Jahrhunderte (Concepción y análisis del hombre en los siglos XV y XVI,* 1891)— constituyen ensayos en este sentido, por cuanto en ellos se advierte ya la diferencia que separa a la consideración hermenéutico-psicológica del apriorismo hegeliano y del empirismo historiográfico.

Dilthey separa las ciencias de la Naturaleza y las ciencias del espíritu, no por su método ni por su objeto, que a veces coinciden en ambas, sino por su contenido. Los hechos espirituales, no nos son dados, como los procesos naturales, a través de un andamiaje conceptual, sino de un modo real, inmediato y completo. Son aprehendidos en toda su realidad. Esta aprehensión es una autognosis *(Selbstbesinnung),* una captura del objeto distinta de la que tiene lugar en el acto de la comprensión inmediata de la interioridad cuando se agregan elementos aje-

nos a ella. Pero la autognosis se convierte, de aprehensión de lo psíquico-espiritual, en fundamento del conocimiento filosófico sistemático: «Autognosis es —escribe Dilthey— conocimiento de las condiciones de la conciencia en las cuales se efectúa la elevación del espíritu a su autonomía, mediante determinaciones de validez universal; es decir, mediante un conocimiento de validez universal, determinaciones axiológicas de validez universal y normas del obrar según fines de validez universal» *(Ges. Schriften,* VIII, 192-193). Por eso las ciencias del espíritu son gnoseológicamente anteriores a las de la Naturaleza, a las cuales, por otro lado, abarcan, pues toda ciencia es también un producto histórico.

Dilthey busca la fundamentación de semejante gnoseología en una psicología que, lejos de poseer la estructura propia de las ciencias naturales, permita comprender al hombre como entidad histórica y no como un ente inmutable, una naturaleza o una substancia. Por eso la psicología aparece como «una fundamentación psicológica de las ciencias del espíritu», como una sistemática a la cual allegan materiales los estudios históricos y en los que, a la vez, éstos se fundan. La psicología de Dilthey no es, en suma, una «psicología explicativa», sino una «psicología descriptiva y analítica». La psicología explicativa se basa en «la derivación de los hechos que se dan en la experiencia interna, en el estudio de los demás hombres y de la realidad histórica a base de un número limitado de elementos analíticamente descubiertos» *(G. S. V., 158)*. Por eso la psicología explicativa suele partir del análisis de la percepción y de la memoria y desembocar en un asociacionismo basado en elementos a partir de los cuales se intenta construir toda representación superior. En cambio, la psicología descriptiva y analítica «somete a la descripción y, en la medida de lo posible, al análisis, la entera poderosa realidad de la vida psíquica» *(G. S. V., 156)*. La psicología descriptiva y analítica es una «exposición de las partes integrantes y complexos que se presentan uniformemente en toda vida psíquica humana desarrollada, tal como quedan enlazadas en un único complexo, que no es inferido o investigado por el pensamiento, sino simplemente vivido... Tiene por objeto las regularidades que se presentan en el complexo de la vida psíquica desarrollada. Expone este complexo de la vida interna en un hombre típico. Observa, analiza, experimenta y compara. Se sirve de cualquier recurso para la solución de su tarea. Pero su significación en la articulación de las ciencias descansa justamente en el hecho de que todo complexo utilizado por ella puede ser mostrado como miembro de un complexo mayor, no inferido, sino originariamente dado» *(G. S. V, 152)*. Mas esto no bastaría si, además, no se tuviera en cuenta la mentada «poderosa realidad efec-

tiva de la vida anímica» examinada en la historia y en los análisis del hombre efectuados por los grandes poetas y filósofos. Por eso tal psicología se basa en la comprensión histórica y ésta es a su vez hecha posible por la psicología. Aparentemente se trata de un círculo vicioso. Pero este círculo se desvanece cuando en vez de prestar exclusiva atención a los caracteres formales, tenemos en cuenta «la profundidad de la vida misma». En esta vida se manifiestan rasgos como la historicidad, la forma estructural y la cualidad, los cuales coinciden en gran parte con los rasgos de la cualidad, de la duración y de la dinamicidad establecidos por otras filosofías, como la bergsoniana. Lo importante, en todo caso, es advertir tanto la riqueza de la vida anímica como el hecho de la interconexión de todas las vivencias no solamente individuales, sino también sociales y, desde luego, históricas.

Dilthey se ha opuesto con frecuencia a la metafísica en tanto ha pretendido ser un saber riguroso del mundo y de la vida. Pero ello no significa negar el hecho de la necesidad metafísica sentida constantemente por el hombre. La metafísica es a la vez imposible e inevitable, pues el hombre no puede permanecer en un relativismo absoluto ni negar la condicionabilidad histórica de cada uno de sus productos culturales. De ahí la gran antinomia entre la pretensión de validez absoluta que tiene todo pensamiento humano y el hecho de la condición histórica del pensar efectivo. Esta antinomia se presenta como una contraposición «entre la conciencia histórica actual y todo género de metafísica como concepción científica del mundo» *(G. S.* VIII, 3*)*. Para resolverla es necesario, según Dilthey, poner en funcionamiento lo que llama la «autognosis histórica». «Ésta tendrá —escribe Dilthey— que convertir en objetos suyos los ideales y las concepciones del mundo de la humanidad. Valiéndose del método analítico, habrá de describir, en la abigarrada variedad de los sistemas, estructura, conexión y articulación. Al proseguir de este modo su marcha hasta el punto en que se presenta *un concepto de la filosofía que hace explicable la historia de la misma* [subrayado por nosotros], surge la perspectiva de poder resolver la antinomia existente entre los resultados de la historia de la filosofía y la sistemática filosófica» *(G. S.* VIII, 7*)*. Este concepto de la filosofía no puede obtenerse, sin embargo, a menos que el filósofo se sitúe en el ámbito de la experiencia total dentro de la cual las diversas concepciones del mundo aparecen como símbolos de la vida, falsos solamente en la medida en que pretenden ser independientes. No se trata de una filosofía trascendental, pues mientras ésta pasa de los conceptos formados sobre la realidad a las condiciones bajo las cuales pensamos tales conceptos, la verdadera autognosis histórica de la filosofía pasa de los sistemas a la relación del pensamiento con la realidad, una relación vislumbrada por los filósofos trascendentales, pero nunca profundizada por su carencia de análisis histórico.

En ello se funda la «filosofía de la filosofía». Como hecho histórico, la filosofía se convierte en objeto de sí misma. Y dentro de ella se da la diversificación de las concepciones del mundo, las cuales pueden ser clasificadas en tres tipos fundamentales. El primero es el naturalismo, que puede ser materialista o fenomenista y positivista. El segundo es el idealismo de la libertad, surgido principalmente del conflicto moral y la percepción de la actividad volitiva. El tercero es el idealismo objetivo, que se manifiesta cuando se tiende a la objetivación de lo real, a la conversión de toda realidad en ser y valores trascendentales, de los cuales la realidad del mundo es, a la postre, una manifestación.

Dilthey ha estudiado con detalle estos tres tipos al hilo de una historia evolutiva de las visiones del mundo y de la vida que se encuentran de un modo concreto a lo largo de la historia desde las etapas primitivas. Resultado de este análisis es el mismo supuesto del cual había partido; la conciencia trascendental se resuelve una y otra vez en conciencia histórica, pero esta conciencia histórica no desemboca en el relativismo, pues en todos los casos permanece frente a la ruina de los sistemas de actitud radical del hombre, el cual consiste no en ser un ente permanente, sino una «vida». De hecho, es la vida la única y última raíz de todas las concepciones. Con lo cual la vida aparece como el verdadero fundamento irracional del mundo, la realidad irreductible a las demás, pero que permite explicar todas las demás realidades. El pensamiento de Dilthey se encamina así, como consecuencia de la necesidad de superar el relativismo historicista, hacia una filosofía de la vida. A veces Dilthey parece «retroceder» en su marcha al suponer que «la naturaleza humana es siempre la misma», y al suponer, por lo tanto, que hay algo que puede calificarse de naturaleza humana. Pero este «retroceso» es provisional; en último término, es la dialéctica incesante entre la vida y la historia, y el hecho de que cada uno de estos términos incluya al otro, lo que permite que la filosofía de la filosofía no se quede en ningún instante petrificada en una fórmula.

En diversas ocasiones Dilthey ha intentado poner en claro los fundamentos de su propia filosofía. Importante es al respecto un escrito de 1880 en el cual ha manifestado que «la idea fundamental de mi filosofía es el pensamiento de que hasta el presente no se ha colocado ni una sola vez como fundamento del filosofar a la plena y no mutilada experiencia, de que ni una sola vez se ha fundado en la total y plenaria realidad». De ahí las características proposiciones de Dilthey sobre la inteligencia, proposiciones que son a la vez las tesis sobre las cuales se orienta esta filosofía total de la experiencia: «1) La inteligencia no es un desarrollo que haya tenido lugar en el individuo particular y resulte por él comprensible, sino que es un proceso en la evolución de la especie humana, siendo ésta a su vez el sujeto en el cual el querer es el conocimiento. 2) En rigor, la inteligencia existe como realidad en los actos vitales de los hombres, todos los cuales poseen también los aspectos de la voluntad y de los sentimientos, por lo cual existe como realidad sólo dentro de la totalidad de la naturaleza humana. 3) La proposición correlativa a la anterior es la que afirma que sólo por un proceso histórico de abstracción se forma el pensar, el conocer y el saber abstractos. 4) Mas esta plena inteligencia real tiene también como aspectos de su realidad la religión o la metafísica o lo incondicionado, y sin éstos no es jamás real ni efectiva.» Así entendida, esta filosofía es la «ciencia de lo real» (*G. S.* VIII, 175-6).

La influencia de Dilthey se hace sentir en varias tendencias filosóficas, especialmente en la «filosofía de la vida» y la «filosofía del espíritu». También se encuentran resonancias diltheyanas en la filosofía de Heidegger. Entre los filósofos más directamente influidos por Dilthey y considerados inclusive como pertenecientes al llamado «movimiento diltheyano» figuran: Georg Misch, Bernhard Groethuysen; Erich Rothacker;

Joachim Wach; Hermann Nohl. A ellos hay que agregar Hans Freyer, Max Frischeisen-Köhler y Eduard Spranger, así como, en cierto modo, Theodor Litt, que, más que seguidor de Dilthey, ha coincidido en muchos puntos con el filósofo. Sería largo mencionar a los pensadores en quienes puede rastrearse la huella de Dilthey; nos limitamos a mencionar a Alfred Vierkandt (nac. 1867), Fritz Heinemann, Max Weber, Karl Jaspers, Ludwig Klages, Walther Schmied-Kowarzik.

Edición de obras reunidas: *Gesammelte Schriften,* por C. Misch *et al.,* I-XIX, 1913-1982.

Trad. esp. de la obra fundamental completa de Dilthey por E. Imaz, 8 vols., 1944-1948 (comprende los siguientes volúmenes: *Introducción a las ciencias del espíritu - Hombre y mundo en los siglos XVI y XVII - De Leibniz a Goethe - Vida y poesía - Hegel y el idealismo - Psicología y teoría del conocimiento - El mundo histórico - Teoría de la concepción del mundo).* —*Literatura y fantasía,* 1863 [de la sección de Obras póstumas. legajos 66, 68-71]. —Trad. de los escritos sobre concepción del mundo por J. Marías: *Teoría de las concepciones del mundo,* 1944, reimp., 1974 (con introducción sobre Dilthey). —Trad. de los *Fundamentos de un sistema de pedagogía,* 1940. —Trad. esp. de *Introducción a las ciencias del espíritu,* por J. Marías, con prólogo de J. Ortega y Gasset, 1956, reimp., 1966. —Trad. de correspondencia entre D. y Husserl en *Revista de Filosofía de la Universidad de Costa Rica,* I, número 2 (1957).

Sobre Dilthey véase: F. Romero, «Guillermo Dilthey», *Humanidades,* 22 (1930). —J. Ortega y Gasset, «Guillermo Dilthey y la idea de la vida», *Revista de Occidente,* 42 (1933), 197-214, 241-72; 43 (1934), 89-116 [reimp. en *O. C.,* VI, 377-418]. —E. Pucciarelli, *Introducción a la filosofía de D.* [Publicaciones de la Universidad de La Plata 20, núm. 10], 1937. —Íd., íd., *La psicología de D. [ibid.,* 21*],* 1938. —Eugenio Imaz, *Asedio a D.,* 1945. —Íd., íd., *El pensamiento de Dilthey,* 1946. —Juan Roura-Parella, *El mundo histórico-social (Ensayo sobre la morfología de la cultura, de D.),* 1947. —José Ferrater Mora, «D. y sus temas fundamentales», *Revista Cubana de Filosofía,* 5 (1949), 4-12 (de este trabajo han sido tomados algunos pasajes del presente artículo). —Franco Díaz de Cerio Ruiz, S. J., *W. D. y el problema del mundo histórico. Estudio genético-evolutivo con una bibliografía general,* 1959. —Íd., íd., *Introducción a la filosofía de W. D.,* 1963. —A. Waismann, *D. o la lírica del historicismo,* 1959. —Tomás Stefanovics, *D.: Una filosofía de la vida,* 1961. —W. Trejo, *Introducción a D.,* 1962.

DIÓGENES *(ca.* 413-327 antes de J. C.) de Sínope, discípulo de Antístenes, fue considerado en toda la Antigüedad como el perfecto tipo del cínico, en el cual se han mezclado las notas de la impudencia, del desprecio a las convenciones y de un cierto «egoísmo», con el temple moral intachable, la parquedad y la constancia. Según cuenta Diógenes Laercio, Diógenes de Sinope combatía lo que llamaba la falsa vanidad y fasto de Platón, el cual parece haber reprochado a Diógenes una cierta vanidad y fasto, pero de distinta especie. Contra los sofismas habituales en la época, puestos en circulación sobre todo por los megáricos, aducía Diógenes la realidad visible y tangible, que a su entender era irrebatible. Ello se dirigía, sin embargo, no sólo contra los sofistas y los partidarios de la erística, sino también contra la teoría platónica de las ideas, a la cual oponía lo individual y concreto. De ahí su menosprecio por las ciencias que, como la geometría o la música, no conducían para él a la verdadera felicidad, a la autosuficiencia, al vivir conforme a la Naturaleza y no según la complicada convención social. Discípulos directos de Diógenes fueron Mónimo, Onesícrito, Filisco y Crates.

DUNS ESCOTO, JUAN (1266-1308), llamado el *doctor subtilis,* nació en Maxton (Condado de Roxburgh) e ingresó en 1281 en la Orden franciscana. Estudiante en Oxford (hacia 1290) y en París (1293-1296), regresó a Oxford, donde enseñó teología de 1300 a 1302. En este último año se trasladó a París para obtener el grado de doctor. Expulsado por su oposición a Felipe el Hermoso, regresó a la capital francesa en 1304, se doctoró en 1305 y fue enviado en 1307 a Colonia, donde murió al año siguiente. La influencia del agustinismo tradicional en Oxford, y de la ciencia tal como fue desarrollada por Roberto Grosseteste y, ante todo, por Roger Bacon, dan un carácter particular a la obra de Duns Escoto, obra que, por otro lado, surge asimismo del fondo del aristotelismo dominante en París.

El proverbial antagonismo entre Duns Escoto y Santo Tomás como manifestación de la oposición entre franciscanos y dominicos, entre la corriente agustiniana y la aristotélica, responde sólo de un modo parcial al pensamiento de Escoto que, como señala Gilson, está edificado, lo mismo que el tomista, con los materiales de conceptos procedentes de Aristóteles, pero con un estilo bien distinto. Este estilo viene determinado ante todo por la actitud frente al problema de las relaciones entre la revelación y la razón. Duns Escoto admite, ciertamente, las demostraciones de la existencia de Dios a partir de los efectos, pero las considera sólo relativamente probatorias; en vez de ellas se atiene, aunque de modo peculiar, a los argumentos de San Anselmo, que transforma en el sentido de un paso de lo posible a lo necesario. Ahora bien, si la existencia de Dios es demostrable no puede llegarse por la razón a una demostración de muchos de los atributos divinos que la fe confirma; estos atributos han de ser creídos, constituyen el reino de los *credibilia* que Escoto amplía considerablemente; mejor dicho, son absolutamente ciertos, pero no sustentados en razón. La mera probabilidad de muchos de los argumentos estimados tradicionalmente probatorios, tanto en lo que se refiere a Dios como al alma y a su inmortalidad, no conduce, empero, a una crítica de la teología, sino a la conversión de la misma en «ciencia práctica». La revelación es cabalmente indemostrable para Escoto por ser revelación.

El carácter principal de la divinidad es para Duns Escoto la infinitud; esta infinitud es manifiesta en todos sus atributos y se contrapone del modo más radical a la finitud de lo creado. La infinitud de Dios constituye el carácter más patente de su inteligibilidad, pero esta inteligibilidad no debe ser confundida con la posibilidad de una comprensión racional de sus atributos. Por ser eminentemente infinito o, como dirá posteriormente Malebranche, infinitamente infinito, Dios es ante todo una voluntad infinita y omnipotente que, aunque no puede querer lo que es lógicamente imposible, aunque no puede hacer, por ejemplo, como afirmaba San Pedro Damián, que lo que ha sido no haya sido, sigue teniendo un poder infinito y absoluto. Lo que Dios manda hacer como bueno es bueno porque Dios lo manda. Contrariamente a lo que se afirma a veces, sin embargo, Duns Escoto no mantiene que

algo sea bueno únicamente porque Dios lo tiene por bueno. Por ejemplo, amar a Dios es algo por sí mismo bueno, y el propio Dios no podría mandar a un hombre no amar a Dios —o no podría mandarle odiar a Dios—. Además, hay actos cuya ejecución sería contraria al perfeccionamiento de la criatura, y éstos son buenos por sí mismos y no, o no solamente, porque Dios ordene llevarlos a cabo. Lo que ocurre es que hay actos que Dios manda o prohíbe sin que se pueda encontrar una razón suficiente de su mandato o prohibición, y hay asimismo actos que Dios puede mandar ejecutar aunque parezcan ser contrarios a la ley natural.

El pensamiento filosófico y teológico de Duns Escoto no parece, pues, reducible a fórmulas o términos tajantes —como «voluntarismo», «fideísmo» y otros similares—; no en vano se ha llamado a Duns Escoto *doctor subtilis*. En lo que toca al clásico problema teológico de la relación entre las llamadas a veces «esencias» —y a veces asimismo «la razón divina»— y la voluntad —o «voluntad divina»—, es cierto que las primeras no están subordinadas a la segunda, y es cierto también que la segunda determina las primeras porque, en último término, las crea. Sin embargo, nada de esto debe interpretarse como la afirmación de que las «esencias» son «arbitrarias» o como la afirmación de que no tienen ninguna «realidad» metafísica. Los universales son reales, y por eso es posible que el saber de las esencias sea un saber ontológico y no meramente lógico. Pero lo auténticamente real no es sólo lo universal ni sólo lo individual. A diferencia de Santo Tomás, Duns Escoto no concibe la *materia signata* como el único principio de individuación; este principio se halla en la forma misma. No se trata, pues, de caracterizar lo individual por lo meramente particular, pues hay efectivamente universales aprehendidos por el intelecto; pero no se trata tampoco de caracterizarlo por una mera referencia a la esencia, por una subsunción de lo contingente en lo universal. La individualidad del individuo es la *hacceidad (haecceitas)*, que es, propiamente hablando, una forma individual. Mas, por otro lado, todo lo creado tiene también, contra lo que dice Santo Tomás, una materia, si bien no una materia universal. Se distingue así entre una materia primo-prima, creada inmediatamente por Dios; una materia secundo-prima, que constituye el substrato de la generación y la corrupción, y una materia tertio-prima, que es la materia propiamente dicha, lo plasmable. La afirmación de la universalidad de la materia enlaza así a Duns Escoto con una tradición que, procedente en parte de Avicebrón, había sido interrumpida por Santo Tomás. Y no importa que, las mencionadas distinciones, que constan en *De rerum principio*, no puedan ser con toda seguridad atribuidas a Duns Escoto, pues como allí señalamos

«permaneció como algo firme su idea de una materia única que posee realidad y, de consiguiente, alguna inteligibilidad».

Un importante aspecto en la doctrina filosófica de Duns Scoto lo constituye su tesis de la univocidad del ser en cuanto ser. La idea avicenista de la esencia, el idealismo que de ella se deriva, están, pues, bien patentes en Duns Escoto, hasta el punto que algunos autores han hecho de él un avicenista. Si con ello se quiere significar que Duns Escoto encontró en el avicenismo materiales adecuados para la edificación de su propio sistema, tal calificación conviene a la obra de nuestro pensador. Pero no es justo simplificar la doctrina de Duns Escoto en tal manera, ni indicar que esta doctrina es una hábil combinación ecléctica de tesis avicenianas, agustinianas y aristotélicas. Más justo es destacar la originalidad del pensamiento del *doctor subtilis* aun cuando, en el estado actual de las investigaciones sobre el pensador, resulte todavía difícil precisar en qué consiste exactamente tal originalidad.

Los Comentarios a Aristóteles comprenden las *Questiones supra libros Aristotelis de anima*, los *Commentaria in libros Physicorum* (no auténticos), los *Meteorologiae libri quatuor* (no auténticos).

A Duns Escoto se atribuyen las *Conclusiones utilissimae metaphysicae*, las *Quaestiones in Metaphysicam subtilissimae*, el *Tractatus de rerum principio*, el *De primo principio*, el tratado *De cognitione*

Dei, las *Quaestiones miscellanae de formalitatibus,* el escrito *De perfectione statuum* y varios escritos diversos *(Logicalia, Theoremata, Collationes).*

Las obras más conocidas y citadas son, sin embargo, las *Quaestiones in quatuor libros sententiarum* (llamadas *Opus Oxoniense)* y los *Reportatorum Parisiensium libri quatuor* (llamados *Reportata Parisiensia,* o lecciones dadas en la Universidad de París. A ello hay que agregar las *Quaestiones Quodlibetales).*

Edición de obras completas (sólo filosóficas y filosófico-dogmáticas por Lucas Wadding), 12 vols., Lyon, 1639 (reimp.: Vivès, París, 1891-1895). —Edición reciente del *De primo principio,* texto revisado y trad. de Evan Roche, O. F. M., 1949 (trad. esp.: *Tratado del primer principio,* 1955). Véase: F. E. Malo, *Defensa filosófico-teológica del Venerable Doctor Sutil y Mariano, Fr. Juan Duns Escoto,* 1889. —P. Lozano, *Fr. Juan Duns Escoto, Doctor Mariano y Sutil,* 1908.

E

ECKHART (Maestro Eckhart, Meister Eckhart, Magister Eccardus) *(ca.* 1260-1327*)*, nac. en Hochheim (Turingia). Hacia 1275 ingresó en el monasterio dominico de Erfurt, pasando luego a Colonia donde recibió, en 1302, el título de *magister sacrae theologiae*. En 1303 fue nombrado Provincial de la Orden dominicana en Sajonia, siendo, además, desde 1307, Vicario de Bohemia. De 1311 a 1314 residió en París (que había ya visitado en 1303-1304), donde recibió los grados académicos superiores. Desde 1320 fue *magister theologiae* en el *Studium generale* dominico de Colonia. Las ásperas disputas teológicas entre dominicos y franciscanos fueron probablemente una de las causas de que, hacia 1326, algunos consideraran sus enseñanzas sospechosas. En 1327 tuvo que justificarse ante la Corte del Arzobispo de Colonia, que era franciscano. El proceso iniciado en Colonia terminó en 1329, dos años después de la muerte del Maestro Eckhart, con la condenación, por el Papa Juan XXII, en Aviñón, de 28 proposiciones.

El Maestro Eckhart es considerado como uno de los iniciadores de la filosofía alemana y, en todo caso, como uno de los forjadores, si no el primer forjador, del idioma alemán como lenguaje filosófico y teológico. El Maestro Eckhart predicó en alemán y escribió en este idioma parte de sus obras, empezando con el folleto *Das sint die rede der unterscheidunge (Estos son los discursos de instrucción* [del Vicario de Turingia y Prior de Erfurt, Maestro Eckhart]), escrito hacia 1300. En estos «discursos de instrucción» el Maestro Eckhart recomienda la obediencia y el no prestar atención a los bienes temporales, pero no para oponerse ascéticamente a éstos, sino sencillamente para no ocuparse de ellos, tomándolos como vengan. Además, habla de «tener en uno la realidad de Dios», en tal forma que todo «refleja a Dios y sabe a Él». En otros textos alemanes —por ejemplo, en *El libro de la divina confrontación,* en su escrito sobre el desinterés *(Abgescheidenheit,* erróneamente traducido a veces por «desapego», «separación» o «resolución») y en los diversos *Sermones*—, el Maestro Eckhart introduce una serie de términos que son a veces traducciones de autores con los que estaba más familiarizado (Platón, especialmente el *Timeo;* San Agustín; Santo Tomás de Aquino), pero cuyo sentido no es siempre el de los vocablos originarios. Así ocurre con el citado término *Abgescheidenheit,* con *Bild* (que traduce *ymago*), con *Inne Sein* e *Inne Bleiben* («recogerse en sí mismo»), *Nihte* o *Nihtes* (el actual *Nichts,* que no es «la nada», sino «la pobreza», pero una «pobreza» con sentido «ontológico»), y otros. El Maestro Eckhart predica el desinterés [que, una vez más, no es «reclusión» o «retiro»] y lo coloca por encima del amor. Una razón de ello es que aunque «lo mejor del amor es que me fuerza a amar a Dios», es mejor para mí «mover a Dios hacia mí que yo moverme hacia Él, pues mi bienaventuranza eterna consiste en que yo y Dios seamos uno, y Él puede encajarse y unificarse mejor conmigo que yo con Él». Otra razón es que «el amor me obliga a sufrir por amor de Dios, en tanto que el desinterés me hace sensible únicamente a Dios» (esto es, me lleva a «no poder recibir sino a Dios»).

Todo esto lleva a considerar al Maestro Eckhart como un místico, y, además, como un místico para el cual la teología negativa es superior a la positiva. Se ha indicado que las fuentes de la teología negativa y mística del Maestro Eckhart se hallan en la tradición neoplatónica y del Pseudo-Dionisio, lo cual puede ser cierto si se tiene en cuenta que él mismo se refiere al *Liber de causis* y que (según algunos autores) re-

cibió la influencia de Dietrich de Freiberg, el cual a su vez fue influido por Proclo. Hay que tener en cuenta, sin embargo, que el Maestro Eckhart, aun si lo consideramos como un místico, no es simplemente un místico que traduce los términos de la teología en términos de alguna «experiencia personal». El Maestro Eckhart es asimismo teólogo, y no siempre su teología es «negativa». Lo que sucede es que como consta ya en sus diversas *Quaestiones* (las *Quaestiones Utrum in Deo, Utrum intelligere Angeli, Utrum laus;* y las posteriores *Aliquen motum, Utrum in corpore Christi*), la idea que el Maestro Eckhart se hace de Dios es una idea en la que aunque hay igualdad entre el *esse* de Dios y su *intelligere,* lo que hubo en un principio era el *intelligere* (el «Logos», la «Palabra»), por lo que el *esse* o el hecho de ser un *ens* no es por sí mismo un predicado suficiente. De ahí que, desde el punto de vista del «mero ser» (que no es el «pleno ser» o el «ser en pureza»), Dios aparezca como algo que «no es». Pero Dios no es simplemente ser, porque es «más que ser». Cierto que en el posterior *Opus tripartitum,* el Maestro Eckhart declara que Dios es *esse.* Pero este *esse* es perfecta y completa unidad, la cual es la unidad del *intelligere.* Ahora bien, puesto que nada hay fuera de la perfecta unidad, puede concluirse que nada hay fuera de Dios. Esta es, dicho sea de paso, una de las tesis que han llevado a algunos a considerar al Maestro Eckhart como un autor panteísta. Pero decir que «fuera de Dios no hay nada» es como decir que «fuera de la Existencia nada existe», o, si se quiere, que todo lo que existe se mide por su relación con la Existencia. Por otro lado, no hay, según el Maestro Eckhart, nada tan distinto de Dios, el Creador, como lo creado y las criaturas. Así, pues, parece que el Maestro Eckhart subraya tanto la fusión como la separación. Y así es, en efecto. En parte ello puede deberse a que hay «períodos» en el pensamiento de Eckhart. En parte a que hay, como en muchos autores, «inconsistencias». Pero en parte también a que el Maestro Eckhart piensa en forma «antinómica», única que puede poner de relieve el carácter «profundo» de las cuestiones teológicas y, en general, de la «vida religiosa».

Este carácter antinómico del pensamiento de Eckhart se manifiesta en la famosa doctrina del alma como «centella» *(vünkelin, vünke;* en latín: *scintilla)*. Según indica G. Faggin *(op. cit. infra,* Parte I, cap. V), Eckhart da muy diversos nombres a esta «centella» o «chispa»; además de *vünkelin, vünke,* tenemos *bürgelin der sele* (castillo del alma), *grunt der sele* (fondo del alma), *zwic* (brote), *huote des geistes* (roca del espíritu), razón *(vernünfticheit)* —y, en latín: *domus dei; abditum animae o abditum cordis, anima muda y synteresis.* «La teoría eckhartiana —escribe Faggin— tiene sus genuinos antecedentes históricos en el 'centro del alma' de Plotino y en la 'flor del intelecto' de Proclo, y me parece que interpreta el espíritu auténtico de la doctrina neoplatónica: pero tiene sus anticipaciones, bastante frecuentes aunque inspiradas por mayores garantías, también en la mística cristiana latina, especialmente en Agustín [quien la llama *acies cordis* o agudeza del corazón] y en Buenaventura» (Faggin, *op. cit.,* trad. esp., págs. 172-73). En todo caso, la «centella del alma» es el fondo último del alma. Dios se une al alma, por así decirlo, «en su centella». La «centella» del alma no se limita a comprender a Dios como Verdad o a quererlo como el Bien: se une a Él. Lo cual parece conducir a la idea de una identificación de la «centella del alma» *(scintilla animae)* con Dios y, además, con un Dios cuya unidad radical trasciende por completo la diversidad de las Personas. Pero, por otro lado, esta identificación es presentada como la que existe entre la imagen y el modelo. Junto a todo ello, debe considerarse que el lenguaje usado por el Maestro Eckhart en sus obras en alemán, y especialmente en los *Sermones,* es un lenguaje más «exhortativo» que «declarativo». Por lo tanto, es un lenguaje que se dirige a los fieles con el fin de producir —o «suscitar»— en ellos una elevación y a la vez un recogimiento sin los cuales no habría posibilidad de «estar presentes» a Dios.

La conclusión más razonable respecto a las doctrinas del Maestro Eckhart es que éstas constituyen una trama compleja en la que se mezclan diversas tradiciones y a la vez las exigencias de la predicación. Ello no significa que el pensamiento de Eckhart carezca de unidad. Pero es improbable que esta unidad sea sólo la de la mística basada en la teología negativa, o la de un tomismo con tendencias neoplatonizantes, o la de un «germanismo» incipiente pero ya en lucha contra la «ortodoxia».

Se suele considerar como «continuadores» del Maestro Eckhart a Juan Tauler (1300-1361), Enrique Suso (ca. 1295-1365), ambos autores de textos exhortativos y místicos en alemán y de algunas obras latinas, y, sobre todo, a Juan Ruysbroek.

La más importante y completa edición de escritos del M. E. es: *M. E. Die deutschen und lateinischen Werke herausgegeben im Auftrage der Deutschen Forschungsgemeinschaft*, en dos series: *Die deutsche Werke*, ed. Josef Quint y *Die lateinische Werke*, ed. Konrad Weiss, 1936 y siguientes (en curso de publicación).

Véase: G. Faggin, *M. E. y la mística medieval alemana*, trad. esp. 1953.

EMPÉDOCLES (ca. 483/2-430 antes de J. C.) de Agrigento fue considerado durante toda la Antigüedad como un taumaturgo y un profeta; parece haber recorrido las ciudades de la Magna Grecia como orador y mago, y el propio Diógenes Laercio dice que hay variedad de opiniones acerca de su muerte, siendo una de las más difundidas versiones la de que se suicidó arrojándose al cráter del Etna. Siguiendo la tradición de los jónicos, Empédocles propuso una explicación del universo, según la cual todo fenómeno natural es concebido como la mezcla de cuatro elementos o «principios» —agua, fuego, aire y tierra—, calificados con nombres divinos —Nestis, Zeus, Hera, Edoneo—. Estos principios o elementos son eternos e indestructibles; son, como dice Aristóteles, «eternamente subsistentes y no engendrados». Todas las cosas nacen y perecen por unión y separación de los mismos, de tal suerte que la cualidad de cada objeto reside en la proporción en que cada uno de los elementos entra en la mezcla. «Hay sólo —afirma Empédocles— mezcla y separación de lo mezclado, pero no nacimiento, que es una simple manera de decir de los hombres.» Ahora bien, lo que hace que los elementos se mezclen y separen, son dos fuerzas externas —el Amor y el Odio—, que representan un poder natural y divino, que son respectivamente el Bien y el Mal, el Orden y el Desorden, la Construcción y la Destrucción. Lo que había en el comienzo era el Bien y el Orden, el absoluto predominio del Amor, por el cual existía una mezcla completa de los cuatro elementos en la ciudad orgánica de una «esfera». La intervención del Odio fue el origen de las cosas de los seres individuales, que se van diversificando hasta la separación absoluta y el dominio absoluto del mal. Pero en este estado no hay tampoco cosas particulares; es, a la vez que la culminación del imperio del Odio, el principio del Amor que vuelve a confundirlo y mezclarlo todo hasta que* haya una sola cosa, esa perfecta esfera que se llama también Dios. Tal perfección se encuentra así en el origen del mundo actual y en su término; el mundo actual, donde hay seres individuales y, por lo tanto, odio e injusticia, es, en el fondo, una expiación, un proceso de purificación que sólo terminará cuando el Amor triunfe nuevamente; pero este triunfo es también precario y la evolución de los mundos no es sino un proceso en el cual se manifiesta inexorablemente un dominio alternativo del Odio y del Amor, del Bien y del Mal.

Aunque hemos presentado sumariamente «la» doctrina de Empédocles según consta en los fragmentos que del filósofo se conservan, debe advertirse que las dos obras suyas, *Acerca de la Naturaleza* (Περὶ φύσεως) y *Las Purificaciones* (Καθαρμοί) parecen revelar dos distintas tendencias: una, «científica» (y hasta «materialista»); la otra, religiosa (y hasta mística). Se ha debatido a veces si Empédocles pasó de la primera a la segunda o viceversa por medio de una especie de «conversión», o si ambas tendencias coexistieron en la mente del filósofo. En este último caso —el más probable— se ha discutido asimismo si hay

que considerar ambas tendencias como filosóficamente independientes entre sí o si hay alguna tesis o intuición filosófica que las religue. Algunos autores (E. R. Dodds, Gregory Vlastos) opinan que no se pueden concordar las dos tendencias. Otros autores (F. M. Cornford, K. S. Guthrie) manifiestan que no sólo las dos tendencias en cuestión coexistieron sin extrañeza mutua en el pensamiento de Empédocles, sino también que algunos elementos de una (como la idea de Amor [o amistad] que religa y une las cosas) son interpretables a la vez materialística y místicamente. Los partidarios de esta última opinión se apoyan en el hecho de que en la cultura griega de la época no había necesariamente conflicto entre lo filosófico (o «científico») y lo religioso —y, en general, entre lo racional y lo irracional.

De los escritos de Empédocles se conservan fragmentos. Edición en Diels-Kranz, 31 (21).

ENGELS, FRIEDRICH (1820-1895), nac. en Barmen (hoy, Wuppertal [Westfalia]), desarrolló una actividad múltiple, interviniendo en el periodismo, en la industria (trabajó en la fábrica de su padre, en Manchester) y en las luchas filosóficas y político-sociales. El más importante acontecimiento de su vida fue su encuentro con Marx (1844), de quien fue el más íntimo amigo y colaborador, hasta el punto de que es difícil con frecuencia precisar cuál fue la contribución de cada uno de ellos a las ideas fundamentales del marxismo. En verdad, lo que se expone bajo este nombre es el desarrollo de una serie de doctrinas que tienen por base las ideas y los estudios no sólo de Marx, sino también de Engels. Nos limitaremos aquí a indicar los más destacados rasgos de la contribución filosófica de Engels a la misma. Ante todo, y aun cuando Engels se ocupó constantemente de obtener información sobre problemas económicos y sociales (y también militares), trabajó más bien en el aspecto propiamente filosófico de la doctrina. El materialismo fue concebido por Engels no sólo como materialismo histórico, sino de un modo general como materialismo dialéctico. Uno de los aspectos importantes de este último era la dialéctica de la naturaleza. Cabe decir inclusive que la insistencia tan característica de los marxistas —la unión del materialismo con la dialéctica— procede de Engels. Un rasgo muy destacado de las doctrinas de Engels es el estudio de las relaciones entre la infraestructura económica y las superestructuras culturales. Contrariamente a lo que creen algunos, estas relaciones son, según Engels, complejas, y de tal modo que no se admite la explicación causal directa de los acontecimientos no económicos por otros económicos, sino que mantiene que la superestructura influye a su vez sobre la estructura; ideas, convicciones políticas y religiosas, etc., no pueden, pues, según Engels,

descartarse fácilmente en una interpretación rigurosa del curso de la historia humana.

Obras principales de interés filosófico: *Hern Dühring Umwälzung der Wissenschaften*, 1878 [publicado como una serie de artículos en *Vorwärts*, 1877] *(La transformación de las ciencias por el Sr. Dühring*, conocido con frecuencia con el título de *Anti-Dühring*). —*Ludwig Feuerbach und das Ende der klassischen deutschen Philosophie*, 1866 *(L. Feuerbach y el fin de la filosofía alemana clásica*). —*Dialektik der Natur* (escrita entre 1873 y 1883 y publicada por vez primera en 1925.

Para las obras más importantes escritas en colaboración con Marx, véase el artículo sobre éste. Lo mismo para edición de obras completas.

Hay numerosas trads. esp.; entre ellas citamos: *Origen de la familia, de la propiedad y del Estado*, s/f. —*Socialismo utópico y socialismo científico*, 1886. —*El Anti-Dühring o «la revolución de la ciencia» de Eugenio Dühring*, 1913; otras, 1932, 1960, 1964 (la última, por Manuel Sacristán, contiene un prólogo del traductor, titulado «La tarea de E. en el *Anti-Dühring*»). —*Dialéctica de la Naturaleza*, 1961.

Véase: R. Mondolfo, *El materialismo histórico de F. E. y otros ensayos*, trad. esp. 1957.

EPICTETO *(ca. 50-138)*, de Hierápolis (Frigia), esclavo liberto en Roma, abandonó la ciudad, trasladándose al Epiro, donde impartió sus enseñanzas filosóficas. En ellas se acusan los rasgos religiosos del estoicismo de la época imperial, hasta tal punto que Epicteto fue considerado durante mucho tiempo como un cristiano oculto y, de un modo análogo a Séneca, se le atribuyó el conocimiento de escritos cristianos y su asimilación dentro del marco de la doctrina estoica. Aun cuando no parece confirmado este último supuesto (modernamente defendido por Th. Zahn en su libro *Der Stoiker Epiktet und sein Verhältnis zum Christentum,* 1894, y refutado por Bonhöffer en 1911), lo cierto es que la actitud religiosa de Epicteto se parece en ocasiones de modo extraordinario a la cristiana, no sólo por su creencia en un Dios «padre», en una persona divina trascendente al mundo y con la cual los hombres pueden llegar a la comunidad, sino por múltiples aspectos de su doctrina práctica, no siendo casual, por tanto, que las máximas de Epicteto hayan sido comentadas en círculos cristianos. Sin embargo, la coincidencia con el cristianismo en la obra de Epicteto es, por lo menos, tan grande como su divergencia; en ningún momento abandona Epicteto la tradición de la escuela estoica, particularmente del antiguo estoicismo, tal como fue desarrollado por Zenón de Citio y, ante todo, por Crisipo. Según Epicteto, hay que distinguir entre las cosas que dependen y no dependen del hombre, pues sólo atendiendo a lo que depende de él, a su propia voluntad, podrá conseguirse la verdadera dicha y sosiego del espíritu frente a las falsas opiniones y a la intranquilidad producida por la apetencia de los bienes externos. En ello radica justamente la verdadera libertad del sabio, que es ciudadano del mundo y para el cual lo que menos importa es la clase a que pertenece, pues inclusive el esclavo puede ser superior a su dueño, encadenado por los deseos y las pasiones. Las máximas de Epicteto, procedentes de las *Diatribas* y de las *Homilías,* fueron recopiladas por su discípulo, Arriano de Nicomedia, en la *Encheiridion* o *Pequeño manual.*

Bajo el nombre de Epicteto se incluyen sus Διατριβαί *(Discursos* o *Disertaciones,* en número de 8),* transcripciones casi taquigráficas de su discípulo Arriano, y el *Manual* o Ἐγχειρίδιον. Que las Διατριβαί fueron escritas por Arriano según las palabras del maestro, lo manifiesta el primero en sus palabras a Lucio Gelio: «no he compuesto yo mismo» estas «palabras de Epicteto», sino que «solía anotar, palabra por palabra, lo mejor que podía, todo lo que le oía decir». La *editio princeps* de Epicteto es la de Victor Trincavelli (Venecia, 1535); a ella siguieron la edición de Jacob Shegk (Basilea, 1554), con trad. latina; la de Hieronymus Holf (Basilea, 1560); la de John Upton (Londres, 1739-1741). La primera verdadera edición crítica de Epicteto es la de Johannes Schweighäuser (5 vols. en 6 tomos, Leipzig, 1799-1800), junto con el co-

mentario de Simplicio al *Manual*.
Edición en griego y latín de las
obras de Epicteto junto con los
Caracteres de Teofrastro, los libros de Marco Aurelio, el comentario de Simplicio, la *Cebetis Ta-
bula* y los escritos de Máximo de
Tiro, por Fr. Dübner (París,
1840). Edición de los escritos de
Epicteto *ab Arriano digestae*, por
H. Schenkl (Leipzig, 1894; *editio
minor*, 1892, 2.ª ed., 1916).

EPICURO *(ca.* 341-270 antes de
J. C.*)* nac. en Samos, de padres
procedentes del demos ático de
Gargettos, se trasladó a Teos (al
Norte de Samos, costa de Asia
Menor) a los catorce años para
oír las lecciones de Nausifanes,
discípulo de Demócrito. A los
dieciocho años se dirigió a Atenas, donde permaneció un año.
Luego pasó un tiempo en Colo-
fón, en Mitilene de Lesbos y en
Lámpsaco, madurando su doctrina y trabando amistad con algunos de los que fueron luego los
más íntimos de su círculo. A los
treinta y cinco años se estableció
en Atenas, donde fundó su escuela, llamada el *Jardín* (306), famosa no solamente por las enseñanzas del maestro, sino también por
el cultivo de la amistad —la
«amistad epicúrea», en la que
participaban no solamente hombres (como era habitual en la
Academia y el Liceo), sino también mujeres.
     A diferencia de lo que sucede
con el estoicismo, elaborado por
muchos autores y poseedor de
muchas variantes, el epicureísmo

y la doctrina de Epicuro son prác-
ticamente coincidentes. Ello no
significa que, una vez instaurada,
la doctrina epicúrea haya persisti-
do sin variantes. Pero en lo fundamental las concepciones básicas del epicureísmo fueron establecidas por Epicuro.
     Epicuro —que se opuso a las
concepciones fundamentales de
los estoicos, platónicos y peripa-
téticos, acercándose, en cambio, a
las de los cirenaicos— partió de
una doble necesidad: la de eliminar el temor a los dioses (que
había engendrado el tipo del
δεισιδαίμων, o individuo excesivamente piadoso, casi el supersticio-
so) y la de desprenderse del temor
a la muerte. Lo primero se consigue declarando que los dioses son
tan perfectos, que están más allá
del alcance del hombre y de su
mundo; los dioses existen (pues,
contrariamente a la opinión tradicional, Epicuro no era ateo),
pero son indiferentes a los desti-
nos humanos. Lo segundo se consigue advirtiendo —según el célebre razonamiento— que mientras
se vive no se tiene sensación de la
muerte y que cuando se está
muerto no se tiene sensación alguna. Sobre estos dos supuestos
está basada toda la doctrina epicúrea. El fin de la misma es la
vida tranquila, y por eso Epicuro,
a diferencia de los filósofos de
otras escuelas, recomienda no
ocuparse de cuestiones políticas,
origen de innumerables sinsabo-
res. La felicidad se consigue, por
consiguiente, cuando se conquista
la autarquía y, a través de ella, la

ataraxia, no para insensibilizarse por completo, sino para alcanzar el estado de ausencia de temor, de dolor, de pena y de preocupación. El sabio debe suprimir todos los obstáculos que se oponen a la felicidad y cultivar todo aquello (por ejemplo, la amistad) que contribuya a aumentarla. Así, pues, no se trata de un estado de completa ausencia de afecciones, sino de un estado de posesión de éstas conducente a la vida dichosa. A tal fin hay que saber cuáles son las verdaderas necesidades del hombre: son las necesidades elementales —comer, beber, protegerse contra las inclemencias—. Y aun ellas deben ser reducidas a lo indispensable, para que el sabio no se vea inquietado por los deseos de poseer o de disfrutar de aquello que no tiene y que cuesta esfuerzo e inquietud alcanzar. Podríamos, pues, reducir la felicidad al placer. Pero no se trata de un placer exclusivamente «material», como los antiepicúreos han achacado tan frecuentemente al filósofo y a sus partidarios, sino de un placer duradero, de índole espiritual o, mejor, afectiva. Las máximas conducentes a la eliminación de los dolores, las normas que enseñan cómo combinar los «placeres» con el fin de conseguir el «placer reposado», el equilibrio perfecto del ánimo, la supresión de la ansiedad y de la turbulencia, tienen todas el mismo propósito. La meta última es la serenidad —una cualidad que se estima positiva o negativa—. El sabio no debe, pues, suprimir los placeres

del gusto, del oído, del tacto, de la vista, sino ordenarlos y, sobre todo, subordinarlos a su bienestar físico y espiritual. La belleza y la virtud, ha escrito Epicuro, deben ser aceptadas si producen tal serenidad y satisfacción; deben ser eliminadas si no la producen. Pues si se rechazan todas las sensaciones, proclama también, no habrá ningún patrón para medir las que son beneficiosas. El placer debe ser conseguido sin que haya ninguna otra afección que compita con él, pues en tal caso no sería placer (es decir, serenidad), sino dolor y pena. El fin a que aspira el sabio es, pues, si se quiere, el placer, $\dot{\eta}\delta o\nu\dot{\eta}$, pero no un placer equivalente al goce sensual, sino a la salud del cuerpo, acompañada del ejercicio de la mente por medio de la filosofía.

Podemos así decir que el eje de la doctrina epicúrea es la ética, basada en la concepción del carácter positivo del placer sereno y duradero, material y espiritual, y de la consiguiente clasificación y equilibrio de los placeres. Mas para conseguir esa finalidad es necesario desarrollar las otras partes de la filosofía. Como dice Epicuro al comienzo de su carta a Meneceo, nunca es demasiado pronto ni demasiado tarde para estudiar la filosofía, pues estando ésta encaminada a conseguir la salud del alma, $\psi v\chi\tilde{\eta}\varsigma\ \dot{v}\gamma\acute{\iota}\varepsilon\iota\alpha$, no estudiarla equivale a decir o que no se ha llegado todavía a la época de la felicidad o que es ya demasiado tarde para ella. Y como una de las condiciones para alcanzar la felicidad es mostrar que no deben perturbar el alma ni el temor a los dioses ni el temor a la muerte, es necesario elaborar no solamente la ética, sino también la física. Y como la física es un conocimiento, se requiere asimismo una doctrina sobre éste. Así, el sistema completo de Epicuro contiene la *canónica* (o doctrina dialéctica y doctrina del conocimiento), la *física* (o doctrina de la Naturaleza) y la *ética* (o doctrina del alma y su comportamiento). Habiéndonos ya referido a esta última, señalaremos brevemente los rasgos principales de la primera y segunda. La canónica se ocupa principalmente de las diversas clases de aprehensiones de la realidad. Aunque desarrollada con más detalle por otros representantes del epicureísmo (por algunos de ellos, como Filodemo de Gadara, en un sentido empírico más bien que racionalista), se encuentran en el propio Epicuro suficientes elementos de ella para poder presentarla sistemáticamente. Las aprehensiones son, en efecto, de distintas clases: las de la sensación, αἴσθησις, o aprehensiones primarias e inmediatas, de acuerdo con las cuales debe efectuarse toda investigación; la llamada pre-noción, anticipación o concepción general, πρόληις —derivada de la sensación—; y la visión directa (de un conjunto), o intuición, ἐπιβολή, a base de principios primarios e imperceptibles del cosmos, ἄδηλα. En la ἐπιβολή, se dan, sin embargo, tanto los objetos sensibles y visibles co-

mo los objetos invisibles —por ejemplo, los átomos, y también, como dice Epicuro en *una* ocasión, los dioses—. En cuanto a la física, está basada en una reelaboración del atomismo. Epicuro define «los mundos» en un sentido físico como porciones circunscriptas del espacio. Estos mundos son infinitos en número y son eternos. La materia de que están compuestos son los átomos. Hay, en efecto, una infinidad de átomos o partículas indivisibles, ἄτομοι, en el vacío infinito. El universo es cuerpos y espacio, σώματα καί τόπος (según texto agregado por Usener). Siendo los átomos las semillas, σπέρπατα, de las cosas, las combinaciones de los átomos permiten explicar no solamente las formas, mas también las cualidades de éstas. Los átomos son más o menos finos y sutiles según que los cuerpos sean más o menos pesados. Los más ligeros son los de las imágenes y del alma. Los átomos se distinguen entre sí por su forma, σχῆμα, peso, βάρος, y tamaño, μέγεθος. El número de formas es muy grande, pero no infinito. Como en Demócrito, los átomos son en la doctrina de Epicuro inalterables e indestructibles, completamente sólidos, de tal modo que permanecen tras la disolución de la mezcla, δυγκρᾶσις. Mas, a diferencia de Demócrito, el cual proclamó la necesidad absoluta, Epicuro —y luego Lucrecio— desarrollaron la doctrina de una cierta contingencia, producida por una desviación en la caída vertical de los átomos, es decir, por el hecho de que los átomos κεκλιμένα. Digamos aquí sólo que dicha desviación no transforma el mundo forjado por Epicuro en una realidad que se modifica y se hace continuamente nueva. Epicuro afirma explícitamente no sólo que nada surge de la nada, y que nada se sumerge en la nada, sino que el universo ha sido siempre como es y será siempre el mismo. Estas verdades son justamente principios evidentes no percibidos. Nada hay, pues, fuera del universo que penetre en él e introduzca un cambio. Y la visión de este universo que permanece inmutable tras el cambio no es lo que menos ha contribuido a engendrar esa serenidad y tranquilidad que el sabio busca. Porque la filosofía, dice Epicuro, es inútil si no cura los sufrimientos del alma, εἰ μὴ τὸ τῆς ψυχῆς ἐκβάλλει πάθος.

Diógenes Laercio atribuye a Epicuro muchas obras, hasta el punto de presentarlo como uno de los autores más prolíficos de la Antigüedad, compitiendo al respecto con Crisipo. De estas obras se ha conservado una muy pequeña parte. Lo principal que tenemos es: una carta a Herodoto, una carta a Pitocles, una carta a Menoceo, una serie de principios llamados *Doctrinas capitales,* una serie de fragmentos (unos llamados, por la colección, *Sententiae Vaticanae,* y otros de varios libros, cartas y procedencias inciertas). La doctrina de Epicuro en Diógenes Laercio, se halla en X, 1-154. Los Papiros de Herculanum referentes a Epicuro son: 176, 1232, 1289. Han sido editados por A. Vogliano en *Epicuri et Epicureorum scripta in herculanensibus papyris servata* en el año 1928. La edición clásica de textos y testimonios (excluyendo los textos de Herculanum) es la de H. Usener, *Epicurea,* 887. Otra buena edición es la de C. Bailey, *Epicurus, The Extant Remains,* 1926.

Véase: J. M. Guyau, *La moral de Epicuro,* trad. esp. 1907. —A.-J. Festugière, *E. y sus dioses,* trad. esp., 1961. —Benjamin Farrinton, *La rebelión de E.,* trad. esp. 1968. —Carlos García Gual, *Epicuro,* 1981. —Emilio Lledó, *El epicureísmo, una sabiduría del cuerpo, del gozo y de la amistad,* 1984.

F

FEUERBACH, LUDWIG [AN-DREAS] (1804-1872), nac. en Landshut (Baviera). Después de estudiar teología en Heidelberg y filosofía en Berlín, con Hegel (1824-1825), continuó estudios en Erlangen (1826-1828), donde fue «Privatdozent». No pudo conseguir una cátedra titular y vivió retirado en Bruckberg (1824-1860) y en Rechenberg, cerca de Munich (1860-1872).

Adherido a la «izquierda hegeliana», fue durante un tiempo el más destacado e influyente representante de esta tendencia. Durante unos años, un grupo de jóvenes filósofos, entre los que figuraba Marx, fueron «todos feuerbachianos». Gran resonancia alcanzaron sus *Pensamientos sobre la muerte y la inmortalidad,* que aparecieron, anónimamente, en 1830 y que constituían un violento ataque contra toda teología especulativa. Durante sus años de Bruckberg, Feuerbach llevó a cabo numerosos estudios de historia y crítica religiosa y filosófica. Aun cuando Feuerbach se fue separando de Hegel, las huellas hegelianas no desaparecieron nunca completamente de su pensamiento y de su vocabulario.

En uno de sus «fragmentos filosóficos», Feuerbach escribió: «Mi primer pensamiento fue Dios; el segundo, la razón; el tercero y último, el hombre. El sujeto de la divinidad es la razón, pero el de la razón es el hombre» *(Sämtliche Werke,* ed. Wilhelm Bolin y Friedrich Jodl, II [nueva ed., 1959], pág. 388). Estas palabras pueden servir de fórmula para caracterizar la entera evolución filosófica de Feuerbach. El «tercer pensamiento» es el más importante en su obra y el que ejerció mayor influencia. La teología, y aun la propia filosofía, debe convertirse en «antropología», en ciencia —filosófica— del hombre única capaz de aclarar los «misterios» teológicos y probar que se trata de «creencias en fantasmas». La teología «común» descubre sus fantasmas por medio de la imaginación sensible; la teología especulativa los descubre por medio de la abstracción no sensible, pero ambas teologías yerran porque no alcanzan a descubrir lo real. Debe reconocerse, escribe Feuerbach en sus aforismos titulados «Para la reforma de la filosofía», que «el principio de la filosofía no es Dios ni el Absoluto, ni el ser como predicado de lo Absoluto o la idea —el principio de la filosofía es lo finito, lo determinado, lo real» *(op. cit.,* pág. 230). Lo infinito, en todo caso, es pensado por medio de lo finito. Por eso «la verdadera filosofía» no se ocupa de lo infinito como finito, sino de lo finito como infinito —es decir, del hombre como realidad absoluta—. Para partir de este principio, y a la vez llegar a este resultado, Feuerbach consideró necesario desenmascarar la teología especulativa de Hegel, pues a su entender el fantasma de la teología recorre de punta a punta el pensamiento hegeliano. Debe denunciarse sobre todo la supuesta objetivación del espíritu por medio de la religión. Frente a la tesis de la producción del mundo por el espíritu, Feuerbach sostiene que este último no es sino el nombre que designa el conjunto de los fenómenos históricos y, en último término, el nombre que designa el universo, esto es, la Naturaleza, la cual es la realidad primaria. La inversión de la tesis hegeliana no impide, sin embargo, reconocer el valor de lo espiritual; como última y más elevada manifestación de la Naturaleza el espíritu es el valor superior. Pero el espíritu nace del hombre en cuanto ser natural; todas las entidades trascendentes no son más que hipóstasis de los conceptos humanos. El hombre se diferencia de un mero ser natural en que es capaz de pensar seres infinitos, mas este pensamiento de la infinitud no demuestra la efectiva existencia de los universales filosóficos y religiosos. El hombre crea sus dioses a su imagen y semejanza; los crea de acuerdo con sus necesidades, deseos y angustias. Las formas de la divinidad en cada una de las culturas y en cada uno de los hombres son signo de sus tendencias íntimas, modos de su secreta autenticidad. Pero justamente por ello, el contenido de las religiones no debe ser simplemente criticado, sino comprendido. La reducción de la teología a la antropología es la condición fundamental para la comprensión de la historia y del hombre. La tesis de la naturalidad del hombre no anula para Feuerbach la tesis de su historicidad y de su «espiritualidad», mas esta espiritualidad no es entendida ya, como en Hegel, por la participación de lo natural en el espíritu, sino por la concepción de éste como la última etapa, como la forma valiosa de la Naturaleza. La crítica de la religión, el estudio psicológico-histórico del origen de las religiones conduce al ateísmo, pero, en primer lugar, el ateísmo no es una actitud natural, sino el producto de una realidad histórica, y, en segundo término, este ateísmo no consiste en la supresión pura y simple de la religión. El ateísmo es para Feuerbach el estado en que el hombre llega a la conciencia de su limitación, pero, a la vez, de su poder. La limitación es dada por la conciencia de su inmersión en la Naturaleza; el poder, por el conocimiento de este mismo estado, por el hecho de poder liberarse, finalmente, de lo trascendente. Por eso el ateísmo de Feuerbach, lleno de idealismo ético, es una negación de la divinidad que pretende asimilarse el contenido de las creencias, «la verdadera y auténtica interpretación del cristianismo». Por la asimilación del contenido espiritual de la religión, por la afirmación de la plena conciencia del poder y de la limitación del hombre, la filosofía de Feuerbach tiende sensiblemente a convertirse en un culto a la humanidad. «La existencia, la vida es el bien supremo, la suprema Naturaleza —el Dios primigenio del hombre» *(Das Wesen der Religion, Ergänzungen und Erläuterungen* [1845]. *S. W.* VII, pág. 391).

En consonancia con su concepción del hombre y de la Naturaleza, Feuerbach desarrolló una teoría sensualista del conocimiento, acaso más acentuada por la oposición a Hegel. Sin embargo, la sensibilidad no es para Feuerbach una negación de la razón, sino su fundamento. La razón debe ordenar lo que la sensibilidad ofrece; sin la razón no hay propiamente conocimiento, pero sin la sensibilidad no hay ninguna posibilidad de alcanzar el menor saber verdadero. En su última época, Ludwig Feuerbach pareció adherirse al materialismo tal como era representado, entre otros, por Moleschott.

La filosofía de Feuerbach, especialmente su crítica de la religión dogmática y la proclamación del culto a la humanidad, alcanzó pronto una difusión extraordinaria. Los hegelianos de izquierda, entre ellos Engels y Marx, se manifestaron en sus primeros tiempos entusiastas feuerbachianos. De este modo dicha filosofía ha influido no sólo sobre la teología protestante crítica, sino también sobre el marxismo. Aparte estas influencias difusas en el pensamiento general de la época, están más o menos próximos a Feuerbach, Max Stirner, F. Th. Vischer y, más recientemente, Friedrich Jodl.

Ediciones de obras completas: *Sämtliche Werke,* 10 vols., 1846-1866; edición por W. Bolin y F. Jodl, 10 vols., 1903-1911; reimp., 13 vols., 1959-1964 (prólogo de K. Löwith), con 3 *Ergänzungsbände:* XI *(Jugendschriften,* ed. H. Martin Sass, 1962 [incluye bibliografía 1833-1961]); XII y XIII *(Ausgewählte Briefe,* ed. H. Martin Sass, 1962 y 1964 respectivamente).

Véanse: Fr. Engels, *F. y el fin de la filosofía clásica alemana* (varias ediciones). —R. Mondolfo, *F. y Marx,* 936, reimp. en *arx y marxismo,* 1960. —Alfred Schmidt, *F. o La sensualidad emancipada,* trad. esp. 1975. —Manuel Cabada Castro, *El humanismo premarxista de L. F.,* 1975.

FICHTE, JOHANN GOTTLIEB (1762-1814), nac. en Rammenau. Protegido por un noble, comenzó estudios de teología en Pforta y los prosiguió en Jena y Leipzig. Dedicado a la enseñanza privada durante algunos años, conoció en

1790 la doctrina de Kant, que le produjo gran impresión y lo impulsó a adoptar su propio modo de filosofar. Profesor desde 1794 en la Universidad de Jena como sucesor de Reinhold, fue acusado de ateísmo a causa de un trabajo publicado en el *Philosophisches Journal* (1798) relativo a la identidad de la providencia divina con el orden moral, lo que motivó, finalmente, su destitución, trasladándose a Berlín. Nombrado profesor en Erlangen desde 1805 y tras una breve residencia en Koenigsberg, regresó a Berlín, donde pronunció en el invierno de 1807-1808 sus *Discursos a la nación alemana,* durante la ocupación de la capital por las tropas napoleónicas. Posteriormente fue profesor y rector de la Universidad de Berlín.

Las vicisitudes de la vida de Fichte y sus experiencias vitales se enlazaron siempre con su pensamiento filosófico, enteramente dominado por su carácter voluntarioso y aplicado, en su más profundo fundamento, al sector de lo religioso y de lo moral. Su propósito fue, por lo pronto, exponer y comprender a Kant en su espíritu y no en la letra muerta, decir lo que Kant había callado o ignorado. Fichte parte de dos problemas fundamentales dilucidados en la crítica kantiana y, a su entender, insuficientemente resueltos: el problema de las condiciones de la posibilidad de la experiencia, transformado en el problema del fundamento de toda experiencia, y el problema de la compatibili-

dad de la causalidad del mundo natural con la libertad del mundo moral. Si la primacía en la exposición de la *Doctrina de la ciencia* corresponde a la primera de dichas cuestiones, la primacía de su motivación compete decididamente a la segunda. Detenerse en el reconocimiento de la incognoscibilidad de la cosa en sí después de haber demostrado la determinación por la conciencia del objeto del conocimiento, es para Fichte una inconsecuencia de la reflexión kantiana. Precisar ir más allá y encontrar el fundamento de la experiencia en su integridad en la propia conciencia y sólo en ella, convertir inclusive la deducción en contrucción. Dicho fundamento se encuentra en un principio único que está en un terreno previo a toda relación gnoseológica entre el sujeto y el objeto. Atenerse a semejante relación como algo primariamente dado representa tener que elegir entre el dogmatismo y el idealismo. Esta elección no es, por otro lado, el producto de una actitud contemplativa y racional; es la forzosa elección dada a todo espíritu, que revela de este modo su temple interno, su vocación decidida y la calidad de su misión, porque «de la clase de filosofía que se elige depende la clase de hombre que se es». Para quien aspire a libertarse de todo yugo externo, para quien se sienta justamente como lo que impone o pretende imponer su ley a lo externo, la filosofía elegida debe ser el idealismo. En esta tendencia a la liberación de toda servidumbre se encuentra el acceso que conduce a los principios racionales de la *Doctrina de la ciencia*. En ella se muestra la deducción o, mejor dicho, la construcción de lo que parecía ser simplemente dado, por medio del absoluto de una conciencia cuya esencia consiste en la acción. Fichte llama a este absoluto el Yo. No se trata de una substancia estática, de un elemento pasivo, sino de un perpetuo dinamismo, de un continuo hacerse, de una infinita e inagotable aspiración. Este principio absoluto se descubre por medio de una intuición intelectual que constituye el método de la filosofía romántica alemana, pero de una intuición que hace patente su carácter volitivo, anterior a todo saber y, por lo tanto, a todo pensar. El Yo se pone a sí mismo en un acto de libertad absoluta. Para demostrarlo, Fichte parte de la evidencia del principio de identidad, cuya estructura formal se transforma acto seguido en contenido material, pues la identidad del principio no es otra cosa que la identidad del Yo consigo mismo. A este primer principio de la doctrina de la ciencia se añade un segundo principio, caracterizado asimismo por su correlación con un principio lógico: el de contradicción. De él resulta que al Yo se opone un no-Yo. La escisión de la realidad en un Yo que se pone a sí mismo y en un no-Yo que se contrapone al primero requiere una síntesis que anule, sin destruirlos, los dos momentos. Esta síntesis consiste en la limitación de las dos posiciones anteriores, según la cual «en el Yo se contrapone al Yo divisible un no-Yo divisible». Con ello quedan asentados los tres principios de los que parte y a los que vuelve toda filosofía, los fundamentos de la deducción general de toda realidad. La afirmación de la absoluta primacía del Yo que, al ponerse a sí mismo, pone simultáneamente la oposición a sí mismo, resuelve el problema de la diversidad, que queda reducida, en última instancia, a la primitiva y originaria autoposición. Pero el tercer principio de la limitación permite al propio tiempo separar lo que pertenece a la parte teórica y lo que compete a la parte práctica de la doctrina de la ciencia. Al ser limitados respectivamente el Yo y el no-Yo surge una primera oposición cuya resolución conduce a la deducción de las categorías. Pero al afirmarse el Yo como determinante nace la aspiración a suprimir y a aniquilar la limitación que él mismo se había impuesto. Por eso la filosofía práctica es, en realidad, un postulado: la exigencia de la constante y continua realización del Yo por medio de la lucha contra toda pasividad y toda resistencia.

El método de la doctrina teórica es el mismo método de los fundamentos: la dialéctica. La limitación del Yo por el no-Yo implica la investigación de los opuestos producidos por la misma síntesis. Estos opuestos consisten, por una parte, en la determinación del Yo por el no-Yo; por otra, en la determinación del Yo por sí mismo, en su propio acto de limitación. La tesis conduce al realismo y a la noción de causalidad; la antítesis, al idealismo y a la noción de substancialidad. Operar una síntesis de estas dos oposiciones significa, pues, superar ambas concepciones parciales y llegar a la afirmación de un idealismo crítico en el cual quede comprendida no sólo la actividad infinita del Yo, sino su limitación por el obstáculo del no-Yo. A la deducción de las categorías sigue la deducción de los grados del espíritu teórico. Esta deducción es como una fenomenología del espíritu, en la cual quedan comprendidas sucesivamente la sensación como la limitación o producción del Yo por el no-Yo; la intuición como el descubrimiento por el Yo en sí mismo de su propia limitación; el entendimiento como la conciencia del principio de esta misma limitación. Dicho principio representa a la vez la síntesis de los dos anteriores opuestos y la solución de la tensión existente entre la pura actividad del Yo y el obstáculo que lo limita, esto es, la posibilidad de su producción en el infinito proceso de la aniquilación del no-Yo, equivalente al proceso de la conquista de la libertad.

La libertad constituye, para Fichte, tanto la meta final del proceso como la posibilidad misma de que se desencadene. Lo contrario sería, según Fichte, la sumisión a alguna forma de fatalidad, a esa fatalidad que se traduce ontológicamente por el reconocimiento de la determinación de lo que es. Por eso suponer que lo que es, es y nada más, significa quedarse encerrado en el círculo de hierro de la determinación (de la determinación del ser tanto como de la conciencia). La suposición de que la Naturaleza constituye una totalidad encadenada por la ley causal parece obligatoria cuando el sujeto se desprende de su propia conciencia y cuando, además, intenta explicar la constitución de la conciencia misma. El racionalismo determinista, en efecto, explica e inclusive desenmascara la simpatía que la conciencia siente por la libertad, y de ahí que este racionalismo sea, al parecer, la única solución que le es dada a la conciencia cuando quiere explicarse el mundo y las razones por las cuales el mundo es necesariamente tal como es. Mas esta explicación y justificación de la determinación del ser acaba, según Fichte, por ahogar el impulso mismo que le ha dado nacimiento. Por eso la inclinación por el sistema de la libertad no es en Fichte solamente el resultado de una decisión arbitraria, sino, en último término, el acto que crea o engendra el ámbito dentro del cual adquiere sentido toda explicación en tanto tal.

La parte práctica de la doctrina de la ciencia traslada a la esfera de la acción concreta el problema de la originariedad del Yo y de su limitación. Se trata, por lo tanto, de conciliar el hecho de la aspiración infinita del Yo con la finitud impuesta por sí mismo en el acto de la posición de su contrario. Pero justamente no hay para Fichte posibilidad de realizar esta infinita potencia si no es por la propia existencia del obstáculo; sin éste no hay, en el fondo, ni aspiración infinita ni realización. El Yo se ofrece, por lo tanto, en la esfera práctica como una voluntad que necesita para seguir existiendo una resistencia. Sin resistencia no puede el Yo independizarse y, por lo tanto, libertarse. Justamente porque se siente limitada puede la voluntad aspirar sin descanso a suprimir su limitación. La producción de la resistencia y la síntesis de la tensión entre ella y la aspiración infinita sigue, por consiguiente, un proceso semejante al ofrecido en la doctrina teórica de la ciencia. Pero lo que diferencia a ésta de la doctrina práctica, lo que abre entre ellas un abismo al parecer insalvable, es que mientras la dialéctica de los contrarios requiere la síntesis de dicha oposición, la vida concreta humana no puede, sin suprimir su propia acción, llegar al término que representa la completa y absoluta aniquilación por el Yo de lo determinado. La doctrina práctica es, pues, a su modo, una nueva primacía de la razón práctica sobre la teórica. Y si Fichte llega finalmente a sacrificar a la necesidad de la dialéctica la infinita afirmación del Yo en su lucha contra lo que le opone su resistencia, ello no se hace sin

una profunda transformación de su misma concepción moral. En la marcha de la progresiva desvinculación del obstáculo, que jamás debiera desaparecer sin residuo, consiste el valor y la dignidad moral del hombre. Pero en la definitiva supresión del obstáculo reside un valor superior y trascendente: la beatitud.

El paso de la teoría del esfuerzo continuo e infinito a la fundamentación de la conciencia y de la ley moral en una realidad superior divina se revela en la nueva forma dada a su filosofía de la religión y en la forma última de su filosofía de la historia. La acción incansable del Yo se convierte en la aspiración al conocimiento de Dios; el progreso hacia el iluminismo se convierte en un proceso que, rechazándolo como una caída y un pecado, parte de un estado primitivo de razón natural instintiva y llega a un estado de perfección y de santificación completas en donde la libertad no es ya mera potencia y posibilidad de acción, sino conformidad con el propio destino racional. Por eso el concepto del Yo absoluto cede el paso paulatinamente a la noción de la divinidad como conocimiento absoluto y razón absoluta. Más allá del yo empírico hay el Yo absoluto, pero más allá de este Yo hay un Absoluto que no es, como en Schelling, condición de la diferencia, sino una entidad trascendente; solo la dificultad implicada en la noción de un Absoluto semejante y de un Yo que se pone a sí mismo con independencia de aquél, condujo a Fichte últimamente a hacer también del Absoluto un principio del cual se derivan por emanación los contrarios. De este modo se aproximó Fichte al neoplatonismo y a una interpretación particular del Evangelio de San Juan consistente en mantener que la doctrina del Verbo hecho carne puede explicar el tránsito de Dios a la «conciencia finita».

Obras principales: *Versuch einer Kritik aller Offenbarung (Ensayo de una crítica de toda revelación). —Zurückforderung der Denkfreiheit von den Fürsten Europas, die sie bisher unterdrückten. Eine Rede. Heliopolis im letzten Jahre der alten Finsternis, 1793 (Demanda de libertad de pensamiento de los príncipes de Europa hasta ahora opresores. Discurso. Heliópolis en los últimos años de las antiguas tinieblas). —Beiträge zur Berichtigung der Urteile des Publikums über die französische Revolution. I. Zur Beurteilung ihrer Rechtmässigkeit, 1793* (anónimo) *(Contribuciones para la enmienda de los juicios del público sobre la revolución francesa. I. Para un juicio de su legitimidad).* —«Rezension von Aenesidemus oder über die Fundamente der von Hern Prof. Reinhold in Jena gelieferten Elementarphilosophie», *Jenaer Allgemeine Literatur Zeitung*, Nos. 47-49, 1794 («Reseña de Enesidemo o sobre los fundamentos de la filosofía elemental explicada en Jena por el profesor Reinhold»). —*Ueber den Begriff der Wissenschaftslehre oder der*

sogenannten ersten Philosophie, 1794, 2.ª ed., aumentada, 1798 *(Sobre el concepto de la teoría de la ciencia o de la llamada filosofía).* —*Grundlage der gesamten Wissenschaftslehre,* 1794 *(Fundamentos de toda la teoría de la ciencia).* —*Einige Vorlesungen über die Bestimmung des Gelehrten,* 1794 *(Algunas lecciones sobre el destino del sabio).* —*Grundriss des Eigentümliches in der Wissenschaftslehre,* 1795 *(Exposición de lo peculiar de la teoría de la ciencia).* —*Grundlage des Naturrechts nach Prinzipien der Wissenschaftslehre,* 1796 *(Fundamentos del Derecho natural según los principios de la teoría de la ciencia).* —«Erste Einleitung in die Wissenschaftslehre»; «Zweite Einleitung in die Wissenschaftslehre, für Leser, die schon ein philosophisches System haben»; «Versuch einer neuen Darstellung der Wissenschaftslehre» (tres largos artículos publicados en el *Philosophisches Journal* en 1797: «Primera introducción a la teoría de la ciencia»; «Segunda introducción a la teoría de la ciencia para lectores que tienen ya un sistema filosófico»; «Ensayo de una nueva exposición de la teoría de la ciencia»). —*Das System der Sittenlehre nach den Prinzipien der Wissenschaftslehre,* 1798 *(El sistema de la moral según los principios de la teoría de la ciencia).* —«Ueber den Grund unseres Glaubens an eine göttlichen Weltregierung», *Phil. Journal,* 1798 («Sobre el fundamento de nuestra creencia en una providencia divina»). —Este último escrito, que desencadenó la llamada «disputa del ateísmo», dio lugar a otros dos escritos polémico-apologéticos de Fichte en 1799. —*Die Bestimmung des Menschen*, 1800 (*El destino del hombre*). —*Der geschlossene Handelsstaat, ein philosophischer Entwurf als Anhang zur Rechtslehre*, 1800 (*El Estado comercial cerrado; un bosquejo filosófico como apéndice a la teoría del Derecho*). —*F. Nicolais Leben und sonderbare Meinungen*, 1801 (*La vida y singulares opiniones de F. Nicolai*). —*Sonnenklarer Bericht an das Publikum über das eigentliche Wesen der neuesten Philosophie, ein Versuch, den Leser zum Verständnis zu zwingen*, 1801 (*Relato clarísimo al público sobre la verdadera naturaleza de la novísima filosofía; un intento de obligar al lector a la comprensión*). —*Darstellung der Wissenschaftslehre*, 1801 (*Exposición de la teoría de la ciencia*). —*Die Grundzüge des gegenwärtigen Zeitalters* (Lecciones en Berlín de 1804-1805), 1806 (*Los caracteres de la edad contemporánea*). —*Die Anweisung zum seligen Leben* (Lecciones de 1806), 1806 (*Advertencia para la vida beata*). —*Deduzierten Plan einer zu Berlin zu errichtenden höhern Lehranstalt*, 1817 (escrito en 1807) (*Plan para fundar en Berlín una institución educativa superior*). —*Reden an die deutsche Nation*, 1808 (*Discursos a la nación alemana*). —*Die Wissenschaftslehre in ihrem allgemeinen Umrisse*, 1810 (*Bosquejo general de la teoría de la ciencia*). —*Ueber die einzig mögliche Störung der akademischen Freiheit*, 1812 (Discurso rectoral de 1811) (*Sobre la única posible perturbación de la libertad académica*).

Edición de obras: *Sämtliche Werke*, por su hijo I. H. Fichte, 8 vols., 1845-1846, reimp., 1965-1966, 1971. —Ed. crítica completa: *Gesamtausgabe*, por la Bayerischen Akademie der Wissenschaften, a cargo de Reinhard Lauth, Hans Jacob y Manfred Zahn, 1964 y siguientes. Esta ed. se compondrá de unos 30 vols. distribuidos en 4 series: (1) *Werke* [obras publicadas durante la vida del filósofo]; (2) *Nachgelassene Schriften*; (3) *Briefe*, y (4) *Kollegnachschriften*.

Traducciones al español de la *Doctrina de la ciencia* y de los *Discursos a la nación alemana* en los tomos 36, 37, 38 y 94 de la Biblioteca Económica Filosófica; de la *Primera* y *Segunda Introducción a la teoría de la ciencia* (1934), y de *Los caracteres de la edad contemporánea*, en Revista de Occidente, 1934; del *Destino del hombre* y *Destino del sabio* en V. Suárez, 1913; otra edición de los *Discursos* en Americalee, 1943. Trad. de *El concepto de la teoría de la ciencia. De la exposición de la teoría de la ciencia de 1801* (Buenos Aires, 1949). —Trad. de «Plan razonado para fundar en Berlín un establecimiento de enseñanza superior que esté en conexión adecuada con una Academia de Ciencias», en *La idea de la universidad*, 1959, páginas 15-115. —*Antología de Fichte* por Joaquín Xirau, 1943.

Véase: F. Medicus, *Los grandes pensadores*, II, trad. esp. 1925. —Heinz Heimsoeth, *Fichte*, 1923, trad. esp., 1932. Bernabé Navarro, *El desarrollo fichteano del idealismo trascendental de Kant*, 1975. —N. Hartmann, *La filosofía del idealismo alemán*, 2 vols., 1923-1929, trad. esp., 1960, véase especialmente vol. I.

FILÓN de Alejandría, llamado también Filón el Judío (Philo Judaeus), nació *ca.* 25 antes de J. C. en Alejandría, y falleció después del año 50. Hacia el año 40 fue enviado, con otros miembros de su comunidad, a Roma en una misión de judíos alejandrinos encargados de entrevistarse con el Emperador. Filón es considerado como el más importante representante de la llamada filosofía judaico-alejandrina, para desarrollar la cual se basó principalmente en interpretaciones alegóricas del Antiguo Testamento, a diferencia de las interpretaciones literales tan comunes en la comunidad judaica de su ciudad. A ello unió fuertes tendencias de dos escuelas filosóficas griegas: la de los platónicos y la de los estoicos. El tema capital del pensamiento filosófico de Filón es el de Dios y la relación de éste con el mundo —o, mejor, con el alma—. Inspirándose, como ha dicho Bréhier, en el platonismo, Filón concibió a Dios como el ser en sí, como el género supremo y, por lo tanto, como el primer Bien, la fuente de

la virtud, el modelo de las leyes y la Idea de las ideas. Ello lo llevó a una concepción radical de la simplicidad y unidad de Dios —concepción aún más radical que la manifestada en la unidad y simplicidad de la Idea platónica del Bien—. Pues Dios es, según Filón, superior a la virtud y al Bien en sí y, por consiguiente, mejor que ellos. Ahora bien, este Dios único, simple, infinito y eterno parece no sólo eludir toda determinación conceptual, sino también, y sobre todo, apartarse máximamente de una realidad personal. Y, desde luego, esto es lo que sucede en la mayor parte de los pasajes en los cuales Filón «describe» el carácter absolutamente trascendente e incomparable de Dios. Ahora bien, ello no significa negar la realidad del mundo, sino solamente la de un mundo que fuera mero desarrollo de Dios o pura sombra de la Idea suprema. Cierto que en este importante punto hay discrepancias entre los comentaristas: mientras algunos subrayan que el Dios filónico no puede ser ni un principio emanador de las otras realidades ni un demiurgo plasmador de ellas, sino un creador auténtico que ha sacado el mundo de la nada por bondad (y no por necesidad), otros, en cambio, se atienen a ciertos pasajes de Filón en los cuales este filósofo se aproxima máximamente a la concepción de Dios como demiurgo. Una cosa, sin embargo, resulta segura: la de que hay ciertos seres —el Logos, las ideas, los inteligibles— que resultan de Dios sin necesidad de materia. Especialmente importante —e influyente— al respecto es la doctrina filónica del Logos, doctrina que puede tener antecedentes en la concepción escripturaria del Verbo, pero que Filón elaboró con gran detalle y hasta con gran independencia. Este Logos es el principio del mundo inteligible, el «lugar» de las ideas y, por consiguiente, el modelo supremo y último de toda realidad. El mundo constituido de Ideas no tiene otro lugar, τόπος, que el Logos divino θεῖον λὸγον (*De opificio mundi*, 20). Se ha argüido a veces que el Logos parece inútil, puesto que cuando hay que hablar de él es menester decir, como de Dios, que es unidad y simplicidad sumas. Pero Filón indica que el Logos, aunque unidad perfecta, es principio de unidades subordinadas. De este modo su función es la de intermediario: el Logos filónico es, en rigor, un órgano de que Dios se ha servido para hacer el mundo a través de los modelos de las ideas inteligibles. Junto a él se hallan los otros intermediarios, que se encuentran entre sí en una relación jerárquica: la Sabiduría divina (que a veces parece idéntica al Logos), el Hombre divino u hombre hecho a imagen de Dios, el Espíritu *(Pneuma)* y los ángeles. Subordinados a estos inteligibles hay las potencias *(dynameis)*. De este modo la realidad parece organizarse en una jerarquía análoga a la que ulteriormente elaboraron varios neopla-

tónicos. Con todo, sería un error equiparar formalmente las doctrinas de éstos a la de Filón. Las preocupaciones morales y religiosas de este último son más determinantes en muchas ocasiones para su explicación de lo real que las razones metafísicas o cosmológicas. Por eso una importante parte de la obra de Filón está consagrada a las cuestiones del culto, a los problemas de la instrucción religiosa y moral, y en particular al tema del pecado y de las posibilidades de liberarse del mismo. Ello parece desembocar en una concepción que destaca el éxtasis —el éxtasis que puede ya alcanzarse en este mundo, que es «templo de Dios»— como el centro de la vida, pues sólo el éxtasis conduce a la pura contemplación de la divinidad.

La variedad de la obra de Filón y el hecho de que tal obra surgiera en un cruce de culturas (judía, grecoalejandrina, romana) ha sido causa de que se hayan dado de ella muy diversas interpretaciones. La opinión más común ha sido interpretarla como una manifestación de sincretismo cultural y religioso-cultural (Heinemann, Thyen). Se ha interpretado asimismo como una manifestación de judaísmo que, por pura circunstancia, se ve obligado a emplear la lengua y la cultura griegas (Bréhier, Goodenough). También como una predicación de naturaleza filosófica (Wolfson). Finalmente, como un ejemplo eminente de la παιδεία de la época unida a una firme voluntad de preservación de la «espiritualidad judía» (Daniélou).

Ediciones de obras: T. Mangey, Londres, 1742; A. F. Pfeiffer, Erlangen, 1785-1792; C. E. Richter, Leipzig, 1828-1830. Edición crítica por L. Cohn y P. Wendland: *Philonis Alexandrini Opera quae supersunt*, Berloni, 7 vols.: I, 1896 *(De opificio mundi, legum Allegoriarum Libri I-III, De Cherubim, De sacrificis Abelis et Caini, Quod deterius potiori insidiari soleat);* II, 1897 *(De posteritate Caini, De gigantibus, Quod Deus sit immutabilis, De agricultura, De plantatione, De ebrietate, De sobrietate, De confusione linguarum, De migratione Abrahami);* III, 1898 *(Quis rerum divinarum heres sit, De congressu eruditionis gratia, De fuga et inventione, De mutatione nominum, De somnis Liber I, De somnis Liber II);* IV, 1902 *(De Abrahamo, De Iosepho, De vita Mosis Liber I, De vita Mosis Liber II, De Decalogo);* V, 1904 *(De specialibus legibus Libri I-IV, De virtutibus, De fortitudine, De humanitate, De poenitentia, De nobilitate, De proemis et pœnis, De exsecrationibus);* VI, 1915 *(Quod omnis probus liber sit, De vita contemplativa, De aeternitate mundi, In Flaccum, legatio ad Gaium;* VII, 1, 1926, y VII, 2, 1930 *(Indices,* por Hans [Ioannes] Leisegang; reimp. de esta ed. crítica con trad. francesa en *Les oeuvres de Ph. d'A.,* por R. Arnáldez, C. Mondésert y J. Pouilloux, 34 vols., 1961 y sigs. —Traducción esp. de *Todo hombre bueno es libre,* 1962.

Véase: Jean Daniélou, *Ensayo sobre Filón de Alejandría,* 1958, trad. esp., 1963.

FOUCAULT, MICHEL (1926-1984), nac. en Poitiers, fue profesor en el «Collège de France» a partir de 1970. Es usual considerar a Foucault como uno de los principales representantes del estructuralismo francés. Es común inclusive considerarlo como el filósofo del estructuralismo, a diferencia de Lévi-Strauss, que es antropólogo, y de Roland Barthes, que fue crítico. Ahora bien, aunque el pensamiento de Foucault encaja mejor dentro del estructuralismo que dentro de cualesquiera otros movimientos filosóficos contemporáneos, y aunque Foucault coincidió con los estructuralistas en rechazar atenerse a, o detenerse en, los fenómenos superficiales de que se ocupan habitualmente los historiadores y los cultivadores de las ciencias sociales y de las ciencias humanas, hay considerables diferencias entre la noción de estructura en los autores mencionados y el tipo de indagación llevada a cabo por Foucault en sus estudios sobre la locura, la clínica, las prisiones y la sexualidad. Los trabajos de Foucault sobre la arqueología de las ciencias humanas, sobre la arqueología del saber y sobre el orden del discurso proporcionan la base filosófica de lo que se ha considerado como *su* estructuralismo, y permiten ver hasta qué punto este último nombre no es completamente adecuado para describir sus trabajos; en todo caso, pueden dar una idea de los fundamentos de lo que Jean Piaget ha llamado, al referirse a Foucault, «un estructuralismo sin estructuras».

Si bien Foucault se apoyó en datos históricos para expresar sus ideas, negó a la vez que las ideas, en cuanto supuestos modos de ver y representarse, o figurarse, o simbolizar, el mundo, fuesen función de la historia. No son ni siquiera función de un ser humano, que sería sujeto de la historia. No hay, en rigor, para Foucault semejante sujeto. Lo que se llama tal es una realidad instalada en una *episteme,* algo que «se desliza», por así decirlo, en el «discurso» de la *episteme.* Si cabe hablar de estructuras, se trata de estructuras que no tienen sujetos.

Foucault trató de evitar el malentendido en que, a su entender, consiste adscribir su empresa simplemente al campo estructuralista: «No se trata de transferir al dominio de la historia, y especialmente de la historia de los conocimientos, un método estructuralista que ha hecho sus pruebas en otros campos del análisis. Se trata de desplegar los principios y las consecuencias de una transformación autóctona que está en vías de cumplirse en el dominio del saber histórico... no se trata (y aun menos) de utilizar las categorías de totalidades culturales (sean visiones del mundo, tipos ideales, espíritu particular de las épocas) para imponer una historia, y a despecho de ella, las formas del análisis estructural» (*L'archéologie du sa-*voir, págs. 25-26). Por ello Foucault negó que sus obras se inscribieran —cuando menos primariamente— en el debate sobre la estructura, como contrapuesta a la génesis, a la historia y al devenir, pero admitió que habría de deslindar un campo donde se plantearan asimismo los problemas de la estructura.

Foucault se opuso a todo «narcisismo», en particular al narcisismo de las ciencias humanas, las cuales han hecho creer que el hombre es «el problema más constante del saber humano». «El hombre —escribe Foucault— es una invención cuya reciente fecha es fácilmente mostrada por la arqueología de nuestro pensamiento. Y con ello se muestra acaso su fin» (*Les mots et les choses*). Se ha hablado por ello de «la muerte del hombre» y se ha estimado que el pensamiento de Foucault no solamente coincide con el estructuralismo, sino que lo lleva a sus últimas consecuencias.

En todo caso, el pensamiento de Foucault tiene en común con el de algunos estructuralistas la tendencia a buscar «campos» dentro de los cuales se alojen los pensamientos y los comportamientos humanos de acuerdo con reglas que no están hechas por los propios hombres, o que no lo están a un nivel consciente. Los campos de referencia son para Foucault positivos, porque no consisten en constreñir la libertad, sino que hacen posible la iniciativa de los sujetos. Los cambios de *episteme* —que son cambios de «discurso»— no son producidos por actos humanos, individuales o colectivos. No son tampoco, sin embargo, cambios producidos mecánicamente, o de los que no quepa dar ninguna explicación. Hay discontinuidad entre *epistemes*, pero hay una razón de cambios que puede hallarse en lo que Foucault llama «condiciones de posibilidad». La arqueología del saber tiene que mostrar el «espacio general del saber», pero con ello se definen ya «sistemas de simultaneidad, así como la serie de mutaciones necesarias y suficientes para circunscribir el umbral de una nueva positividad» *(Les mots et les choses)*.

Obras: *Maladie mentale et psychologie*, 1954 (trad. esp.: *Enfermedad mental y psicología*, 1961). —*Folie et déraison. Histoire de la folie à l'âge classique*, 1961, reed. 1972, con dos nuevos textos, «Mon corps, ce papier, ce feu», «La folie, l'absence d'oeuvre», 1966 (trad. esp.: *Historia de la locura en la época clásica*, 1967). —*Raymond Roussel*, 1963 (trad. esp., 1974). —*Naissance de la clinique. Une archéologie du regard médical*, 1963 (tesis) (trad. esp.: *El nacimiento de la clínica. Arqueología del examen médico*, 1966). —*Les mots et les choses. Une archéologie des sciences humaines*, 1966 (trad. esp.: *Las palabras y las cosas. Una arqueología de las ciencias humanas*, 1968). —*L'archéologie du savoir*, 1969 (trad. esp.: *La arqueología del saber*, 1970). —*L'ordre du discours*, 1971

(Lección inaugural en el «Collège de France», 2-XII-1970 (trad. esp.: *El orden del discurso*, 1974). —*Surveiller et punir. Naissance de la prison*, 1975 (trad. esp.: *Vigilar y castigar. Nacimiento de la prisión*, 1976). —*Histoire de la sexualité*. 1: *La volonté de savoir*, 1976. 2: *L'usage des plaisirs*, 1984. 3: *Le souci de soi*, 1984.

Debate entre M. F. y Noam Chomsky sobre «La naturaleza humana. ¿Justicia o poder?», trad. al esp. en *Cuaderno Teorema*, 6 (1976), con el título indicado. Procede del libro *Reflexive Water: The Basic Concerns of Mankind*, 1974.

Véase: Michel Morey, *Lecture de F.*, 1983. —Edith Kurzweil, «M. F. Acabar la era del hombre», *Cuadernos Teorema*, 43, con presentación, nota bibliográfica y trad. de Juan Alvarez.

FREGE, GOTTLOB (1848-1925), nac. en Wismar, fue profesor de matemáticas en la Universidad de Jena desde 1879 hasta 1918. Su importancia para la lógica y la fundamentación de la matemática ha sido reconocida solamente después que B. Russell puso de relieve que el matemático alemán había anticipado una parte fundamental de su trabajo lógico. Frege es considerado hoy como uno de los grandes lógicos modernos; la fecha de publicación de su primer libro (1879) es una de las fechas capitales en el desarrollo de la lógica matemática. A Frege se debe la logización de la aritmética y la prueba de que la matemática se reduce a la lógica. Entre las contribuciones de Frege figuran su elaboración del cálculo proposicional, su introducción de la noción de función proposicional, su idea de la cuantificación y del cuantificador para la elaboración del cálculo cuantificacional, su análisis lógico de la prueba, su análisis del número. Frege propuso, además, la distinción entre la mención y el uso; fue el primer autor que presentó sus ideas en estilo metalógico. La lógica cuantificacional de Frege adolece de una inconsistencia, descubierta por Russell y llamada por ello paradoja de Russell. Entre los conceptos de importancia filosófica elaborados por Frege figura el de existencia. También es importante su distinción entre *Sinn* (a veces traducido por sentido, a veces por connotación, a veces por significación) y *Bedeutun* (a veces traducido por denotación, a veces por *denotatum*, a veces por referente).

En trad. esp.: *Fundamentos de la aritmética: Investigación lógico-matemática sobre el concepto de número*, 1969 (con un estudio de Claude Imbert). —*Estudios sobre semántica*, 1971 (incluye «Función y concepto», «Sobre sentido y referencia», «Consideraciones sobre sentido y referencia (1892-1895)», «Sobre concepto y objeto», «Prólogo a *Las leyes fundamentales de la aritmética*», «Introducción a *Las leyes fundamentales de la aritmética*» y «¿Qué es una función?», más bibliografía e introducción por Jesús Mosterín).

—*Conceptografía. Los fundamentos de la aritmética. Otros estudios filosóficos*, 1972 (los estudios incluyen «Función y concepto», «Sobre concepto y objeto» y «¿Qué es una función?»). —*Siete escritos sobre lógica y semántica*, 1972 (también contiene «Función y concepto», «Sobre sentido y denotación» y «Sobre concepto y objeto»). —Otra versión de «Sobre el sentido y la denotación» en Thomas Moro Simpson, ed., *Semántica filosófica. Problemas y discusiones*, 1973, págs. 3-27. —*Investigaciones lógicas* (trad. esp., 1984).

Véase: Christian Thiel, *Sentido y referencia en la lógica de F.*, 1966, trad. esp., 1972. —Raúl A. Orayen, *La ontología de Frege*, s/f. [1974] [Cuadernos 3 y 4 del Instituto de Lógica y Filosofía de las Ciencias. Universidad de la Plata].

FREUD, SIGMUND (1856-1939), nac. en Freiberg (Moravia), se trasladó a Viena a los cuatro años de edad. En esta última ciudad realizó casi todos sus estudios y trabajos. Estuvo también durante algún tiempo (1885-1886) en París, estudiando con J. M. Charcot. Interesado por los fenómenos histéricos y por la aplicación del hipnotismo a los mismos, Freud presentó, en 1895 los resultados de las investigaciones sobre la histeria realizadas en colaboración con Josef Breuer. Estas investigaciones han sido consideradas a veces como una primera versión del ulterior psicoanálisis. Sin embargo, el psicoanálisis —primero como método y luego como doctrina— se perfiló únicamente cuando el abandono del procedimiento hipnótico condujo a Freud a su terapéutica de la descarga psíquica y a su doctrina del impulso sexual enmascarado y reprimido. Los trabajos de Freud se multiplicaron a partir de 1900. En 1906 empezaron a trabajar con Freud varios psicólogos que luego se hicieron famosos: Eugen Bleuler (1857-1939), C. G. Jung y Alfred Adler principalmente. En 1908 se fundó el *Jahrbuch für psychoanalytische und psychopathologische Forschungen*, y en 1910 la Asociación psicoanalítica internacional (de la que Jung fue el primer Presidente). Desde entonces el psicoanálisis se difundió rápidamente por todos los países. Los dos más importantes discípulos de Freud, Jung y Adler, se separaron de su maestro hacia 1912 para fundar sus propias escuelas psicoanalíticas; aunque en muchos respectos distintas de las freudianas, se basan, sin embargo, en un grupo de ideas fundamentales propuestas por Freud. Éste amplió luego el psicoanálisis a la explicación de los fenómenos culturales. Si bien muchas de estas ampliaciones son rechazadas, el psicoanálisis ha influido considerablemente en otros campos, además del médico y psiquiátrico. Freud huyó de Austria en 1938, al ser ocupado el país por los nacional-socialistas, y encontró refugio en Londres.

Obras principales: *Studien über Hysterie*, 1895, en colaboración con J. Breuer. —*Die Traumdeutung*, 1900. —*Zur Psychopathologie des Alltagslebens*, 1901. —*Der Witz und seine Beziehungen zum Unbewussten*, 1905. —*Totem und Tabu. Ueber einige Uebereinstimmungen im Seelenleben der Wilden und der Neurotiker*, 1913. —*Vorlesungen zur Einführung in die Psychoanalyse*, 1916-1918. —*Massenpsychologie and Ich-Analyse*, 1921. —*Das Ich und das Es*, 1923. —*Hemmung, Symptom und Angst*, 1926. —*Die Zukunft einer Illusion*, 1927. —*Das Unbehagen in der Kultur*, 1930.

Eds. más importantes: *Gesammelte Schriften*, 12 vols., 1924-1934. —*Gesammelte Werke. Chronologische geordnet*, ed. Anna Freud *et al.*, 18 vols., 1940-1952. —*The Standard Edition of the Complete Psychological Works of S. F.*, trad. inglesa bajo la dirección de James Strachey, Anna Freud *et al.*, 24 vols., 1966-1974 (el vol. 24 contiene índices y bibliografías muy completos por Ángela Richards).

Las obras de Freud (*Psicopatología de la vida cotidiana; El chiste y sus relaciones con el inconsciente; Introducción al psicoanálisis; La interpretación de los sueños; Totem y Tabú; Psicología de las masas y análisis del yo; La histeria; Inhibición, síntoma y angustia; Psicología de la vida erótica; El porvenir de las religiones; Historiales clínicos*, etc.) han sido traducidas al español por Luis López-Ballesteros y de Torres y publicadas en 18 volúmenes, 1922-1934; reimpreso, 22 volúmenes, 1948-1956.

Lista de traducciones: Hans W. Bentz, *S. F. in Übersetzungen,* 1961 (desde 1945 a 1960-1961).

G

GADAMER, HANS-GEORG, nac. (1900) en Marburgo, estudió con Paul Natorp y con Heidegger en Marburgo, siendo profesor en Leipzig (desde 1939), en Frankfurt (desde 1947) y en Heidelberg (desde 1949). Heidegger ha sido probablemente el más importante impulso en el pensamiento de Gadamer, pero éste ha seguido orientaciones distintas de las que han caracterizado a discípulos de Heidegger como Eugen Finke. Aunque Gadamer desarrolla sus problemas dentro de un horizonte ontológico más bien que epistemológico o metodológico, sus ideas no se centran, como ocurre con Heidegger, en la investigación del sentido del ser, sino más bien en la exploración hermenéutica del ser histórico, especialmente tal como se manifiesta en la tradición del lenguaje. Gadamer ha elaborado con detalle la «hermenéutica filosófica» encaminada a poner de relieve lo que podría llamarse el «acontecer» de la verdad y el «método» que debe seguirse para desvelar este acontecer. Gadamer encuentra en el examen de los métodos de las disciplinas humanísticas e históricas y, en general, en las llamadas «ciencias del espíritu», así como en la estética, diversos hilos conductores que le permiten rechazar tanto el subjetivismo como un objetivismo racionalista y positivista. La idea de juego constituye otro hilo conductor en esta investigación, en la que se recogen, además de los motivos de Heidegger, los de Dilthey y la fenomenología. Lo que se trata de dilucidar es la experiencia hermenéutica, lo cual se consigue por medio de la hermenéutica misma; en rigor, la propia hermenéutica es, para Gadamer, un acontecer histórico, y específicamente un acontecer de la tradición. El círculo hermenéutico es por ello para Gadamer una realidad y no una mera estructura lingüística o lógica. Es cierto que la realidad de que trata Gadamer es la realidad histórica y lingüística en que vive el hombre como ser que se halla en una tradición —expresada sobre todo «lingüísticamente»— y que es capaz de apropiarse esta tradición mediante un movimiento hermenéutico. La insistencia de Gadamer en la tradición, la autoridad y el prejuicio ha hecho que algunos críticos hayan visto en él a un defensor de cierto «tradicionalismo» y, a despecho de sus ataques a las interpretaciones hermenéuticas «románticas», un neo-románico, e inclusive un neoidealista. Sin embargo, Gadamer ha insistido en que si bien la realidad histórica del ser del hombre está constituida por sus prejuicios y no, como creían los ilustrados, por sus «juicios», los prejuicios de referencia no deben interpretarse como un confinamiento y menos aún como una manifestación de oscurantismo. Prejuicio y tradición son posibilidades para abrir caminos nuevos dentro del acontecer histórico. La tradición opera de este modo como un posible incitante a su superación histórica; sólo porque hay una tradición histórica dada, pueden abrirse caminos nuevos.

Gadamer insiste en un conjunto de entrecruzamientos: apropiación y rechazo, confianza y extrañeza, pregunta y respuesta, etcétera, que constituyen los «lugares» dentro de los cuales opera el «acontecer hermenéutico». Especialmente importante en Gadamer es el proceso del «diálogo», el cual se expresa lingüísticamente, pero sólo porque esta expresión lingüística tiene una dimensión ontológica. En efecto, el diálogo constituye el ser mismo del hombre, de modo que «la lógica de la pregunta y la respuesta» es únicamente el reflejo lingüístico de este ser dialogante. Buena parte de las ideas de Gadamer se presentan dentro del horizonte de la idea de finitud de la existencia desarrollada por Heidegger. En efecto, esta

finitud hace imposible las ilusiones racionalistas e «ilustradas». La limitación del horizonte histórico o, mejor dicho, histórico-ontológico, constituye para Gadamer la realidad misma de este horizonte.

Lo que Gadamer opone a la razón son las limitaciones que han impuesto a ella los propios racionalistas. Éstos han hecho de la razón una especie de realidad abstracta, confundiendo la universalidad con la abstracción. Gadamer, por otro lado, pone de relieve la universalidad del punto de vista hermenéutico, universalidad que no está reñida con la diversidad histórica. La universalidad de la hermenéutica se opone por igual al racionalismo abstracto y al relativismo supuestamente concreto. Se opone asimismo al historicismo, aun cuando se establezca mediante diálogo con éste. La historicidad de la comprensión se halla, según Gadamer, radicada ontológicamente. La conciencia que analiza Gadamer es, por supuesto, una conciencia histórica, pero no porque se halle relativizada por la historia, sino porque, por así decirlo, constituye la historia misma. La conciencia es por ello «conciencia de eficacia histórica». De este modo Gadamer piensa dar una solución más básica al intento hegeliano de acordar la verdad con la historia.

El examen del lenguaje como «horizonte de una ontología hermenéutica» indica que el pensamiento de Gadamer no se basa simplemente en el lenguaje; éste

—que hay que entender, por lo demás, muy ampliamente en cuanto expresión— no es el objeto de la hermenéutica, sino su hilo conductor (*Leitfaden*). Sólo de este modo pueden entenderse los «juegos de lenguaje», una expresión que Gadamer indica encontró en Wittgenstein después de haberla él desarrollado en su estudio sobre el movimiento fenomenológico (Cfr. *Wahrheit und Methode*, págs. 464 y XXII de la segunda edición, de 1965). El que el proceso hermenéutico sea lingüístico debe entenderse dentro del marco del diálogo hermenéutico. En éste se da el lenguaje como experiencia del mundo; puesto que esta experiencia incluye el contenido transmitido («la tradición»), resulta que este contenido y su lenguaje son inseparables, de modo que lenguaje como expresión, contenido transmitido, experiencia del mundo y conciencia histórica constituyen una trama de la que no puede separarse ningún componente (*op. cit.*, págs. 419 y sigs.).

Como el propio Gadamer ha indicado, su investigación fue desencadenada en gran parte por el examen de dos tipos de experiencia: la experiencia del alejamiento de la conciencia estética y la experiencia del alejamiento de la conciencia histórica (*Kleine Schriften*, I, 1967, págs. 100 y sigs.). Pero estas experiencias de alejamiento (*Entfremdung*), y, en general, toda experiencia, no pueden entenderse, según Gadamer, ahermenéuticamente. El papel central de la hermenéutica consiste en que no se puede propiamente enunciar nada si no es en función de una respuesta a una pregunta. La propia ciencia es, en este respecto, hermenéutica, esto es, se funda en una conciencia hermenéutica. Los tipos de experiencia antes indicados son sólo, pues, dos aspectos de la conciencia hermenéutica, que queda entonces enteramente universalizada. Cabe hablar en tal caso de una «constitución lingüística (hermenéutica) del mundo», que queda representada en la citada conciencia de la eficacia histórica (*wirkungsgeschichtliche Bewusstsein*), que es a su vez conciencia constituida (no relativizada) históricamente. La «circularidad» del pensamiento de Gadamer se manifiesta no sólo en la admisión del círculo hermenéutico, sino asimismo en el «círculo» de la conciencia, especialmente de la conciencia de la eficacia histórica y el lenguaje. En efecto, éste constituye aquella conciencia, pero a su vez la mencionada conciencia se realiza, como dice Gadamer, «en lo lingüístico» (*im Sprachlichen*).

Obras: *Platons dialektische Ethik*, 1931, 2.ª ed. aum., 1968 (*La ética dialéctica de Platón*). —*Platon und die Dichter*, 1934 (*Platón y los poetas*). —*Volk und Geschichte im Denken Heders*, 1942 (*Pueblo e historia en el pensamiento de Herder*). —*Goethe und die Philosophie*, 1947. —*Vom geistigen Lauf des Menschen*, 1949 (*Del curso espiritual del hombre*). —*Wahrheit und Methode. Grund-*

*züge einer philosophischen Herme-
neutik*, 1960, 2.ª ed., 1965, 3.ª ed.
aumentada, 1972 (trad. esp.: *Verdad y método*, 1977). *Dialektik
und Sophistik im siebenten plato-
nischen Brief*, 1964 (*Dialéctica y
sofística en la Carta Séptima, de
Platón*). —*Kleine Schriften*, 4
vols., 1967-1977). *Hegels Dialektik. Fünf hermeneutische Studien*,
1971 (*La dialéctica de Hegel.
Cinco estudios hermenéuticos*).
—(*Philosophische Lehrjahre*, 1977
(*Años de aprendizaje filosófico*).
—*Die Idee des Guten zwischen
Platon und Aristoteles*, 1978 (*La
idea del bien entre Platón y Aristóteles*). *Was ist Literatur?*, 1981
(*¿Qué es la literatura? Heideggers
Wege. Studien zum Spätwerk*,
1983 (*Los caminos de Heidegger.
Estudios [para la comprensión] de
la obra última*).

GRAMSCI, ANTONIO (1891-
1937), nac. en Ales (Cagliari).
Miembro del Partido Socialista,
participó en la insurrección obre-
ra en Italia a fines de la primera
guerra mundial y fundó, en 1921,
el Partido Comunista italiano, del
que fue nombrado Secretario General en 1924. Elegido diputado,
fue encarcelado por el gobierno
fascista en 1926, con una condena
de veinte años, de la que cumplió
once: desde su detención hasta su
muerte. En la cárcel escribió numerosas páginas, que se han
agrupado luego; las más conocidas llevan el nombre de *Cartas
desde la cárcel (Lettere dal carcere)*.

Gramsci desarrolló el marxis-

mo como lo que llamó «filosofía
de la *praxis*» *(filosofía della pras-
si)*. Esta expresión, surgida en
parte circunstancialmente, refleja
fielmente las intenciones de
Gramsci. No debe entenderse, sin
embargo, como un intento de de-
sentenderse de toda teoría en
nombre de la pura «acción», y
específicamente de la acción política. La práctica en el sentido de
Gramsci es asimismo la práctica
de la teoría. Aunque nunca dejó
de ser miembro del Partido Comunista, Gramsci estaba discon-
forme con el carácter dogmático
del marxismo oficial, tal como en
la época era promulgado en la
Unión Soviética y seguido por los
Partidos Comunistas. Este marxismo oficial no favorecía la práctica revolucionaria y congelaba
toda teoría. Gramsci sometió a
crítica el movimiento idealista
neohegeliano, representado por
Croce y Gentile, así como muchas ideas de Sorel. Sin embargo,
en el curso de esta crítica, Gramsci advirtió que el idealismo neohegeliano, bien que errado en su
aspecto idealista, podía recobrar
para el marxismo el carácter dialéctico que estaba perdiendo al
convertirse en un simple materialismo. Lo que había de vivo en el
neoidealismo hegeliano era —para usar la expresión de Croce
respecto al marxismo— la dialéctica marxista. Esta dialéctica es
una teoría viva que, justamente
por serlo, es también una práctica.

Para Gramsci, la realidad humana está arraigada, orgánica y

dialécticamente, en el mundo y en la cultura. El positivismo es un pseudo-subjetivismo. El materialismo (no dialéctico) despersonaliza al hombre, haciéndolo, a la postre, incapaz de acción. El materialismo dialéctico tal como había evolucionado después de Lenin conduce a una escisión entre el sujeto y el objeto, entre la teoría y la práctica. Lejos de desaparecer con el comunismo, la teoría se revivifica, pues se convierte en un programa de reforma moral y de cambio cultural. La insistencia de Gramsci en la práctica es la insistencia en la realidad y en la necesidad de comprenderla. La filosofía de la praxis equivale a la «filosofía de lo real», o sea, a la filosofía entendida «en la *praxis* de la humanidad».

La filosofía de la *praxis* de Gramsci era, pues, para él la filosofía que surge de la estrecha unión entre el pensamiento y la acción, tal como la había llevado a cabo Lenin y tal como debía seguirse llevando a cabo, pero sin seguir textos al pie de la letra, en las concretas circunstancias históricas. Así, el marxismo de Gramsci aparecía como una revivificación de la teoría y de la práctica marxistas contra todo intento de congelación. La filosofía de la praxis podía convertirse de este modo en una reforma revolucionaria de la sociedad en la que pudieran tener cabida la organización socialista y la libertad cultural.

Obras: *Lettere dal carcere*, 1947. —*Il materialismo storico e la filosofía di B. Croce*, 1948. —*Gli intellettuali e l'organizzazione della cultura*, 1949. —*Il Risorgimento*, 1949. —*Note sul Macchiavelli, sulla politica e sllo Stato moderno*, 1949. —*Letteratura e vita nazionale*, 1950. —*Passato e presente*, 1951. —Las seis últimas obras fueron reeditadas con el título *Quaderni del carcere*, 6 vols., 1964. —*Scriptti giovanili, 1914-1918*, 1958. —*L'Ordine Nuovo, 1919-1920*, 1954. —*Sotto la mole, 1916-1920*, 1960. —*Socialismo e fascismo: L'Ordine Nuovo, 1921-1922*, 1966. —*La costruzione del Partito Comunista, 1923-1926*, 1971. —Las *Lettere*, los *Quaderni* y las últimas cinco obras citadas forman por su orden las *Opere*, 12 vols., 1952-1971 (se preparan otros volúmenes).

Entre las trad. esp.: *Cartas desde la cárcel*, 1975. —*Antología de textos de A. G.*, ed. y trad. por M. Sacristán, 2.ª ed., 1974. —*Introducción al estudio de la filosofía* (trad. esp. del *Quaderno* 11 (XVIII), 1932-33, 1984, con prólogo de Manuel Sacristán.

Véase: J. M. Laso Prieto, *Introducción al pensamiento de G.*, 1973.

GUILLERMO DE OCCAM (*ca.* 1298-*ca* 1349) fue llamado *Venerabilis Inceptor* (el «Venerable principiante») a causa de no haber enseñado como doctor, aun cuando algunos han interpretado este título honorífico como parte de *Venerabilis Inceptor invictissimae scholae nominalium* (el «venerable fundador de la nunca derrotada escuela nominalista»). Nacido en Occam u Ockham, en el condado de Surrey, ingresó en la Orden franciscana y estudió en Oxford, donde dio lecciones sobre la Biblia y sobre las *Sentencias* de Pedro Lombardo (lo último al parecer desde 1319 a 1323). Tras varios años pasados en disputas escolásticas fue llamado a Aviñón hacia 1324 a fin de responder ante el Papa Juan XXII de acusaciones de heterodoxia por cierto número de proposiciones sacadas de sus comentarios a las *Sentencias*. Varias de las proposiciones fueron condenadas, algunas como heréticas y otras como erróneas. Guillermo de Occam huyó entonces de Aviñón, dirigiéndose a Pisa, donde se encontró con el Emperador Luis de Baviera, con quien marchó a su corte de Munich, desarrollando allí una intensa actividad polémica en asuntos eclesiásticos y políticos, y disputando con los Papas Juan XXII, Benedicto XII y Clemente VI. A la muerte de Luis de Baviera, en 1347, Guillermo de Occam trató de reconciliarse con la autoridad papal. Falleció dos años después en Munich sin que haya mucha noticia del resultado de estos postreros esfuerzos de reconciliación.

En este artículo nos referiremos sólo a las opiniones filosóficas y teológicas de Occam y dejaremos de lado sus ideas acerca de las relaciones entre el Papado y el Imperio y acerca de la necesidad de distinguir entre los dos poderes. La filosofía política de Occam ha sido considerada (Lagarde) como uno de los fundamentos del «espíritu laico» —sea cual fuere la intención del propio Occam al respecto— y en este sentido ha desempeñado un papel importante en la historia de las ideas políticas al final de la Edad Media y en la época moderna. Hay diversidad de opiniones en la interpretación de Occam. Unos destacan su nominalismo, su labor como precursor, o hasta iniciador, de la llamada «ciencia experimental», su crítica del aristotelismo, o cuando menos su crítica de la interpretación escotista del aristotelismo (Ritter, Stöckl, Gilson, Vignaux entre los historiadores de la filosofía, y Duhem, Michalski, A. Maier entre los historiadores de la ciencia). Otros subrayan en el pensamiento de Occam el aspecto de la «religiosidad subjetiva» en sentido agustiniano-franciscano (Abbagnano, Giacon, Vasoli). Otros hacen de Occam un pensador independiente tanto de las corrientes «pre-modernas» como del aristotelismo (Pelster, R. Guelluy, L. Baudry). Otros indican que Occam no fue, propiamente hablando, nominalista, ni tuvo nada que ver con el movimiento de los *moderni*, siendo más bien su aspiración la de depurar el aristotelismo de elementos agustinianos, y especialmente agustiniano-avicenianos (Moody). Otros estiman a Occam como un «trascendentalista», como un filósofo que se ocupó principalmente de los trascendentales en tanto que modos de la unidad (G. Martin). Finalmente, unos hablan de Occam primariamente como teólogo y otros primariamente como lógico y epistemólogo, pero ello no puede considerarse tanto una interpretación como un modo de subrayar lo que se considera más interesante, o pertinente, en las ideas de Occam.

Hay varios aspectos en el pensamiento de Occam que merecen aquí especial atención. Son los siguientes: la idea de realidad divina especialmente con respecto a las ideas (o esencias) y a la omnipotencia; la concepción nominalista o terminista; la idea de la realidad como realidad individual; la idea de «intuición»; el carácter contingente del orden natural y del orden moral. Estos aspectos se entrecruzan con frecuencia y no es fácil deslindar uno de otro. Además, algunos de estos aspectos suponen otros, o conducen a otros; así, por ejemplo, hay en Occam una cierta idea de la relación entre teología y filosofía que está ligada a sus opiniones sobre diversos temas. Procuraremos tratar los temas anunciados separadamente para mayor claridad, pero siempre teniendo en cuenta que forman una unidad que es la característica del pensamiento teológico, filosófico, lógico y epistemológico de Occam.

Occam se opone a los teólogos que han insistido demasiado en un mundo de ideas o esencias existentes en el seno de Dios; hablar de un mundo inteligible en la realidad divina es para Occam limitar esta realidad. Cierto que Occam no se opone estrictamente a la concepción agustiniana de un mundo de esencias divinas; la fuerza del agustinismo sigue actuando en casi todos los filósofos medievales. Por otro lado, ningún filósofo medieval ha distinguido de un modo real entre las ideas o esencias y Dios; una distinción real sería demasiado «platónica» o cuando menos no sería propiamente cristiana. Sin embargo, mientras San Anselmo y los «realistas» tienden a considerar las ideas o esencias (o «universales») como estando primariamente en la mente divina, y Santo Tomás estima que constituyen la estructura inteligible que el alma aprehende por medio de la abstracción, Occam prescinde totalmente de la realidad —metafísica o hasta meramente conceptual— de las ideas o esencias. Dios no puede estar limitado por nada y las ideas o esencias, cualquiera que sea el modo como se conciban, representan una limitación.

La omnipotencia divina —la cual, por lo demás, no puede ser demostrada, sino sólo conocida, o admitida, por la fe— exige asimismo prescindir de la idea de que haya conexiones necesarias entre las cosas o entre los acontecimientos. Si hubiera conexiones necesarias, se fundarían en sí mismas y no necesitarían en principio de Dios. Por tanto, Dios aparecería asimismo como limitado. Tampoco puede haber relaciones (entre las cosas) subsistentes por sí mismas; las relaciones no son «realidades» agregadas a las cosas relacionadas, sino simplemente «intenciones» mentales. La no limitación de Dios afecta asimismo a su conocimiento. Dios es omnisciente; por tanto, conoce por su divina esencia los futuros contingentes, es decir, dada una disyunción Dios conoce con evidencia qué parte de ella es verdadera y qué parte es falsa.

Se ha discutido a menudo si la lógica y la teoría del conocimiento de Occam son «consecuencia» de su teología —o cuando menos maneras de «apoyar filosóficamente» su teología— o si la teología misma es resultado de la lógica y de la teoría del conocimiento. En todo caso, estas dos últimas se hallan, por así decirlo, a tono con su ideología. Ello no significa que tal lógica y teoría del conocimiento puedan corresponder sólo y únicamente a tal teología. En rigor, el «nominalismo» y el «empirismo» de que nos ocuparemos acto seguido han sido defendidos, con mayores o menores variantes, por autores cuya teología ha sido muy distinta de la de Occam o que no han tenido ninguna teología. Por otro lado, ciertos autores han defendido una teología en la que ha predominado la idea de la no limitación de Dios (por ejemplo, San Pedro Damián) sin que haya habido lógica y teoría del conocimiento de ninguna especie, o sin que hayan sido elaboradas con el mismo detalle que en Occam. Con ello se explica la posibilidad antes mencionada de interpretar el pensamiento de Occam de muy distintos modos; en gran parte, la interpretación depende de los aspectos que se subrayan y del modo como se estime que tales aspectos se ligan (o no se ligan) con otros.

De lo dicho acerca de la concepción occamiana de la realidad divina se desprende un modo de pensar que penetra toda la lógica y la teoría del conocimiento de nuestro autor. Es el modo de pensar expresado en el principio de economía intelectual y que ha dado origen a la expresión —atribuida a Occam— *Entia non sunt multiplicanda praeter necessitatem.* En efecto, Occam ha procedido a prescindir de «entidades» entre Dios y Su creación. Congruentemente, Occam prescinde de toda «entidad» entre los «términos concebidos o aprehendidos» (el *terminus conceptus*) y las realidades a que se «refieren». Usaremos desde ahora las expresiones 'término' y 'concepto' indistintamente, pero advertiremos de inmediato que, por la terminología empleada, es claro que Occam, aunque puede ser considerado como un nominalista, no lo es en el sentido en que los términos o conceptos sean meras expresiones habladas o escritas —*flatus vocis*—. No son, en suma, simples inscripciones. Los términos o conceptos (digamos asimismo: términos-conceptos) son signos naturales. Hemos empleado antes la expresión «se refieren» al hablar de tales términos. La razón de ello es nuestro deseo de introducir por lo pronto una expresión «neutral». En efecto, los términos en cuestión pueden ser de varias clases. Ante todo, la doctrina de los términos aquí introducida es posible sólo después de haberse establecido una primera clasificación, adoptada por muchos lógicos medievales: la que hay entre términos sincategoremáticos y categoremáticos. Dentro de los términos categoremáticos los hay connotativos y absolutos. Por otro lado, los términos (categoremáticos) pueden significar y «suponer». La suposición es sumamente importante porque indica la función del término en una frase, esto es, aquello que el término «supone» *(supponere pro)* o aquello por lo cual y en vez de lo cual se halla el término. Ahora bien, para Occam los universales no son reales. No son tampoco conceptos o abstracciones en el sentido de Santo Tomás. Los universales son términos que significan cosas individuales y «están por» (o «en lugar de») cosas individuales en las frases. No hay, pues, necesidad de admitir ninguna «entidad» intermedia entre los términos y las cosas. Tampoco hay necesidad de admitir que si dos cosas que tienen algo en común —por ejemplo, Pedro y Juan, que tienen en común los dos— son hombres los dos— es porque hay una cierta entidad, o un universal, «*el* hombre», en el cual Pedro y Juan participan. En una famosa distinción introducida por Occam en su comentario al primer libro de las *Sentencias,* escribe que Sócrates y Platón convienen *(conveniunt)* por algo *(aliquo),* pero no *en* algo *(in aliquo).* En suma, no

hay algo *en* lo que convengan dos cosas individuales similares; la similitud no se agrega —o se sotopone— a las cosas similares; las cosas que son similares son similares y nada más.

Puesto que solamente hay individuos, la ciencia o conocimiento debería ser de individuos. Sin embargo, Occam indica, siguiendo a Aristóteles, que la ciencia lo es de lo general. Ahora bien, ello no es una contradicción, ni confirma la idea de Moody según la cual Occam no fue nominalista, ya que junto a frases como «la ciencia es ciencia de las cosas singulares» se encuentran frases como «ninguna ciencia propiamente dicha es sobre los individuos, sino sobre los universales que representan a los individuos». En efecto, la ciencia es ciencia de lo general sólo en tanto que lo general «supone» lo individual. Podría decirse que el que la ciencia lo sea *de* lo general indica ya claramente que no es *sobre* lo general; el hecho de que la ciencia esté constituida por proposiciones generales (o universales) no quiere decir que tales proposiciones generales sean el objeto de la ciencia. Cuando se dice, como hemos hecho antes, que la ciencia es ciencia sobre los universales, hay que añadir acto seguido que tales universales «están en lugar de», o «hacen las veces de» los individuos.

La supresión de «intermediarios» entre los términos y las cosas es paralela a la supresión de intermediarios entre la mente y lo aprehendido por ella. Según Occam, no hay «especies» *(species)* existentes en las cosas, o abstraídas de las cosas. La aprehensión se efectúa mediante «intuición» *(notitia intuitiva)* que da lugar a proposiciones contingentes. No debe confundirse la intuición occamiana con una mera sensación. Ante todo, no sólo aprehende datos externos, sino también «internos» —la *notitia intuitiva* es asimismo introspectiva—. Además, aprehende directamente la cosa dada y no, o no sólo, un complejo de sensaciones. Lo que la mente aprehende es lo que es y como es. Cierto que Dios podría en principio engendrar una aprehensión de cosas no existentes, pero ello afectaría únicamente a la certidumbre y no a la evidencia. La certidumbre es meramente subjetiva (en el sentido moderno de 'subjetiva') mientras que la evidencia es objetiva (en el sentido moderno de 'objetiva').

En metafísica Occam defiende un concepto unívoco del ser. Ello significa que puede predicarse el ser —o, mejor, 'ser'— de Dios y de las criaturas, pero no significa que Dios y las criaturas sean en ninguna manera similares. Por el contrario, son enteramente disimilares. No obstante Occam no ve ningún inconveniente en predicar 'ser' de cosas no similares, ya que 'ser' no designa una realidad de la cual Dios y las criaturas participen, sino que designa un concepto.

Occam ha distinguido entre ciencia real y ciencia racional. La primera es ciencia de cosas reales; la segunda, de términos por medio de los cuales se llevan a cabo demostraciones lógicas. La ciencia real tiene por último objeto los individuos, pero se ocupa de las proposiciones en las cuales se hallan los términos que «suponen» los individuos. La ciencia real no contiene proposiciones necesarias; la ciencia racional sólo contiene, o debería contener, proposiciones necesarias. Con ello parece defender Occam una doctrina del conocimiento luego característica de ciertas formas de empirismo y de positivismo, especialmente en tanto que éstas distinguen radicalmente entre «hechos» y «puras relaciones». Y sin duda que hay cierta justificación en hablar del «empirismo» (y aun del «empirismo lógico») de Occam. Sin embargo, hay diferencias entre tales formas de empirismo y las doctrinas epistemológicas de Occam —por ejemplo, en la idea de *notitia intuitiva* antes introducida—. Occam ha distinguido asimismo entre teología y filosofía y ha proclamado que «la teología no es ciencia». Ello ha dado origen a muchos debates en pro y en contra. También ha dado pie para afirmar que con Occam se establece una separación estricta entre teología y filosofía, de tal índole que tiene que llevar forzosamente a un escepticismo, o a un fideísmo, según las preferencias de los autores. En efecto, decir que la teología no es ciencia parece lo mismo que decir que puede descartarse la teología como asunto demasiado problemático o que debe exaltarse como asunto de pura fe. Sin embargo, la separación occamista entre teología y filosofía no tiene siempre el sentido que se le atribuye. En verdad, lo que Occam afirma es que las proposiciones teológicas adquieren su verdad por la fe y que cualesquiera razonamientos que se efectúen sobre tales proposiciones llevan a conclusiones verdaderas solamente en tanto las premisas son verdaderas.

Siguiendo a Philotheus Boehner, O. F. M. (*Ockham. Philosophical Writings*, 1957), daremos a continuación una lista de las obras de Occam clasificándolas en no políticas y políticas, y subclasificando las primeras en lógicas, físicas y teológicas.

Obras no políticas lógicas: *Expositio super librum Porphyrii. —Expositio super librum Praedicamentorum. —Expositio super duos libros Perihermeneias.* —Estas tres obras fueron publicadas en 1496 bajo el título: *Expositio aurea super artem veterem. —Expositio super duos libros Elenchorum* (no impresa). —*Summa totius logicae* (escrita antes de 1328 e impresa con frecuencia; ed. crít. Ph. Boehner: *Pars Prima,* 1954; *Pars Secunda et Tertia prima,* 1954; ed. en preparación por I. Dám. del final de la parte tercera). —*Compendium logicae* o *Tractatus logicae minor* (no impresa). —*Elementarium* o *Tractatus logicae medius* (no impresa).

Obras no políticas físicas: *Expositio super octo libros Physicorum* (no impresa; en prep. por G.

Mohan, *Opera omnia philosophica et theologica). —Summulae in libros Physicorum* (primera edición, 1494). —*Quaestiones super libros Physicorum* (no impresa).

Obras no políticas teológicas: *Ordinatio Ockham* (primer libro del comentario al primer libro de las *Sentencias* de Pedro Lombardo); eds. 1483, 1495; nueva ed. en prep. por E. M. Buytaert, *Opera omnia). —Reportatio Ockham* (cuestiones sobre los libros segundo, tercero y cuarto de las *Sentencias,* ed. 1495). —*Quodlibeta septem* (eds. 1487-1488, 1491; la ed. de 1491 [reimp., 1962] incluye asimismo el escrito *Tractatus de corpore Christi* [o *Primus tractatus de quantitate*] y el *Tractatus de sacramento altaris* [o *Secundus tractatus de quantitate*]). —*Tractatus de praedestinatione et de praescientia Dei et de futuris contingentibus* (ed. con la *Expositio aurea,* cfr. *supra;* ed. crít. Ph. Boehner, 1945). —*Quaestiones variae.*

Obras políticas: *Opus nonaginta dierum. —De dogmatibus papae Joannis XXII. —Contra Joannen XXII. —Compendium errorum pape Joannis XXII. —Tractatus ostendens, quod Benedictus papa XII nonnullas Joannis XXII haereses amplexus est et defendit. —Allegationes de potestate imperiali. —Octo quaestiones super potestate ac dignitate papali. An rex Angliae pro succursu guerrae possit recipere bona ecclesiarum. —Consultatio de causa matrimoniali. —Dialogus. —Tractatus de electione Caroli IV. —Breviloquium de principatu tyrannico. —Tracta-*

tus de imperatorum et pontificum potestate.

La edición de *Opera plurima* en 4 vols., Lyon, 1494-1496 *(I: Dialogus; II: Compendium. Opus Littere. Decisiones; III; In Sententiarum I; IV: In Sententiarum II-IV, Centiloquium, Tabule)*, ha sido reimp. en 1963.

Se está publicando desde 1961 una ed. de obras completas *(Opera omnia philosophica et theologica)* al cuidado de E. M. Buytaert, G. Mohan, E. A. Moody *et al.* (Lovaina). La ed. constará de 25 vols. —Otra ed. crítica de obras, *Opera philosophica et theologica ad fidem codicum manuscryptorum editä* (St. Bonaventure University, Nueva York), 1967 y sigs.

Ed. de *Opera politica,* por R. F. Bennet y H. S. Offler, 3 vols., 1940-1946. —En esp. citamos la trad. siguiente: *Tratado de los principios de teología,* 1957.

Véase: Sergio Rábade Romeo, *G. de O. y la filosofía del siglo XIV,* 1966. —Teodoro de Andrés, *El nominalismo de G. de O. como filosofía del lenguaje,* 1969.

H

HABERMAS, JÜRGEN, nac. (1929) en Gummersbach, se «habilitó» en 1961. De 1956 a 1959 fue ayudante y colaborador de Adorno en el Institut für Sozialforschung, de Frankfurt. De 1961 a 1964 profesó filosofía en la Universidad de Heidelberg —donde profesaba asimismo Hans-Georg Gadamer—, y en 1964 fue nombrado profesor titular de sociología y filosofía en la Universidad de Frankfurt. Desde 1971 es director en el Max-Planck-Institut de Stanberg para la «investigación de las condiciones de vida del mundo técnico-científico» *(Erforschung der Lebensbedingungen der wissenschaftlichtechnichen Welt)*.

Tanto por su colaboración en el Institut für Sozialforschung como por el tipo de análisis filosófico, filosófico-histórico y filosófico-sociológico revelado en sus trabajos, Habermas es considerado como uno de los «miembros» de la Escuela de Frankfurt —generalmente, miembro de la «segunda generación» de dicha escuela—. Por otro lado, su interés por el conocimiento de los trabajos realizados dentro de las orientaciones que él mismo ha llamado «científico-analíticas», y sus estudios de la tendencia hermenéutica han hecho que no sea considerado como un frankfurtiano de estrecha observancia —caso que haya «estrecha observancia» en la mencionada «escuela»—. A veces es visto como un último eslabón en la Escuela de Frankfurt y como un filósofo que, aunque partiendo de la atmósfera creada por los frankfurtianos, emprende un giro radical hacia otras maneras de pensar. Esto no lo hace menos crítico de las orientaciones positivistas y naturalistas que los frankfurtianos de la generación anterior, pero mientras los frankfurtianos referidos criticaban simplemente estas tendencias, juntamente con la práctica de investigación *(Erforschungpraxis)* allegada a ellas, Habermas critica no tanto la práctica como la conciencia de la misma. Lo que debe rechazarse es el autoconocimiento de las ciencias sociales por parte de la teoría analítica de la ciencia, esto es, la interpretación que esta teoría da de sí misma. Todo ello ha conducido a considerar a Habermas como muy alejado ya del marxismo, inclusive en la forma «neomarxista» crítica adoptada por algunos frankfurtianos. Pero aunque sería una simplificación adscribir a Habermas al marxismo, o siquiera al «neomarxismo», sería asimismo errado considerarlo como totalmente desligado de la problemática iniciada, y desarrollada, por Marx, en particular por el Marx crítico. Habermas rechaza, desde luego, el materialismo dialéctico, así como las formas naturalistas y, en último término, positivistas que juzga han adoptado con frecuencia autores que se declaran a sí mismos marxistas, pero reconoce en la crítica desarrollada por Marx bajo la forma de una teoría de la sociedad —lo mismo, por lo demás, que en la crítica desarrollada por Sigmund Freud en forma de metapsicología— un paso importante en la dirección del conocimiento por la vía de la emancipación.

Aunque el pensamiento de Habermas sigue una línea compleja, hay en el mismo algo que parece constante; su intención de poner en marcha una crítica social que tenga por norte una teoría de la sociedad donde la teoría y la práctica caigan bajo una forma de racionalidad capaz de aportar a la vez explicaciones y justificaciones —un tipo de racionalidad en donde la conciencia de la explicación sea al mismo tiempo la justificación de la explicación—. La más conocida contribución filosófica de Habermas, o cuando menos la más frecuentemente tratada, es la que se centra en torno a la noción de interés. Como hemos visto en

el artículo al que remitimos, Habermas trata de poner de manifiesto que el carácter interesado —mejor dicho, «dirigido por intereses»— del conocimiento, no tiene por qué hacer de éste la expresión de una acción últimamente inexplicable e irracional. Marx tendía a considerarlo todo, inclusive el conocimiento, bajo el aspecto de la producción. Por eso el conocimiento está ligado a las fuerzas de producción y se convierte en ideología. Pero no sólo no es admisible este reduccionismo de la producción, sino que es inadmisible asimismo la no racionalidad de los intereses. Éstos pueden ser técnicos o comunicativos, pero pueden ser asimismo emancipatorios. Lejos de constituir un mero ideal ulteriormente racionalizable, la emancipación constituye el desarrollo mismo de la razón, la cual se libera de los irracionalismos, así como de los pseudo-racionalismos (que son los racionalismos unilaterales). El interés emancipador está ligado a la autorreflexión, que permite establecer modos de comunicación entre los hombres haciendo razonables las interpretaciones. La autorreflexión individual engrana con la educación social y ambas son aspectos de la emancipación social y humana. Habermas insiste en que las decisiones (prácticas) no son impulsos irracionales, como creen los positivistas, con su tendencia a tecnificar la ciencia y a separar la teoría de la práctica. Esto, sin embargo, no lleva a Habermas a un rechazo de las ciencias positivas; lo que se trata de hacer es señalar su lugar dentro de varios niveles posibles de racionalización. Así, los esfuerzos de Habermas se encaminan hacia una nueva teoría de la razón, que incluya asimismo la práctica, es decir, una teoría que sea al mismo tiempo justificativa y explicativa.

El problema que se plantea a Habermas es el eludir a la vez el naturalismo — de la mayor parte de positivistas y cientificistas y de no pocos marxistas— y el «trascendentalismo», que se manifiesta en las corrientes idealistas y en parte de las orientaciones hermenéuticas. La idea de una autorreflexión de la especie humana bajo la forma de una historia natural de la especie humana está destinada a evitar toda dicotomía entre lo empírico y lo trascendental. Ello equivale a soslayar por igual los «peligros» de una orientación supuestamente concreta y de una orientación «abstracta». Habermas ha tratado de evitar tales peligros mediante ciertas nociones, entre las que destaca la de «madurez» (Mündigkeit). La madurez permite unir la razón con la decisión; permite asimismo comprender las propias bases materiales de la racionalidad, en vez de hacer de ésta una consecuencia, o superestructura, de dichas bases. La ciencia como fuerza productiva es admisible, según Habermas, sólo si es acompañada por la ciencia como fuerza emancipadora. Por eso Habermas no rechaza el trabajo de la ciencia empírica,

sino únicamente las interpretaciones, naturalistas, positivistas o «trascendentalistas», que se han dado del mismo.

Obras: *Student und Politik*, 1961 [en colaboración con L. von Fiedeburg, Ch. Oehler y F. Weltz] *(El estudiante y la política).* —*Strukturwandel der Oeffentlichkeit. Untersuchungen zu einer Kategorie der bürgerlichen Wissenschaft*, 1962, 5.ª ed., 1971 *(Cambios de estructura de la publicidad. Investigaciones para una categoría de la ciencia burguesa).* —*Theorie und Praxis. Sozialphilosophische Studien*, 1963 (trad. esp.: *Teoría y práctica. Estudios socio-filosóficos*, 1966). —*Zur Logik der Sozialwissenschaften*, 1967, ed. ampliada, 1982 *(Para la lógica de las ciencias sociales).* —*Technik und Wissenschaft als «Ideologie»*, 1968 (trad. esp.: *Ciencia y técnica como «ideología»*, 1984). —*Erkenntnis und Interesse*, 1971, nueva ed., 1973 (trad. esp.: *Conocimiento e interés*, 1983). —*Protestbewegung und Hochschulreform*, 1969 *(Movimiento de protesta y reforma de la escuela secundaria).* —*Philosophisch-politische Profile*, 1971 (trad. esp.: *Perfiles filosófico-políticos*, 1985). —*Kultur und Kritik*, 1973. —*Zur Rekonstruktion des historischen Materialismus*, 1976 *(Para la reconstrucción del materialismo histórico).* —*Die Entstehung vorkapitalistischer Klassengesellschaften. Ein Beitrag zur Konstruktion einer Theorie der soziokulturellen Evolution*, 1976 [en colaboración con K. Eder]. *(El origen de las sociedades de clase pre-capitalistas. Contribución a la construcción de una teoría de la evolución sociocultural). —Theorie des kommunikativen Handelns,* 2 vols., 1981 (I; *Handlungsrationalität und gesellschaftliche Rationalisierung;* II: *Zur Kritik der funktionalistischen Vernunft) (Teoría de la acción comunicativa. I: Racionalidad de la acción y racionalización social.* II: *Para la crítica de la razón funcionalista).*

Véase Raul Gabas, *J. H. Dominio técnico y comunidad lingüística,* 1984 (con prólogo de Javier Muguerza).

HARTMANN, NICOLAI (1882-1950), nac. en Riga, profesor desde 1922 en Marburgo, desde 1925 en Colonia, desde 1931 en Berlín y desde 1945 en Gottinga. Procedente del neokantismo de la escuela de Marburgo, en el cual estaban inspirados sus primeros trabajos, se separó posteriormente de él por influencia de la fenomenología. Esta influencia, completada en su filosofía del espíritu por las de Hegel, Scheler y Dilthey, explica en parte la filosofía de Hartmann, pero no la determina completamente. N. Hartmann se caracteriza por un esfuerzo constante de repensar los problemas filosóficos fundamentales sin obedecer a otras influencias que las que puedan arrojar luz sobre la naturaleza de los problemas tratados y sobre las posibles soluciones a los mismos. Es asimismo característico de Hartmann el rechazar las tentaciones para una construcción sistemática regida

por razones meramente especulativas. La filosofía de Hartmann es sistemática en el sentido de que se propone examinar los problemas básicos de la filosofía en toda su extensión, pero no lo es en el sentido de que fuerce a estos problemas a entrar dentro de una previa construcción metafísica. El propio Hartmann ha declarado que su filosofía es «una filosofía de los problemas» y no una «filosofía del sistema». Por eso Hartmann puede aprovechar muchos elementos de la filosofía del pasado, y no solamente los ya mencionados, sino también otros que se encuentran en el pensamiento «clásico». Puede, por lo tanto, aprovechar elementos de pensadores que parecen ser tan distintos entre sí como Aristóteles y Hegel.

Puesto que el pensamiento filosófico de Hartmann se caracteriza por el planteamiento reposado y detallado de problemas básicos, es difícil dar una idea de él en unas cuantas líneas. Nos limitaremos, pues, a varias de las principales contribuciones de nuestro autor, y en particular a dos de ellas: la teoría del conocimiento y la ontología.

En lo que toca a la teoría del conocimiento —o metafísica del conocimiento—, Hartmann comienza con una fenomenología. Sin embargo, ésta es considerada sólo como la primera parte del análisis del problema del conocimiento —la fenomenología del conocimiento sirve para plantearse el problema gnoseológico sin comenzar con supuestos que determinen su solución—. Resultado de esta fenomenología del conocimiento es mostrar la relación *sujeto-objeto* como una relación por lo pronto heterogénea, es decir, como una relación en la cual ni el sujeto determina activamente el objeto ni éste se impone sobre un sujeto completamente pasivo. El acto del conocimiento es fundamentalmente la aprehensión del objeto por el sujeto. Éste trasciende hacia el objeto en un acto en el cual el objeto permanece inalterado. En el curso de la descripción fenomenológica del acto de conocimiento surgen diversas aporías. Éstas son tratadas en la parte que sigue a la fenomenología: la «aporética». La misión de ésta no es desembocar en una conclusión escéptica ni tampoco intentar a toda costa una eliminación de las «contradicciones» y las «dificultades», sino afrontar éstas lealmente. Cuando se lleva a cabo este trabajo se ve que las aporías pueden «resolverse» —y, en cierto modo, «disolverse»— en una síntesis. Esta síntesis es objeto de la tercera parte de la metafísica del conocimiento: la parte sistemática o teórica. Ésta es una «ontología del conocimiento» que se divide en una ontología del conocimiento del objeto y en una ontología del objeto del conocimiento. En ambas resulta claro, según Hartmann, que en toda teoría del conocimiento hay elementos metafísicos y en toda metafísica elementos gnoseológicos. Hartmann pone de relieve que hay identidad

parcial en las categorías del ser cognoscente y del ser conocido. Pone, además, de relieve los modos como puede concebirse el objeto en tanto objeto de conocimiento. Examina al efecto los diversos aspectos del objeto como conocido, objetivado o cognoscible, transobjetivado inteligible y transobjetivado transinteligible. Lo transobjetivado transinteligible es el ser trascendente que, en cuanto tal, es opaco. Este último aspecto no puede excluirse del objeto, pero no puede tampoco partirse de él con el fin de derivar del mismo las propiedades de todo objeto.

El tratar la filosofía como «filosofía de los problemas» y no como «filosofía del sistema» no ha impedido a Hartmann ser uno de los pocos pensadores del siglo XX que puede jactarse de haber tocado todas las disciplinas filosóficas y de haber, por tanto, desarrollado no sólo una teoría del conocimiento y una ontología, sino también una ética, una estética, una filosofía de la Naturaleza, una filosofía del espíritu y, desde luego, una doctrina de las categorías en la cual se insertan la mayor parte de las investigaciones de nuestro filósofo. Puede decirse, sin embargo, que Hartmann ha tratado «problemáticamente» del «sistema de la filosofía». Éste se presenta, en la intención del autor, en el siguiente orden: ontología, filosofía de la Naturaleza, filosofía del espíritu, estética, teoría del conocimiento y lógica. No ha sido el mismo orden en el que lo ha desarrollado el autor a lo largo de su vida, pero hay cuando menos un núcleo de problemas fundamentales en los cuales se han entretejido todas sus investigaciones: son los problemas ontológicos. De ellos trataremos a continuación, pero precederemos nuestra presentación con unas palabras sobre la filosofía del ser espiritual del autor.

Esta filosofía incluye una teoría de los valores para cuyo desarrollo Hartmann ha encontrado muchas incitaciones en Hegel, Dilthey y Max Scheler. Según Hartmann, las notas fundamentales del ser espiritual son la objetividad y la trascendencia. Ello permite al espíritu aprehender los valores objetivos. El espíritu es como la puerta de acceso de la individualidad humana a los valores, y éstos se concretan a la vez en el espíritu y en el ser humano como portador de espíritu. Hartmann se ha ocupado con particular detalle de la naturaleza y formas del espíritu objetivo. Éste se distingue por un lado del espíritu personal y por el otro del espíritu objetivado. Estas distinciones permiten tender un puente entre la individualidad humana y el reino de los valores objetivos, y a la vez superar el conflicto entre el relativismo historicista y el absolutismo axiológico. En estrecha relación con su filosofía del espíritu, Hartmann ha desarrollado la ética como ética de los valores. Aunque en este respecto debe mucho a Scheler, hay importantes aspectos de la ética —como su

doctrina de la libertad— que son independientes de las ideas schelerianas.

En cuanto a la ontología propiamente dicha, Hartmann ha examinado con detalle tanto los momentos del ser *(Seinsmomente)* —tales la existencia y la esencia— y las maneras del ser *(Seinsweisen)* —tales la realidad y la idealidad—, como los modos del ser *(Seinsmodi)* —tales la posibilidad y la realidad, la necesidad y la causalidad, la imposibilidad y la irrealidad—. Estos últimos son fundamentales, pues dan lugar a ciertas leyes primarias de la ontología, como «Lo que es realmente *(real)* efectivo *(wirklich)*, es también realmente necesario» y «Lo que es realmente posible, es también realmente efectivo». Una vez desarrolladas las implicaciones de estas leyes es posible pasar a la teoría de las categorías, que es en Hartmann una parte de la ontología, pero una parte especialmente significada, ya que a base de ella puede elaborarse la filosofía de la Naturaleza (con las categorías que estructuran el mundo real) y la filosofía del espíritu (con las categorías que estructuran el mundo del espíritu y las diversas formas de éste a que antes nos hemos referido). Dentro de la teoría de las categorías se examinan lo que Hartmann llama leyes categoriales, las cuales son cuatro: (1) Las categorías no son separables de una realidad concreta de la cual constituyen sus principios; (2) Las categorías no aparecen aisladas, sino dentro de una capa categorial; (3) Las categorías de la capa superior contienen muchas de la capa inferior, pero no al revés; (4) Las categorías de la capa superior están fundadas en las de la capa inferior, pero no al revés. Consecuencia de estas leyes son dos leyes fundamentales que desempeñan un papel capital en la «construcción» categorial del mundo por parte de nuestro filósofo: la ley de fuerza, según la cual las categorías inferiores son las más fuertes, y la ley de libertad, según la cual las categorías superiores son libres (o autónomas) respecto a las inferiores. Esta última ley parece incompatible con la antes mencionada ley (4), pero no lo es si tenemos en cuenta que «fundado en» no significa «determinado por», sino simplemente el hecho de que sin categorías inferiores no pueden construirse las superiores.

En cuanto al sistema mismo de las categorías, Hartmann ha descrito y analizado en detalle no sólo las categorías comunes a todos los reinos del ser, sino también las categorías especiales de diversos «mundos»: el mundo ideal y el real principalmente. En lo que toca al mundo real, Hartmann ha dedicado gran atención al examen de tres tipos de categorías: las categorías dimensionales, las cosmológicas y las organológicas. El examen de las categorías dimensionales lleva consigo un completo análisis categorial del espacio, del tiempo y del sistema espacio-tiempo. El examen de las categorías cosmológicas incluye el análisis de las nociones de devenir, persistencia y estado, de la causalidad, de la legalidad y de los diversos tipos de complejos naturales. El examen de las categorías organológicas incluye un análisis de las nociones de individuo, organismo, proceso vital, regulación vital, etc. Estas categorías no son obtenidas *a priori*, sino que proceden de diversas formas de experiencia: experiencia cotidiana y científica principalmente. Se trata de un análisis de los fenómenos del cual se extraen las determinaciones categoriales siempre abiertas a cambios y rectificaciones de acuerdo con los nuevos conocimientos adquiridos. Por otro lado, ninguna categoría puede considerarse aisladamente de las otras. «Esto significa —escribe Hartmann— que las categorías de un estrato se implican unas a otras, o que cada una supone el grupo entero de categorías de un estrato de ser... Metodológicamente se sigue de ello que cabe ir desde una categoría de un estrato, o también de un grupo reducido de ellas, una vez encontradas, hasta las restantes categorías del mismo estrato, o lo que es lo mismo, inferir de aquéllas éstas. Entra con ello en juego, además del método analítico (y su fundamento descriptivo), un segundo método, distinto del anterior, que mira en otra dirección y que, siguiendo el modelo platónico, puede llamarse 'dialéctico' —o también (para distinguirlo de la dialéctica meramente especulativa) «horizontal» *(Philosophie der Natur, Einleitung* 19 [usamos la traducción de José Gaos: *Ontología.* IV, pág. 42]).

Obras: *Grundzüge einer Metaphysik der Erkenntnis,* 1921 (trad. esp.: *Metafísica del conocimiento,* 2 vols., 1957). —*Die Philosophie des deutschen Idealismus,* 2 vols., 1923-1929 (trad. esp.: *La filosofía del idealismo alemán,* 2 vols.,1960) [el vol. I es sobre Fichte, Schelling y los «filósofos románticos»; el vol. II es sobre Hegel]. —*Zur Grundlegung der Ontologie,* 1935 (trad. esp. en la serie de volúmenes publicados bajo el título general de *Ontología;* el título de la trad. esp. de la obra indicada es: *Ontología I. Fundamentos,* 1954). —*Möglichkeit und Wirklichkeit,* 1938 (trad. esp.: *Ontología II. Posibilidad y efectividad,* 1956). —*Der Aufbau der realen Welt. Grundriss der allgemeinen Kategorienlehre,* 1940 (trad. esp.: *Ontología III. La fábrica del mundo real,* 1959). —*Neue Wege der Ontologie,* 1942 (trad. esp.: *La nueva ontología,* 1954). —*Philosophie der Natur. Abriss der speziellen Kategorienlehre,* 1950 (trad. esp.: *Ontología IV. Filosofía de la Naturaleza,* 1960, y *Ontología V. Teoría general de las categorías,* 1963 [esta obra de H. se divide en 3 partes: 1. «Categorías dimensionales»; 2. «Categorías cosmológicas»; 3. «Categorías organológicas»]. —*Einführung in die Philosophie,* 1954 (trad. esp.: *Introducción a la filosofía,* 1961 [Lecciones dadas durante el semestre de verano de 1949 en la Universidad de Gottinga]. Los *Kleinere Schriften (Escritos menores)* han sido publicados en 3 vols. (I, 1955; II, 1957; III, 1958).

Vol. II: «Der philosophische Gedanke und seine Geschichte», *Abhand. Preuss. Ak der Wis.* Jahrgang 1936. Phil.-hist. Kl. Nr. 5 (trad. esp.: *El pensamiento filosófico y su historia,* 1944).

Autoexposiciones en la «Systematische Selbstdarstellung» (trad. esp.: *Autoexposición sistemática,* 1964).

Véase: G. Gurvitch, *Las tendencias actuales de la filosofía alemana,* trad. esp., 1931, reimp., 1939. capítulo III. —F. Romero, «Un filósofo de la problematicidad», en *Filosofía contemporánea,* 1941. —R. Ledesma Ramos, «Esquemas de N. H.», en *Escritos filosóficos,* 1941. —E. Estiú, «El pensamiento de una *philosophia prima* en N. H.», *Filosofía y Letras* [México], N.º 8. —Íd., íd., «Introducción» a la trad. esp. de *La nueva ontología,* 1943, págs. 7-70. —H. Rodríguez Sanz, «Motivos ontológicos en la filosofía de N. H.», *Escorial,* 7 (1941). —Luis Felipe Alarcos, *H. y la idea de la metafísica,* 1943. —D. García Bacca, *Nueve grandes filósofos contemporáneos y sus temas,* t. I, 1947. —A. Millán Puelles, *El problema del ente ideal. Un examen a través de Husserl y H.,* 1951. —Nimio de Anquin, «La ontología sin ser de N. H.», *Arché,* fasc. B-C (1953). —Honorio Delgado, *N. H. y el reino del espíritu,* 1956 [monografía].

HEGEL, GEORG WILHELM FRIEDRICH (1770-1831), nac. en Stuttgart. Después de estudiar teología en Tubinga con Schelling y Hölderlin fue preceptor privado en Berna (1794-1797) y en Frankfurt (1797-1800). En 1801 se trasladó a Jena, en cuya Universidad ejerció de docente privado. Durante este período estuvo bajo la influencia de Schelling y de los románticos, conservando asimismo las huellas del neohumanismo y de la educación teológica recibida en Tubinga, la cual, por otra parte, persistió durante toda su vida. Pronto, sin embargo, se separó del sistema de la identidad, publicando en 1807 su primera obra original. Redactor de un periódico de Bamberg desde 1807 a 1809, fue nombrado este último año rector del Gimnasio de Nuremberg, cargo que ejerció hasta 1816. Nombrado luego profesor en la Universidad de Heidelberg, se trasladó dos años después a Berlín, donde explicó todas las partes de su sistema con gran éxito y con el apoyo oficial.

Aunque situado en la confluencia de las corrientes del idealismo trascendental y del romanticismo, el sistema de Hegel ofrece profundas diferencias respecto a los de Fichte y Schelling. En primer lugar, rechaza decididamente partir de lo Absoluto como mera indiferencia de sujeto y objeto; semejante Absoluto es para Hegel como la noche en donde todos los gatos son pardos, «es la ingenuidad del vacío en el conocimiento», pues no permite explicar de ninguna manera la producción de las diferencias ni su realidad. En segundo término, caracteriza a Hegel una fuerte tendencia a lo «concreto» y una decidida afirmación del poder del pensamiento y de la razón frente a la vaga nebulosa del sentimiento y de la intuición intelectual. La filosofía trata del saber absoluto —mejor dicho, *es* el saber absoluto—. Pero este saber no es dado de una vez en su origen; es el final de un desarrollo que desde las formas inferiores se eleva hasta las superiores. Mostrar la sucesión de las diferentes formas o fenómenos de la conciencia hasta llegar al saber absoluto es el tema de la *Fenomenología del Espíritu* como introducción al sistema total de la ciencia. Según Hegel, la ciencia *(Wissenschaft)* es esencialmente sistemática; la ciencia consiste en nociones que se derivan unas de otras de un modo necesario. La única forma en que puede existir la verdad es, dice Hegel, «el sistema científico de esta verdad». En la verdadera naturaleza del conocimiento radica la necesidad de que sea ciencia —y, por tanto, sistema—. Este sistema no es, sin embargo, un simple conjunto de proposiciones en forma deductiva; el verdadero sistema es el que resume, unifica y supera las doctrinas anteriores. Sólo en la madurez de la historia y de la ciencia puede existir, pues, una verdadera ciencia sistemática. El método de esta ciencia es el método dialéctico, o método de la evolución interna de los conceptos según el modelo de la tesis-antítesis-síntesis. El método dialéctico no es ni un puro método conceptual ni un método intuitivo; no es ni un método deductivo ni un método empírico. En estos métodos la verdad se opone al error y viceversa. En el método dialéctico el error aparece como un momento evolutivo de la verdad: la verdad conserva, y supera, el error.

Característica de Hegel es la idea de que el conocimiento no es representación por un sujeto de algo «externo»; la representación por un sujeto de un objeto es a la vez parte integrante del objeto. La conciencia es no sólo conciencia del objeto, sino también conciencia de sí. El objeto no es, pues, ni algo «exterior» ni tampoco simple contenido de conciencia. En otros términos, el conocimiento como marcha hacia lo Absoluto requiere una dialéctica del sujeto y del objeto y nunca la reducción del uno al otro.

La *Fenomenología del Espíritu* es, así, la marcha del pensamiento hacia su propio objeto, que resulta, al final, ser sí mismo en cuanto ha absorbido completamente lo pensado. En dicha marcha hay diversas fases o, mejor dicho, «momentos». Cada uno de estos «momentos» tiene su propia justificación, pero es insuficiente: de inmediato es negado y superado por otro «momento». El primer momento del saber es aquel en que la conciencia cree hallar el conocimiento verdadero en la certidumbre sensible. Parece, en efecto, que el objeto de esta certidumbre sea no sólo el más inmediato, sino también el más rico. Sin embargo, se trata de una pura ilusión. Todo lo que el conocimiento sensible puede enunciar de un objeto de decir que es. Se puede enriquecer esta noción y tratar de aprehender el objeto por medio de determinaciones espaciales y temporales, tales como «aquí» y «ahora», pero el «aquí» y el «ahora» no tienen sentido a menos que sean universalizados. Sólo por la universalidad del significado de términos con los cuales pretendemos describir los datos sensibles supuestamente inmediatos, podemos alcanzar certidumbre acerca de tales datos. Debe, pues, avanzarse más allá de la certidumbre sensible y encontrar lo que puede fundamentar ésta. Pero los «momentos» que siguen al de la certidumbre sensible no son tampoco suficientes. Las primeras fases en la evolución del espíritu muestran la irremediable oposición entre el sujeto y el objeto, las contradicciones existentes entre el saber del objeto y el objeto mismo. Superior a la certidumbre sensible, pero sin que quede suprimida la oposición y la contradicción, es la percepción, a la cual sigue el entendimiento, que consiste ya en el pensamiento del objeto. Este estado, por así decirlo, de pérdida de la conciencia en la diversidad del objeto y en sus contradicciones desaparece cuando sobreviene en el camino que conduce al saber absoluto el reconocimiento pleno de sí misma y de su esencial identidad consigo misma. Toda diversidad y toda oposición de la conciencia, con el objeto quedan entonces desvanecidas ante la unidad revelada en el concepto, y sólo entonces se puede decir propiamente que la conciencia es razón. Pero la razón no puede quedar detenida en la fase de su diversificación en las conciencias individuales; a través de una serie de fenómenos cuya sucesión enlaza Hegel no ya con la evolución de una conciencia individual, sino con la historia, la conciencia individual se hace espíritu y engloba en sus fases, conducidas dialécticamente, la existencia histórica, desde el estado de dependencia hasta el paulatino descubrimiento de la vida interior por el cristianismo, que alcanza en el curso de sus propias internas negaciones la superación de su contradicción y su triunfo final. Este triunfo no es más que la completa entrada del espíritu en sí mismo por la religión. Perdido en la selva de sí mismo, el espíritu vuelve a encontrarse en su verdadero ser cuando los grados de su desenvolvimiento lo han conducido al punto donde la revelación del dogma cristiano coincide con la verdad filosófica, pues el saber absoluto es la filosofía, el espíritu que ha llegado ya a sí mismo después de haberse manifestado en toda su verdad.

En la *Fenomenología* Hegel dice que sólo el Espíritu (o, mejor, lo espiritual) es real. Ello parece dar a entender que Hegel sostiene una filosofía «espiritualista», según la cual o solamente hay realidad espiritual o bien toda realidad se reduce en último término a realidad espiritual. Sin embargo, Hegel usa 'Espíritu' en un sentido muy distinto del que tiene el mismo término en cualquier sistema más o menos «espiritualista». Por lo pronto, el Espíritu no es para Hegel una entidad especial, o una especie de supra-entidad superior a todas las demás. «Lo espiritual —ha escrito Hegel— es la esencia, lo que existe en sí mismo.» Ello significa que para Hegel lo espiritual no es propiamente entidad, sino forma (o formas) de ser de las entidades. Esta forma (o formas) de ser no se hallan establecidas de una vez para siempre, sino que están sometidas a un interno proceso dialéctico. Es en el curso de este proceso que la realidad se constituye «espiritualmente». No se trata de que la realidad, que «no era Espíritu», se vaya «espiritualizando». Se trata más bien de que la realidad se va haciendo a sí misma convirtiéndose en su propia «verdad». Lo que Hegel llama «Espíritu» es, pues, la realidad *como* Espíritu. En un cierto sentido se puede decir que la realidad «no era Espíritu» y que se ha «convertido» en Espíritu. Pero siempre que por ello no se entienda el paso de un modo de ser aparente a un modo de ser real, o de un modo de ser real a otro modo de ser real. Al «convertirse» en Espíritu la realidad llega a ser lo que ya *era*. Ocurre sólo que lo era «sin saberlo». Por eso la realidad tiene que conquistarse a sí misma en su verdad, lo cual no puede hacerse, según indicamos antes, sin absorber el error. Las condiciones necesarias para la auto-realización del Espíritu pertenecen a esta misma auto-realización. Por eso el Espíritu evoluciona en la serie de sus «formas», «fases», «momentos» o «fenómenos» de un modo interno. No puede ser de otro modo, pues no hay nada que sea externo a lo real; lo que se llama «externo a», o «fuera de», lo real es un momento interno —que se desenvuelve *como* externo— de esta misma realidad.

La fenomenología del espíritu no parte del saber absoluto, pero conduce necesariamente a él. Desde entonces puede el pensamiento situarse en la inmediatez de lo Absoluto mismo, ser ciencia de la Idea absoluta. Esta ciencia procede a su vez dialécticamente; el proceso de sucesivas afirmaciones y negaciones que condujo de la certidumbre sensible al saber absoluto es el mismo proceso que sirve a la filosofía para manifestar la Idea. La dialéctica surge ya en la primera división del sistema total de la ciencia. En su ser en sí, la Idea absoluta es el tema de la *Filosofía de la Naturaleza*. En su ser en y para sí mismo, la Idea absoluta es el tema de la *Filosofía del Espíritu*. Tesis, antítesis y síntesis son los distintos momentos en que cada uno de los aspectos de la Idea y la Idea misma son sucesivamente afirmados, negados y superados. La superación es al mismo tiempo abolición y conservación *(Aufhebung)* de lo afirmado, contiene lo afirmado, porque contiene la negación de la negación. La dialéctica no es, por consiguiente, un simple método del pensar; es la forma en que se manifiesta la realidad misma, es la realidad misma que alcanza su verdad en su completo autodesenvolvimiento.

Como ciencia de la Idea en su ser en sí, la *Lógica* comienza con la teoría del ser. El ser es la noción más universal, pero al mismo tiempo la más indeterminada. Al ser negado todo contenido en esta suma abstracción, el ser se convierte en la nada. Pero esta negación del ser queda superada por su negación misma, por el devenir —síntesis de ser y nada—. El resultado de esta síntesis es la Existencia *(Dasein)* en cuanto «Ser determinado». Este ser determinado está determinado por una cualidad, por medio de la cual se convierte en un «algo». Este «algo» es negación de la negación en tanto que es por la exclusión de otras entidades que no son él. Como el carácter determinado del algo es equivalente a un límite, el «algo» de que se trata tiene que ser limitado. Esta limitación es la cantidad. La cantidad es a su vez límite, pero sin establecer en qué proporción lo es. Es, pues, menester que el algo determinado o cualidad limitado por la cantidad sea determinado por la medida. Cualidad, cantidad y medida son momentos de la primera parte de la lógica, que es a su vez el primer momento del sistema completo del ser, es decir, del ser en cuanto ser en sí. Como segundo momento aparece el ser en su manifestación o verdad: la esencia, que es a su vez afirmada, negada y superada en su ser en sí o esencia como tal, en su manifestación o fenómeno y en su unión con el fenómeno, esto es, en su realidad. Por eso la teoría de la esencia es a la vez una doctrina de las categorías de la realidad, considerada como substancia en cuanto conjunto de sus accidentes; como causalidad, en cuanto paso de lo posible a lo real, y como acción recíproca en cuanto relación mutua. En su ser en y para sí mismo, como resultado de su completo autodesenvolvimiento, el ser es el concepto. El concepto es la síntesis de los dos momentos principales del ser, es unión del ser y de la esencia, liberación de la necesidad de la esencia, ser de la substancia en su libertad. El concepto no es una mera noción de la lógica formal; como concepto subjetivo es universalidad, negación de ésta o particularidad, y superación de los dos momentos o individualidad. En el concepto son pensados su ser en sí y el juicio como momentos opuestos unidos en el raciocinio o conclusión, que permite expresar en una síntesis la universalidad de lo individual. Como concepto objetivo, revela el concepto su ser fuera de sí en sus momentos del mecanicismo, del proceso químico y de la teleología o finalidad orgánica, donde el concepto se convierte en la idea directora de una totalidad que

había permanecido como disgregada en los dos momentos precedentes. Y, finalmente, como Idea, el concepto es la síntesis de los conceptos subjetivo y objetivo, la verdadera y plena unión del ser con la esencia después de haberse manifestado en su totalidad, la Idea absoluta que vuelve a sí misma tras la dialéctica que en el ser, en la esencia y en el concepto ha encontrado sus negaciones y superaciones, pues en la Idea se manifiesta de un modo radical la síntesis de las contradicciones del concepto, que es a su vez la síntesis de las contradicciones del ser.

La Idea se convierte de este modo en una de las nociones capitales del sistema hegeliano —que aspira a ser, no se olvide, el sistema de la verdad como un todo y, por tanto, el sistema de la realidad en el proceso de pensarse a sí misma—. Pero la Idea no es una causa de la evolución, ni el principio que hace posible el proceso dialéctico, ni la realidad como un todo: la Idea explica el proceso de la realidad sólo en cuanto representa el término hacia el cual se encamina dicho proceso. Este término no es, sin embargo, un término exterior: es un término interior al proceso mismo. Por eso la Idea no es tampoco una entidad lógica o el aspecto lógico de la realidad. La Idea es aquello en que alcanza pleno desenvolvimiento el proceso del ser como ser en sí.

Ahora bien, la Idea, que la lógica estudia en su ser en sí, es estudiada por la filosofía de la

Naturaleza en su alteridad. También en ella se desenvuelven sus manifestaciones dialécticamente: en su estado de alteridad, la Naturaleza tiende continuamente a volver a la Idea en su ser en y para sí misma, pues la Naturaleza es como el estado de máxima tensión de la Idea, el momento en que la Idea ha llegado hasta el límite de su ser-otro y en que, por consiguiente, emprende el camino hacia la subjetividad. El primer momento de esta marcha, que no debe confundirse con un proceso temporal, viene representado por la Naturaleza tal como es objeto de consideración por la mecánica: como lo inorgánico puro, como lo que está sometido al espacio, al tiempo y a la gravedad; en el segundo momento aparece como lo físico, que no es sólo lo cuantitativo, sino el comienzo de una subjetividad de la Naturaleza expresada en los fenómenos químicos y eléctricos; en el tercer momento, como lo orgánico, lo individual, lo opuesto a la exterioridad de lo mecánico, lo que es ya casi umbral de la subjetividad. Pero en la Naturaleza no cabe jamás un dominio completo de lo universal tal como es contenido en la razón absoluta; por eso la naturaleza es, en su extrañeza de la razón absoluta, el reino de lo contingente.

La Idea en su ser en y para sí misma, al regresar del gran círculo en que, a partir de su ser en sí, recorrió los sucesivos momentos de su alteridad, constituye el objeto de la filosofía del espíritu.

También en ella alcanza el espíritu su pura y absoluta interioridad a través de un movimiento dialéctico en el cual el Espíritu como ser en sí es Espíritu subjetivo, como ser fuera de sí o por sí es Espíritu objetivo, y como ser en y para sí mismo es Espíritu absoluto. El Espíritu subjetivo es el espíritu individual, afincado en la naturaleza humana y en marcha continua hacia la conciencia de su independencia y libertad. A través de los grados de la sensación y del sentimiento, fases corporales que facilitan el acceso a la entrada en sí mismo, el Espíritu subjetivo llega a su conciencia, al entendimiento y finalmente a la razón. Libertado el Espíritu subjetivo de su vinculación a la vida natural, puesto como conciencia pura de sí mismo, se realiza en el Espíritu objetivo como Derecho, como moralidad y como eticidad. El Derecho constituye el grado inferior de las realizaciones del Espíritu objetivo, porque afecta únicamente, por decirlo así, a la periferia de la individualidad; la moralidad, en cambio, agrega a la exterioridad de la ley la interioridad de la conciencia moral. Pero esta interioridad, cuyo carácter subjetivo la hace inadecuada para la plena realización del Espíritu objetivo, debe dar paso inmediato a la eticidad, a la ética objetiva que se realiza en lo universal concreto de la familia, de la sociedad y del Estado, síntesis de la exterioridad de lo legal y de la arbitrariedad subjetiva de lo moral. Particularmente importante es, pues, para

Hegel el desarrollo de la teoría del Estado. El Estado no es un mero protector de los intereses del individuo como tal, de su libertad subjetiva, sino la forma más elevada de la ética objetiva, la plenitud de la idea moral y la realización de la libertad objetiva. El Estado es el universal concreto, la verdadera síntesis de la oposición entre la familia y la sociedad civil, el punto de detención y de reposo del espíritu objetivo. La divinización hegeliana del Estado, divinización revelada en su definición del Estado como la manifestación de la divinidad en el mundo, es exigida tanto por la dialéctica del espíritu objetivo, como por su propia doctrina política, que ve el ideal de Estado en el Estado prusiano de su tiempo. Pero el Estado, cuya forma mejor es la monarquía constitucional, no consiste en el poder arbitrario de un individuo, sino en el hecho de que este individuo represente el *Volksgeist,* el Espíritu del pueblo. Esta doctrina del Estado alcanza su demostración y culminación en su filosofía de la historia, donde se describe la evolución del espíritu objetivo desde las formas orientales hasta la culminación de la historia en el mundo germánico. La historia es la evolución del Espíritu objetivo en su proceso hacia la conciencia de su propia libertad. También en la historia se realiza la tesis de la racionalidad de lo real y de la realidad de lo racional; la filosofía explica lo que es en su racionalidad y por eso las pasiones de la historia no

son más que «astucias de la razón». En la historia no hay ningún deber ser, ningún utopismo, porque los momentos del Espíritu objetivo son los momentos de su interna necesidad racional.

La síntesis del Espíritu subjetivo y el objetivo es el Espíritu absoluto, que a su vez se autodespliega en la intuición de sí mismo como arte, en la representación de sí mismo como religión y en el absoluto conocimiento de sí mismo como filosofía. Cada uno de los momentos del autodespliegue del Espíritu absoluto es a la vez su propio autodespliegue manifestado en su historia. En la historia del arte y en la historia de la religión se revela la verdad de los momentos intuitivo y representativo del Espíritu absoluto. En la historia de la filosofía se revela, finalmente, la verdad completa de este Espíritu, que es la Idea absoluta en el gran ciclo de su evolución. Pero la filosofía aparece cuando la realidad se ha explicitado ya a sí misma, porque «el búho de Minerva sólo emprende su vuelo a la llegada del crepúsculo». Por eso la filosofía de Hegel equivale lógicamente al final de la evolución del Espíritu, a la última fase de su completo autodesarrollo y, por consiguiente, a la verdad de la Idea. En su filosofía se realiza, según Hegel, la vida de la divinidad.

Obras: *Differenz des Fichteschen und Schellingschen Systems der Philosophie in Beziehung auf Reinholds Beiträge zur leichteren Uebersicht des Zustandes der Phi-*

losophie bei dem Anfange des 19. Jahrhunderts, I, 1801 *(Diferencia entre los sistemas filosóficos de Fichte y Schelling en relación con las contribuciones de Reinhold a la más fácil comprensión del estado de la filosofía a comienzos del siglo* XIX). *—De orbitis planetarum. Pro venia legendi,* 1801 (Dis.). —«Ueber das Wesen der philosophischen Kritik überhaupt und ihr Verhältnis zum gegenwärtigen Zustand der Philosophie insbesondere» *(Kritisches Journal der Philosophie,* ed. por Schelling y Hegel, Tübingen, 1802-1803, vol. 1, cuad. 1) («Sobre la naturaleza de la crítica filosófica en general y su relación con el estado actual de la filosofía»). Otras colaboraciones de Hegel en la misma revista comprenden: «Wie der gemeine Menschenverstand die Philosophie nehme, dargestellt an den Werken des Herrn Krugs», 1, cuad. 1; «Verhältnis des Skeptizismus zur Philosophie. Darstellung seiner verschiedenen Modifikationen und Vergleich des neuesten mit dem alten», 1, cuad. 2; «Ueber das Verhältnis der Naturphilosophie zur Philosophie», 1, cuad. 3 (que comúnmente se atribuye ahora a Schelling); «Glauben und Wissen: die Reflexionsphilosophie der Subjektivität in der Vollständigkeit ihrer Formen als Kantische, Jacobische und Fichtesche Philosophie», 2, cuad. 1; «Ueber die wissenschaftlichen Behandlungsarten des Naturrechts, seine Stelle in der praktischen Philosophie und sein Verhältnis zu den positiven Rechtswissens-

chaften», 2, cuad. 2 y 3. *—System der Wissenschaft. 1 Teil. Die Phänomenologie des Geistes,* 1807 *(Sistema de la ciencia. I. Fenomenología del Espíritu). —Wissenschaft der Logik (La ciencia de la lógica),* comprendiendo: *I Teil. Die objetive Logik. 1 Abteilung: Die Lehre vom Sein. 2 Abt. Die Lehre vom Wesen,* 1812. *II Teil. Die subjektive Logik oder die Lehre vom Begriff,* 1816 (I. *La lógica objetiva. 1. La teoría del ser. 2. La teoría de la esencia. II. La lógica subjetiva o la teoría del concepto). —Enzyklopädie der philosophischen Wissenschaften im Grundrisse,* 1817 *(Enciclopedia de ciencias filosóficas en compendio). —Grundlinien der Philosophie des Rechts oder Naturrecht und Staatswissenschaft im Grundrisse,* 1821 *(Líneas fundamentales de la filosofía del Derecho o Derecho natural y ciencia del Estado en compendio).* —Hay que incluir, además, numerosas colaboraciones y reseñas de obras en revistas, así como su primer escrito anónimo sobre la constitución de Berna (1798) y su último escrito acerca del *Reformbill* inglés: «Ueber die englische Reformbill» (en *Allgemeine preussische Staatszeitung,* 1831).

Las lecciones sobre filosofía de la Historia, lecciones sobre estética, lecciones sobre filosofía de la religión y lecciones sobre Historia de la filosofía aparecieron después de su muerte en la primera edición de obras completas, en 19 vols., 1832-1887, a cargo de K. L. Michelet, J. Schulze, L. von Henning, L. Boumann, E. Gans, Karl Hegel, H. G. Hotho, Ph. Marheineke, Bruno Bauer, Karl Rosenkranz. La más completa edición: *Gesammelte Werke*, 40 vols., ed. Otto Pöggeler *et al.*, 1968 y sigs.

Entre traducciones españolas de obras de H.: *Filosofía del Espíritu*, 2 vols., 1907 (trad. E. Barriobero y Herrán). —*Estética*, 1908 (trad. Eduardo Ovejero y Maury). —*Enciclopedia de las ciencias filosóficas*, 3 vols., 1918, reed., 1942 (trad. Eduardo Ovejero y Maury). —*Filosofía de la Historia*, 2 vols., 1928, reed., 1955, 1974 (trad. José Gaos). —*Filosofía del Derecho*, 1944. —*Lecciones de historia de la filosofía*, 3 vols., 1955. —*Ciencia de la Lógica*, 2 vols., 1956 (trad. A. y R. Mondolfo). —*Escritos de juventud*, 1965 (trad. Francisco Rubio Llorente), nueva recopilación por José M.ª Ripalda, ed. 1978. —*Fenomenología del espíritu*, 1966 (trad. Wenceslao Roces). —*Principios de la filosofía del Derecho*, 1974 (trad. Juan Luis Vernal). —*Lecciones sobre filosofía de la religión*. I. Introduc. y «Concepto de religión» (trad. esp.: Ricardo Ferrara), 1984.

Véase: Wilhelm Dilthey, *Hegel y el idealismo*, trad. esp. de 1944. —Benedetto Croce, *Lo vivo y lo muerto en la filosofía de H.*, 1907, trad. esp., 1943. —N. Hartmann, *La filosofía del idealismo alemán*, t. II, 1929, trad. esp., 1960. —Jean Wahl, *La lógica de H. como fenomenología*, 1965; trad. esp., 1973. —Willy Moog, *H. y la escuela hegeliana*, 1930, trad. esp., 1932. —Miguel A. Virasoro, *La lógica de H.*, 1932. —Herbert Marcuse, *Ontología de H. y teoría de la historicidad*, 1968, 1974[2], trad. esp., 1979. —Íd., íd., *Razón y Revolución: H. y el surgimiento de la teoría social*, 1941, trad. esp., 1967, reimp. 1971. —Jean Hyppolite, *Génesis y estructura de la fenomenología del espíritu*, 1946, trad. esp., 1974. —Ernst Bloch, *El pensamiento de Hegel*, trad. esp., 1949. —J. N. Findlay, *Reexamen de H.*, 1958, trad. esp., 1969. —Theodor W. Adorno, *Tres estudios sobre H.*, 1963, trad. esp., 1969. —Walter Kaufmann, *H.*, 1965, 2 vols., trad. esp., 1972. —François Chatelet, *H.*, 1968, trad. esp.: *H. según H.*, 1972. —Ramón Valls Plana, *Del yo al nosotros: Lectura de la Fenomenología del Espíritu de H.*, 1971 (tesis). —Antonio Escohotado, *La conciencia infeliz: Ensayo sobre la filosofía de la religión de H.*, 1972. —A. Álvarez Bolado, J. M. Artola *et al.*, *En torno a H.*, 1974. —Hector Raurich, *H. y la lógica de la pasión*, 1975. —Jorge R. Sebold, S. J., *Pueblo y saber en la fenomenología del espíritu de H.*, 1983.

HEIDEGGER, MARTIN (1889-1976), nac. en Messkirch (Bade, en la Selva Negra), estudió en la Universidad de Friburgo i.B. con Rickert y Husserl. Tras doctorarse en la misma Universidad (1914), fue nombrado en ella «Privatdozent» (1916). En 1923 fue nombrado profesor titular en Marburgo, y en 1928 —año en que se jubiló Husserl— profesor titular en Friburgo i.B. En 1933 fue elegido rector de la Universidad, iniciándose una breve pero muy discutida etapa de su vida, en la cual a juzgar por su discurso de entrada como rector—pareció adherirse al nacionalsocialismo. Sin embargo, dimitió del rectorado pocos meses después, continuando en la enseñanza, pero llevando una vida retirada. Suspendido del empleo cuando la ocupación de la Alemania occidental por los aliados —y de la zona de Friburgo i.B. por los franceses—, hacia 1945, se le permitió ingresar en la Universidad en 1952, pero desde entonces su actitud propiamente universitaria ha sido intermitente.

Se han propuesto varias teorías sobre posibles «fases» en la «evolución» de dicho pensamiento. Por ejemplo, en conferencias hasta el momento no publicadas, Richard Kroner ha opinado que hay cuatro «fases»: «filosofía de la muerte» (fase ya abandonada al publicar, en 1927, *El Ser y el Tiempo*); «filosofía de la nada» (hasta 1929); «filosofía del ser» (de 1929 a 1936 aproximadamente); «filosofía del sacrificio y de la gracia» (desde 1936). Juan Antonio Nuño ha hablado de dos «períodos»: el sistemático (representado por *El Ser y el Tiempo* y la obra sobre Kant) y el «historicista» (posterior a la obra sobre Kant). Muchos autores han hablado de dos «fases» fundamentales: la «existencialista» y la de la «filosofía del ser». Otros autores han hablado simplemente del «primer Heidegger» y del «último Heidegger», etc.

En nuestra exposición nos atendremos básicamente a una especie de «división» muy semejante a la establecida entre el «primer Heidegger» (principalmente el representado por *El Ser y el tiempo* y la conferencia sobre qué es metafísica) y el «último Heidegger» (cuyo pensamiento se revela ya poco después de la publicación de *El Ser y el Tiempo* y que culmina en sus escritos sobre lo que «significa» [ordena] el pensar, sobre el lenguaje y otros, especialmente aquellos en los que se desarrolla la idea del «pensar conmemorativo»). Se trata, en suma, del Heidegger anterior al «reverso» o «conversión» *(Kehre;* por tanto, lo que puede llamarse «pre-*Kehre»)* —el Heidegger que, aun cuando planteándose ante todo la pregunta por el ser, insiste en el *Dasein* y en su «estar-en-el-mundo»— y el Heidegger del «reverso» o «conversión» (lo que puede llamarse «post-*Kehre»)* —el último «Heidegger», principalmente conocido por fórmulas como «El hombre es 'arrojado' por el Ser»; «El hombre habita en la casa del ser: el lenguaje», etc.—. Con ello facilitamos la exposición del pensamiento de Heidegger, ateniéndonos primero a las ideas expresadas principalmente en *El Ser y el Tiempo,* y luego a las ideas expresadas en sus obras menos «sistemáticas» y, en cierto modo, «menos filosóficas». Además, seguimos al propio Heidegger en su declaración de que lo que se ha llamado su «última filosofía» no constituye una ruptura con respecto a la expuesta en *El Ser y el Tiempo*, pues todos sus pensamientos filosóficos son como exploraciones que marchan ora hacia adelante, ora hacia atrás, pudiendo compararse con «paradas» en una exploración continua, de acuerdo con el principio: «Lo permanente en el pensar es el camino» (*Unterwegs zur Sprache*, pág. 99). Desde este punto de vista, las investigaciones contenidas en *El Ser y el Tiempo* aparecen como un «alto» dentro de una exploración de carácter más amplio, que Heidegger ha resumido en diversas formulaciones: «el Tiempo y el Ser», «el Ser y el Lenguaje», «el Ser como 'esenciador' del ser del hombre», «la irrupción del Ser», «el pensar conmemorativo», «el juego del Ser», etc., etc.

Durante una cierta época fue común decir que Heidegger no alcanzó a salir del estadio de la filosofía existencial (*existenziell*), sin poder poner pie en el estadio de la filosofía existenciaria (*existenzial*). Según ello, la filosofía de Heidegger sería una «filosofía de la existencia» (*Existenzphilosophie*) similar a las desarrolladas por Kierkegaard o Jaspers. Prueba de ello, se indicó, es que Heidegger no llegó a completar ni siquiera la primera parte de *El Ser y el Tiempo*. Por tanto, la filosofía de Heidegger sería, en el fondo, una de las formas del existencialismo contemporáneo. Heidegger rechazó estas interpretaciones y manifestó que su interés

principal desde el comienzo fue no la analítica del *Dasein*, sino la pregunta acerca del ser (*Sein*). Las obras del «último Heidegger» confirman las presunciones del autor. En efecto, aunque con el fin de no quedarse encerrado en una mera descripción del *Dasein*, Heidegger ha tenido que llevar a cabo la citada «conversión» (*Kehre*), ésta se ha efectuado desde las posiciones adoptadas en *El Ser y el Tiempo*. Podemos, pues, considerar esta obra como el primer ataque a la cuestión del ser efectuado desde el ángulo de una analítica existenciaria cuya dimensión capital es ontológica.

El *Dasein* es un ente, pero no uno como los demás, pues «en su ser le va su ser». Como la comprensión del ser es una determinación ontológica del *Dasein*, éste aparece no sólo como óntico, sino como ontológico. El *Dasein* (el «ser-ahí», la «Existencia», la «realidad humana», «el estar») es preeminente sobre todos los demás entes porque en el curso de su comprensión, en cuanto comprensión ontológica, se abre la realidad del ser. En vez de partirse de una idea cualquiera del ser y aplicarla automáticamente al *Dasein*, hay que partir de una analítica existenciaria por medio de la cual se prepara el terreno para la comprensión del ser en general. Pero no solamente hay que evitar partir de una supuesta comprensión del ser en general, sino también de cualquiera de las ideas del ser puestas en circulación por la filosofía. Estas ideas no hacen sino «recubrir» el ser. Por eso es menester proceder a una «destrucción de la ontología», es decir, a una disolución de las capas encubridoras, endurecidas en el curso de la historia del pensamiento filosófico. De ahí que Heidegger considere que su punto de partida es un punto de partida verdaderamente radical —más radical que el del *Cogito* y más radical que el de toda «conciencia trascendental», sea kantiana o husserliana.

Ahora bien, con el fin de llevar a cabo la citada analítica existenciaria, Heidegger pone a su servicio la fenomenología. Ésta permite ir «a las cosas mismas», pero sobre todo permite descubrir el «ser de los entes». Por tanto, la fenomenología no es un simple método; es el modo como se pone en marcha la ontología. La fenomenología es en este sentido una «hermenéutica». La verdad fenomenológica equivale a la «apertura *(Erschlossenheit)* del ser» y es, por ello, «verdad trascendental».

El Ser y el Tiempo tenía que constar de dos partes. La primera parte era una hermenéutica del *Dasein* en la dirección de la temporalidad, descubriéndose el tiempo como horizonte trascendental de la pregunta por el ser. La segunda parte debía ser una «destrucción fenomenológica de la ontología». La primera parte se divide, en la intención de Heidegger, en tres secciones: un análisis fundamental y preparatorio del *Dasein;* un estudio del *Dasein* y la temporalidad; y un estudio del tiempo y el ser. La segunda parte

tenía que dividirse en otras tres secciones: una, principalmente, sobre la doctrina del esquematismo de Kant; otra, sobre el fundamento ontológico del *Cogito* cartesiano y la supervivencia de la ontología medieval en los problemas de la *res cogitans;* otra, principalmente, sobre la concepción aristotélica del tiempo. Sólo las dos primeras secciones de la primera parte fueron publicadas en lo que apareció como *Sein und Zeit I.* Sin embargo, el libro de Heidegger sobre Kant puede considerarse como por lo menos un fragmento de la segunda parte, y otros escritos de Heidegger, en particular los consagrados a la teoría platónica de la verdad y al comentario de fragmentos de varios presocráticos, pueden considerarse como otras varias secciones. Por el momento, bosquejaremos sólo algunos de los temas de las secciones publicadas de la primera parte de *El Ser y el Tiempo.*

Ante todo, Heidegger procede a la hermenéutica *(Auslegung)* del *Dasein.* El *Dasein* es su propia posibilidad, la cual no es una característica o predicado, sino su propio ser. Por eso la naturaleza propia del *Dasein* consiste en su existencia y no es aprehendido mediante categorías, sino por medio de los «existenciarios». Ello distingue la analítica del *Dasein* de toda psicología o antropología. Pues el *Dasein* no es un ente como los demás; propiamente no es un ente, sino un existente, es decir, una realidad en cuyo ser le va su ser. Ahora bien, el *Dasein* puede existir en los dos modos de la autenticidad y la inautenticidad. Cabría en vista de ello proceder a dos tipos de analítica existenciaria. Pero ello no es necesario. Por un lado, se puede tomar al *Dasein* en su estado indiferenciado con respecto a la autenticidad y a la inautenticidad. Por otro lado, en la interpretación *(Auslegung)* del *Dasein* indiferenciado se revelan ya los modos auténtico e inauténtico.

La analítica existenciaria del *Dasein* se efectúa en el sentido o dirección de la temporalidad en la que, a la postre, va a constituirse. La estructura fundamental es el «ser-en-el-mundo» *(in-der-Welt-sein)* —el «estar-en-el-mundo»—. No es hallarse de una cosa en otra, sino (y de ahí los guiones) una realidad total; el estar-en-el-mundo es un modo de ser. Por eso no hay un sujeto en un mundo (realismo) ni un mundo en un sujeto (idealismo). Por otro lado, el mundo no es un conjunto de cosas; 'mundo' designa, como indica Heidegger, «la noción ontológico-existenciaria de la *mundanidad*». El mundo inmediato del *Dasein* es el «mundo circundante» *(Umwelt)*. Pero este «mundo circundante» no es una *res extensa*. Ello no significa que se descarte todo espacio. Mas el espacio designado por la expresión *res extensa* está, por así decirlo, incluido en la circunmundanidad, o mundanidad del mundo circundante en cuanto mundo-en-el-cual-estoy. La interpretación ontológica de la circunmundanidad

lleva a Heidegger a un examen de la diferencia entre el estar-presente *(vorhanden)* y estar-a-mano *(zuhanden)*. Este último es lo característico del utensilio, el cual no es una cosa con la cual se hace algo, sino el hacer mismo. El utensilio, sin embargo, no es tal por estar subjetivamente determinado a un cierto uso: la «utensibilidad» y «empleabilidad» del utensilio es una determinación ontológica. Algo semejante ocurre con el espacio: éste no es primariamente *res extensa*, sino una especie de orientación-en, que envuelve el acercamiento y el desacercamiento o distanciamiento. Pero acercarse y alejarse (o, si se quiere, alejarse y des-alejarse) no son propiedades subjetivas, sino también caracteres ontológicos por medio de los cuales se aclara la misma noción de extensión.

El «quien» del *Dasein* soy «yo mismo», pero yo soy sólo en la medida en que «soy-con»: ser es para el *Dasein* mit-*Dasein*. Ahora bien, en la «relación» de cada *Dasein* con los demás y con el mundo, es decir, en el fundamental «ser-con» *(Mit-sein)* del *Dasein* en cuanto está-en-el-mundo, aparece el modo de ser fundamental del *Dasein* como preocupación *(Besorgen)*. El *Dasein* puede, ciertamente, tratar de «despreocuparse»; es lo que sucede en la existencia cotidiana donde predomina el «uno» —el «se», en las formas del «se ve», «se dice», etc. El «uno» es como una degradación del *Dasein*. Pero no es degradación moral; ni siquiera es degradación ontológica en el sentido de ser «menos» (véase *supra*): es una degradación existenciaria que constituye el *Dasein* y que, por tanto, no debe ser juzgada negativamente. Es verdad que la descripción del *Dasein* como «caído» *(verfallen)* —como perpetuamente «distraído» por las «habladurías», «el afán de novedades», etc.— parece llevar a una «crítica de la existencia cotidiana». No obstante, la caída del *Dasein* es una de sus caras ontológicas. En efecto, para cada una de las formas básicas de la estructura del *Dasein* —la «disposición» o el «encontrarse-en» *(Befindlichkeit)*, el «comprender» *(Verstehen)* y el habla *(Rede)*— hay dos aspectos: el de la autenticidad, en el recobramiento de sí mismo por sí mismo o apropiación, y el de la inautenticidad, o caída, u olvido de sí mismo, en la distracción. Ambos son existenciariamente constitutivos. Pero no hay duda que Heidegger muestra una indudable preferencia por el aspecto auténtico —o las formas de este aspecto— como constitutivo del *Dasein* como tal.

Tal sucede al intentar determinar el ser del *Dasein* por medio del cuidado *(Sorge)*. Es verdad que el estar-en-el-mundo es siempre ya un estar-caído (un habercaído). Pues, en fin de cuentas, estar-en-el-mundo es haber sido arrojado al mundo, y este ser arrojado es como una caída. No es menos cierto, sin embargo, que el *Dasein* tiene la posibilidad de «levantarse» de esta «caída». Ello

sucede por la angustia, en la cual el *Dasein* se comprende en su nihilidad ontológica. Ésta no es resultado de un ser esencialmente criatura, sino de un no ser propiamente «nada». En su conferencia sobre qué es metafísica, Heidegger elaboró algunos de los temas apuntados en *El Ser y el Tiempo*: la angustia y la nada son dos de ellos. Al comprenderse, el *Dasein* se descubre como «cuidado por...» y como angustia. Ésta revela al *Dasein* en su flotar en la nada. La cual, por lo demás, no es la supresión del ser: la nada no es negación del ente, sino posibilitación del ente en cuanto «elemento» del *Dasein*. La nada es aquello de que el *Dasein* se ve surgir y que puede hundirse. Por eso preguntarse «¿Por qué hay ser y no más bien nada?» —la pregunta fundamental de la metafísica— no tiene exactamente el mismo sentido que la pregunta tenía, por ejemplo, en Leibniz. No es una pregunta dirigida a explicar por qué hay algo, sino más bien a hacer comprender la nada que lo sostiene todo y en la cual sobrenada todo ente.

Las formas básicas de la estructura del *Dasein* —el «encontrarse en», el «comprender» y el «habla»— no son disposiciones psicológicas. El «encontrarse en» es la situación misma, no algo «exterior» o «interior»; es el hecho de «estar ahí», «arrojado» y teniendo que habérselas con la propia existencia en cuanto estar-en-el-mundo. El «comprender» es, por así decirlo, «el constituirse comprensivamente», el ser original dado como un «poder-ser». Por eso el comprender está estrechamente relacionado con el «proyectar», el ser como proyecto *(Ent-wurf)*, esto es, como proyecto de su propia posibilidad de ser. El «habla» es una de las posibilidades fundamentales del «estar-en-el-mundo». Así entendidas, estas formas básicas pueden organizarse en la unidad estructural del cuidado. El cuidado constituye el ser del *Dasein* porque sólo el cuidado pone de relieve el irle a sí mismo al *Dasein* su propio ser. El irle a sí mismo su ser es el «pre-ser-se», el anticiparse a sí mismo en su ser. Por eso el ser del *Dasein* puede ser definido como *Sich-vorweg-schon-sein-in-(der Welt-) als Sein bei (innerweltlich begegnendem Seienden)* [en la traducción de Gaos: «pre-ser-se-ya-en (el mundo) como ser-cabe (los entes que hacen frente dentro del mundo)»]. Esta definición es la misma que la del cuidado y por ello puede decirse que el cuidado es el ser del *Dasein*.

El *Dasein* como cuidado es la idea que permite entender la temporalidad del *Dasein* (o el *Dasein* como temporalidad). En este punto se insertan en la analítica de Heidegger los temas de la muerte y de la conciencia en cuanto llamado a sí mismo *(Ruf)*. La muerte aparece como la constante posibilidad del anticiparse o «pre-ser-se». La muerte puede afrontarse auténtica o inauténticamente. Algo análogo ocurre con la conciencia o llama-

do. Este llamado no es exterior ni tampoco (psicológicamente hablando) interior; en rigor, es el *Dasein* que se llama a sí mismo en la conciencia moral *(Gewissen)*, la cual se revela de este modo como el llamado del cuidado. Por eso el llamado en cuestión es como una «vocación», a la cual el *Dasein* puede o no ser fiel.

El sentido ontológico del cuidado es la temporalidad. Ésta no es la esencia del tiempo como realidad mundana ni el carácter del ser temporal en general: es la unidad del cuidado como temporalidad. Por eso no puede hablarse simplemente de pasado, presente y futuro, ni siquiera (psicológicamente) de recuerdo, percepción y anticipación. La temporalidad del *Dasein* es una temporalidad «originaria» en el sentido de ser la temporalización del *Dasein* en cuanto «preocupado» por su propia posibilidad de ser como estar-en-el-mundo. Lejos de ser el tiempo mundano el modelo de la temporalidad del *Dasein*, ésta es el modelo de aquél.

Cada uno de los elementos básicos del *Dasein* tiene su propio modo de temporalización; en rigor, consiste en la auto-temporalización del *Dasein* de cierto modo. Las dimensiones de la temporalidad no son por ello «fases», sino más bien «éxtasis». La temporalización del *Dasein* por sí mismo no es el pasar del tiempo ni el suceder de acontecimientos: es el propio ser del *Dasein* en su «irle su ser en su ser». En este «irle su ser» el *Dasein* se temporaliza primariamente como anticipación de sí mismo; de ahí el primado del «futuro» en el *Dasein*. La anticipación tiene lugar como «pre-ser-se» en el pasado, con lo cual el *Dasein* se hace presente a sí mismo. Estos modos de temporalización difieren según el elemento del *Dasein* considerado —el «encontrarse en», el «comprender» y el «habla»— y dentro de cada elemento difieren según la temporalización se efectúe en la forma de la autenticidad o de la inautenticidad. En cuanto auténtica, la temporalidad del *Dasein* es histórica —no en el sentido de que el *Dasein* tenga una historia, sino en el sentido de estar constituido por la historicidad. En efecto, «sólo una temporalidad auténtica, que es a la vez una temporalidad finita, hace posible algo como un destino, esto es, hace posible algo como una auténtica historicidad».

Puede preguntarse ahora si hay algún camino que lleve del tiempo originario al «sentido del ser», es decir, si el tiempo se revela también horizonte del ser. Son las preguntas con que termina Heidegger las partes publicadas de *Sein und Zeit*. Casi desde este momento empieza la segunda fase de Heidegger —el «último Heidegger»—, no como un abandono de *Sein und Zeit*, pero sí como una reversión o conversión *(Kehre)*. Desde la misma, *Sein und Zeit* aparece, según el propio Heidegger ha declarado en *Holzwege*, como un «mojón» en el camino hacia el ser. Pero desde ahora se trata de un camino «inverso» en todos los sentidos. El ser no aparecerá ya como lo «abierto» al *Dasein*, sino como lo que hace posible la propia abertura del *Dasein*. La verdad no aparecerá como abertura del *Dasein*, sino como iluminación por el ser, como una especie de protección del ser en cuanto Presencia, etc. En general, lo característico del pensamiento del «último Heidegger», aparte su hostilidad a la exposición sistemática, su preferencia por lo poético, su constante buceo en lo escondido en la Palabra, es el transformar el pensar acerca del ser en un «pensar el ser mismo», es decir, en un aparecer el ser como «llamando» o «significando». Lo que hace el pensamiento es aquí «significar algo», esto es, indicar el camino para llegar hasta él. El ser se convierte en una casa donde pueda habitar el hombre que en lugar de «forzar» el ser se inclina humildemente ante él; se convierte en un claro en un bosque donde los caminos no van nunca a ninguna parte. El ser puede aparecer y puede ocultarse, pero en ningún caso es apariencia, sino presencia; el ser como apariencia no es un ser, sino un ente. Lo mejor para aprehender el ser es justamente no aprehenderlo, dejarlo en su ser; el hombre debe permanecer donde está, sin tratar de forzar la realidad mediante la técnica, con el fin de permitirle al Ser trans-parecer. El ser es como una especie de luz, alojada en el lenguaje —en el lenguaje poético o creador—. El ser es así el horizonte luminoso en el cual todos los entes están en su verdad. El ser es una especie de gracia; la importancia del hombre radica no en despejar el camino para alcanzar esta gracia, sino en dejarla ser y dejarse llevar por ella a un tiempo: el hombre es, en rigor, «el pasar del ser», El hombre no encamina el ser a su realización o a su degradación, sino que el ser hace posible para el hombre existir o no auténticamente. Cierto que el ser tiene que aparecer de algún modo en un horizonte. Este horizonte parece ser cada vez más en Heidegger el lenguaje. Hasta es posible decir *cum grano satis* que el ser es no el tiempo, sino el lenguaje. Y como el lenguaje en el cual el ser no es «forzado» no es el lenguaje científico —el cual constituye la realidad como objeto— ni el técnico —el cual modifica la realidad para aprovecharse de ella—, no queda sino un tipo de lenguaje que por un lado es esencialmente poético, pero que en el fondo es «conmemorativo». Pensar el ser es, así, «conmemorarlo». Lejos de la descripción, de la explicación, de la interpretación, estamos dentro de la «conmemoración». Hay que conmemorar el ser para que no caiga en el olvido. Pero conmemorar el ser es a la vez protegerlo contra la descripción, la explicación y la interpretación. Por tanto, acceder al ser es algo muy distinto de conocerlo. Al ser se accede no por el análisis metafísico, sino por el «habitarlo». Como «la cosa» manifiesta su carácter

en la «reunión» de sus elementos, el ser manifiesta su carácter en la «reunión» de los entes. Pero el ser no es el conjunto de los entes ni un ente especial: el ser es el habitar de los entes. Por eso habitar en la tierra es un modo de seguir el ser. El ser «reúne» «en verdad» y, además, «en libertad».

Por la índole de la presente obra no hemos podido hacer aquí sino enunciar a la carrera algunas de las «indicaciones» del «último Heidegger». Ello es, por supuesto, insuficiente. Pero no sólo porque la naturaleza de estas «indicaciones» radica en el modo de hacerlas y en el lenguaje en que están expresadas, de modo que no pueden en ninguna manera «resumirse», sino también porque tales «indicaciones» no bastan tampoco por sí mismas. A pesar de su tendencia a «poetizar el ser conmemorándolo y habitándolo», Heidegger no deja de lado ni la ontología ni la instancia en la «diferencia ontológica». Ontológicamente, y hasta «onto-teo-lógicamente», las «indicaciones» de Heidegger sobre el ser, el pensamiento conmemorativo, el juego, etc., son paralelas a una ontología que hasta el momento parece poder ser sólo negativa. En efecto, lo que ontológicamente resulta del «último Heidegger» es que el ser no es nunca ningún ente, ni un principio de los entes, ni el «fondo de la realidad». No es tampoco algo inefable, porque el ser hace justamente posible el lenguaje; el ser es lo que hace que se pueda hablar de las cosas. Mas si el ser no es ningún ente ni es tampoco principio de los entes, habrá que concluir que el ser no es nada. Y en algún sentido tal ocurre; por eso Heidegger procedió a tachar en una de sus obras el vocablo 'ser'. Sin embargo, hay en Heidegger un decidido intento de no hacer del ser algo «escondido». El ser es un misterio, pero no en el sentido de estar fuera de toda comprensión, sino sólo en cuanto no es comprensible a base de ninguno de los entes. Ahora bien, al subrayar «la diferencia ontológica», Heidegger parece indicar que el ser del cual se habla y en cuya «casa» habita el hombre, es la realidad misma en cuanto ser. Según ello, el ser sería todo lo que se ha negado de él. No estaría oculto tras los entes; sería los entes mismos en cuanto presentes. Esta presencia, por lo demás, no tiene lugar de una sola vez: es una «historia» y a la vez un «destino». La historia y el destino del ser son a la vez la historia y el destino del «pensar esencial» como «pensar conmemorativo»; el destino del ser es «advenir» como historia del pensar esencial, del pensar que «juega» con el ser y se refleja en el ser. En el curso de este «advenimiento» se «reblandece» la tradición «endurecida» para recobrarse la verdadera tradición, que es tradición del ser en su advenir.

Obras: «Neuere Forschungen über Logik», *Literarische Rundschau für das katholische Deutschland,* 38 (1912), 465-72, 517-24, 565-70 («Nuevas indagaciones sobre la lógica»). —«Das Realitätsproblem in der modernen Philosophie», *Philosophisches Jahrbuch,* 25 (1912), 353-63 («El problema de la realidad en la filosofía moderna»). —*Die Lehre vom Urteil im Psychologismus. Ein kritisch-positiver Beitrag zur Logik,* 1914 (Dis.) *La teoría del juicio en el psicologismo. Contribución crítico-positiva a la lógica).* —«Der Zeitbegriff in der Geschichtswissenschaft», *Zeitschrift für Philosophie und philosophische Kritik,* 161 (1916), págs. 173 y sigs. [Lección para obtener la *venia legendi* en Friburgo] («El concepto de tiempo en la conciencia histórica»). —*Die Kategorien und Bedeutungslehre des Dunš Scotus,* 1916 *(La teoría de las categorías y de la significación en D. E.).* Sein *und Zeit,* Hälfte, 1927. Las sucesivas ediciones de esta obra incluyen revisiones, ninguna radical (trad. esp.: *El Ser y el Tiempo,* 1951, por José Gaos; ed. rev., 1962). Resumen y abreviatura de esta obra por José Gaos en *Introducción a «El Ser y el Tiempo» de Martin Heidegger,* 1951. —*Kant und das Problem der Metaphysik,* 1929, 2.ª ed., 1951 (trad. esp.: *K. y el problema de la metafísica,* 1954, por Gred Ibscher Roth y Elsa Cecilia Frost). —*Was ist Metaphysik?,* 1929, 5.ª ed., 1959 (trad. esp.: *¿Qué es Metafísica?»,* en *Cruz y Raya* [Madrid], N.º 6 [1931], por Xavier Zubiri; otra trad. en *Sur* [Buenos Aires], N.º 5 [1932], por Raimundo Lida; trad. de «El retorno al fundamento de la metafísica», en *Ideas y Valores*

[Bogotá], Nos. 3 y 4 [1952], por Rafael Gutiérrez Girardot; otra trad. en *Revista Cubana de Filosofía* [1953]. —*Vom Wesen des Grundes*, 1929, 3.ª ed., 1949 (trad. esp.: «Esencia del fundamento», *Sustancia* [Tucumán], N.º 4 [1940], por A. Goller de Waler; otra trad.: *La esencia del fundamento*, 1944, por J. D. García Bacca; otra: «De la esencia del fundamento», en *Ser, verdad y fundamento*, 1968, por Eduardo García Belsunce). —*Hölderlin und das Wesen der Dichtung,* 1937 (trad. esp.: «H. y la esencia de la poesía», en *Escorial* [Madrid], N.º 28 [1943]; otra trad.: *H. y la esencia de la poesía*, 1944, por J. D. García Bacca; otra: «H. y la esencia de la poesía», en *Arte y poesía*, 1958, por Samuel Ramos). —*Interpretaciones sobre la poesía de Hölderlin*, trad. José M.ª Valverde, 1983. —*Vom Wesen der Wahrheit*, 1943, 2.ª ed. (trad. esp.: «De la esencia de la verdad», en *Cuadernos de Filosofía* [Buenos Aires], N.º 1 [1948], por Carlos Astrada; otra trad. con el mismo título en *Ser, verdad y fundamento*, 1968, por Eduardo García Belsunce. —*Platons ferung*, 1942 (trad. esp.: «La doctrina de Platón acerca de la verdad», en *Cuadernos de Filosofía* [Buenos Aires], Nos. 7 y 9 [1948], por Alberto Wagner de Reyna; otra trad.: *Carta sobre el humanismo*, 1958, por Roger Munier y Raúl Gustavo Aguirre; otra: *Carta sobre el humanismo*, 1959, por Rafael Gutiérrez Girardot). —*Holzwege. Eine Sammlung von Vosträgen*, 1950

(hay trad. esp. de capítulos de esta obra «El origen de la obra de arte», en *Cuadernos Hispanoamericanos* [Madrid], Nos. 25-27 [1952], por Francisco Soler-Grima, y en *Arte y Poesía*, 1958, por Samuel Ramos; *La época de la imagen del mundo*, 1958, por Alberto Wagner de Reyna, y de la obra completa: *Sendas perdidas*, 1960, por José Rovira Armengol). —*Der Feldweg*, 1953 (trad. esp.: «La voz del camino», en *Cuadernos Hispanoamericanos*, N.º 14 [1950], 209-14, por Aurelio Fuentes). —*Einführung in die Metaphysik*, 1953 (trad. esp.: *Introducción a la metafísica*, 1956, 2.ª ed., revisada, 1960, por Emilio Estiú). —*Was heisst Denken?*, 1954 (trad. esp.: *¿Qué significa pensar?*, 1958, por Haroldo Kahnemann). —*Aus der Erfahrung des Denkens*, 1954 (trad. esp. parcial: «De la experiencia del pensar», *Cuadernos Hispanoamericanos*, N.º 56 [1954], 178-80, por José María Valverde; otra trad.: «Sobre la experiencia del pensar», en *Anuario de Arte y Literatura*, Argentina, 1961-1962). «Aletheia» [de un curso de 1943 sobre Heráclito)] (hay trad. esp. de varias partes de este libro: «¿Quién es el Zaratustra de Nietzsche?», *Cuadernos Hispanoamericanos*, N.º 150 [1962], 321-340, por Luis González Suárez-Llanos; «¿Qué significa pensar?», en *Sur*, Nos. 215-216 [1952], por Hernán Zucchi; «La Cosa», en *Ideas y Valores* [Bogotá], 1953, por Rafael Gutiérrez Girardot; otra traducción en *Cuadernos Hispanoameri-*

canos, núm. 98 [1958], 133-158, por Víctor Sánchez de Zavala, con nota del traductor, págs. 133-36; «En el poema habita el hombre», en *Revista Nacional de Cultura* [Caracas], N.º 110, 1955, por Rafael Gutiérrez Girardot. —*Was ist das die Philosophie?,* 1956 (trad. esp.: *¿Qué es eso, la filosofía?,* 1958, por Víctor Li-Carrillo [con una carta de Heidegger al traductor]; otra trad.: *¿Qué es eso de filosofía?,* 1960, por Adolfo P. Carpio. —*Zur Seinsfrage,* 1956 (trad. esp.: *Sobre la cuestión del ser,* 1958, por Germán Bleiberg). —*Der Satz vom Grund,* 1957 (trad. esp.: *El principio de razón,* 1958). —*Gelassenheit,* 1959 (trad. esp.: «Serenidad», en *Eco* [Bogotá], Nos. 1-4 [1960], por Antonio de Zubiaurre). —«*Der Weg zur Sprache*» [conferencia dada en 1959, con algunos cambios] (trad. esp. de partes de esta obra: «Georg Trakl: Una localización de su poesía», en *Georg Trakl. Poesías,* trad. por Hernán Zucchi, 1956, págs. 7-56; «El habla», en *Revista de Filosofía* [Santiago de Chile], 8, 2-3 [1961]). —*Die Frage nach dem Ding. Zu Kants lehre von der transzendentalen Grundsätzen,* 1962 (trad. esp.: *La pregunta por la cosa: La doctrina kantiana de los principios trascendentales,* 1964, por Eduardo García Belsunce y Zolten Szankay). —*Kants These über das Sein,* 1962 (trad. esp.: «La tesis de Kant sobre el ser», en *Ser, verdad y fundamento,* 1968, trad. Eduardo García Belsunce).

Edición de obras: *Gesamtausga-be,* desde 1975, en 4 partes: *I. Veröffentliche Schriften (1914-1970); II. Vorlesungen (1923-1944); III. Unveröffentlich Abhandlungen (1919-1967); IV. Aufzeichnungen und Hinweise,* ed. por Walter Biemel, Friedrich-Wilhelm von Herrmann, Klaus Held *et al.,* en más de 70 vols. —*Die Selbstbehauptung der deutschen Universität* (1933) y *Das Rektorat 1933/34. Tatsachen und Gedanken,* 1983, ed. Herman Heidegger.

Véase: Carlos Astrada, *Idealismo fenomenológico y metafísica existencial,* 1936. —Íd., íd., *Ser, humanismo, «existencialismo». Una aproximación a H.,* 1949. —Alberto Wagner de Reyna, *La ontología fundamental de H.,* 1939. —Alphonse de Waelhens, *La filosofía de M. H.,* 1942, trad. esp., 1945. —Íd., íd., 1955 [en la serie «Filósofos y sistemas» dirigida por V. Fatone]. —J. D. García Bacca, *Nueve grandes filósofos contemporáneos y sus temas,* vol. I, 1947. —Ismael Quiles, *H., el existencialismo de la angustia,* 1948. —Max Müller, *Crisis de la metafísica,* 1949, trad. esp., 1961. —Karl Löwith, *H., pensador de un tiempo indigente,* 1953-1965, trad. esp. 1956. —J. R. Sepich, *La filosofía de Ser y del Tiempo, de H.,* 1954. —Manuel Sacristán Luzón, *Las ideas gnoseológicas de H.,* 1959. —Juan Antonio Nuño, «La revisión heideggeriana de la historia de la filosofía. La tarea de la destrucción de la historia de la ontología en relación con la filosofía griega», *Episteme* [Caracas], 1959-1960, págs. 189-280 [hay separata]. —Maurice Corvez, *La filosofía de H.*, 1961, trad. esp., 1971. —Pedro Cerezo Galán, *Arte, verdad y ser en H.: La estética en el sistema de H.*, 1963. —Raúl Echauri, *El ser en la filosofía de H.*, 1964. —Francisco Soler, *Apuntes acerca del pensamiento de H.*, 1983 (H. y Ortega).

HERÁCLITO, de Éfeso (nac. *ca.* 544 [fl., según Apolodoro, en la Olimpiada 69, es decir, 504-501] antes de J. C.), era más joven que Pitágoras y que Jenófanes, de quien algunos dicen que recibió algunas influencias. Algunos autores, que presentan a Heráclito como «el contradictor de Parménides», suponen que por lo menos la actividad del primero fue posterior a la del segundo. Estos autores aproximan Heráclito a Empédocles, aproximación que, de ser cierta, sería, como indica José Gaos (*Orígenes de la filosofía y de su historia*, 1960, pág. 97), «notable e importante para la Historia de la filosofía griega». Gaos *(loc. cit.)* indica que la suposición de que Heráclito es «posterior a Parménides» es «la posición en la contemporánea filología e Historia de la filosofía». Sin embargo, muchos autores sostienen que tal posición es insostenible o cuando menos altamente improbable. Estos últimos autores nos parecen proporcionar más sólidos datos y argumentos que los primeros.

Amigo de la soledad, y enemigo de la multitud —del «rebaño» de los ciudadanos que expulsaron a Hermodoro, «el mejor de todos» (121) [para los números entre paréntesis véase bibliografía de este artículo]—, Heráclito pareció querer expresar su pensamiento sólo para los «pocos». Su estilo de pensar es el de un oráculo; recibió por ello el sobrenombre de «el oscuro», ó Σκοτεινός: *(Estrabón*, XIV, 25; *obscurus*, cfr. Cicerón, *De fin.*, II, 15). Teofrasto habló de la μελαγχολία de Heráclito (Diog. L., IX, 5), por la cual no hay que entender «melancolía» en el sentido actual, sino «impulsividad». Diógenes Laercio (IX, 6) atribuye a Heráclito una obra titulada *De la Naturaleza* —título usado asimismo en relación con otros presocráticos—, la cual se dividía en tres partes: «Sobre el universo», «Sobre la política», «Sobre la teología», pero es dudoso que, si Heráclito escribió semejante obra, estuviese dividida de ese modo; más probable es que la división en cuestión procediera de una compilación alejandrina que hubiera usado la división estoica de la filosofía en tres partes. En todo caso, lo que nos ha llegado de Heráclito son «fragmentos» cuyas fuentes se hallan en citas, referencias y comentarios debidos a varios autores (de los que citamos a Sexto el Empírico, San Clemente, Diógenes Laercio, Hipólito, Jámblico, Plotino, Plutarco, Porfirio, Estobeo, Teofrasto, y —los más conocidos, aunque no en este caso más de fiar— Platón y Aristóteles). Muchos de estos «fragmentos» parecen «completos», de tal suerte que el propio estilo de Heráclito da la impresión de ser «fragmentario» —o, quizá mejor, «lapidario»—. Ejemplos de tales «fragmentos» se hallan en la exposición de la doctrina de Heráclito que ofreceremos. Nos basamos en el contenido de la sección B («Fragmente») en la edición de Diels-Kranz; aunque algunos de ellos son considerados hoy dudosos y, por otro lado, haya que agregar como «fragmentos» textos que Diels-Kranz no introdujeron en dicha sección, bastan para nuestro propósito. Se ha discutido mucho sobre la autenticidad de los textos, sobre la ordenación de los «fragmentos» y sobre la interpretación a dar a cada uno de ellos. No podemos hacer estado aquí de esas discusiones, pero ofreceremos nuestra exposición teniendo en cuenta algunos de los resultados que estimamos más razonables y sólidos. La exposición abarca cuatro aspectos: (a) la cuestión del saber; (b) el problema del cambio; (c) la noción de oposición (y de conflicto), y (d) la idea de unidad, orden y ley. No pretendemos que Heráclito mismo hubiese seguido este esquema, pero creemos que el mismo ayuda a comprender mejor sus doctrinas. Durante un tiempo (y especialmente por la influencia de Platón y en parte de Aristóteles; y, en la época moderna, seguramente de Hegel, de Lassalle y otros autores) se insistió en considerar a Heráclito como «el filósofo del cambio (o del devenir)», frente a Parménides, llamado «filósofo de la inmovili-

dad (o del ser)». En nuestra exposición no negamos este aspecto en el pensamiento de Heráclito, pero no lo consideramos exclusivo.

a) Heráclito proclama que una cosa es saber mucho y otra poseer entendimiento; si lo primero implicara lo segundo habría enseñado a Hesíodo, Pitágoras, Jenófanes y Hecateo a poseer entendimiento (40). Ni Homero ni Arquíloco merecen confianza (42). Lo importante para Heráclito es un saber de lo esencial: «Lo sabio es uno: conocer con verdadero juicio de qué modo las cosas se encaminan a través de todo» (41). Estos fragmentos parecen hallarse en contradicción con el fragmento 35, donde se subraya la diversidad, pero este último fragmento parece menos importante comparado con la insistencia de Heráclito en que «lo sabio es uno». Un conflicto semejante se halla entre el fragmento «Prefiero las cosas en las que hay que ver y oír y percibir» (55) y fragmentos como los siguientes: «Los ojos y oídos son malos testigos para los hombres cuando no tienen almas para entender su lenguaje» (126); «Cuando su visión se oscurece un hombre prende para sí mismo una luz; ser viviente, cuando está dormido entra en contacto con los muertos, y cuando despierta entra en contacto con los dormidos» (26); «El Señor, cuyo origen se halla en Delfos, ni habla ni disimula, sino que da una señal» [en español podría decirse: «significa»] (93). Pero este conflicto puede ser aparente; el ver y oír y percibir pueden ser un ver, oír y percibir mediante el entendimiento. En todo caso, Heráclito parece fundar el saber en una especie de «atención al Logos»: «...aunque el Logos es común, muchos viven como si tuvieran un entendimiento privado» (2). Saber es saber de lo Uno por medio del Logos.

b) Este saber da un primer resultado: la conciencia de que todo es fluido y está en perpetuo movimiento. En *Crat.*, 402 A, Platón escribe: «Heráclito dice que todas las cosas fluyen, παντα ρεῖ, y que nada permanece quieto, y comparando las cosas existentes a la corriente de un río dice que nadie puede sumergirse en él dos veces». Esta frase de Platón ha condicionado en gran parte la idea de Heráclito como «el filósofo del devenir». No es fácil saber si, como apunta Aristóteles *(Met.*, A, 6, 987 a 32*)*, fue Cratilo el que dio esta idea a Platón. Así, si no Heráclito, por lo menos los «heracliteanos» subrayaban el «todo fluye». Al referirse a esta interpretación de Heráclito, escribe Aristóteles en *Phys.*, VIII, 3, 253 b 9: «Y algunos dicen que no hay cosas existentes que se mueven y otras que no se mueven, sino que todas las cosas se mueven constantemente». Lo cual —añade— «escapa a nuestra percepción». Pero aunque se rechace esta interpretación de Heráclito como parcial no parece fácil excluir de la doctrina de Heráclito las tan repetidas frases: «Sobre los que se sumergen en los mismos ríos fluyen siempre distintas aguas» (12) y «El Sol es nuevo cada día» (6). Lo que puede hacerse es subsumir la doctrina heracliteana del cambio perpetuo de todas las cosas en un conjunto más amplio. Por lo pronto, en la noción de oposición.

c) Diversos son los fragmentos de Heráclito en los que se subraya la idea de oposición y conflicto. «Los mortales son inmortales; los inmortales son mortales, pues que viven su muerte y mueren su vida» (62). «Y lo mismo existe en nosotros como vivo y muerto, como despierto y dormido, como joven y viejo; pues lo último [muerto, viejo, dormido] es, tras haber cambiado, lo primero [vivo, despierto, joven], y lo primero es, tras haber cambiado, lo segundo» (88). En vista de estos y otros textos similares se llegó a decir que para Heráclito «la misma cosa es y no es» (Cfr. Aristóteles, *Met.*, 3, 1005 b, 25, aunque Aristóteles indica que «algunos creen que Heráclito dijo tal»). Ahora bien, aunque Heráclito parece complacerse en la contraposición, no se trata tanto de contradicciones como de contrastes. Además, estos contrastes ofrecen dos características. Por un lado, se trata de predicados que se contraponen cuando se aplican a dos distintos sujetos: «El mar es el agua más pura y más impura: para los peces, es potable y saludable; mas para los hombres es impotable y venenosa» (61). No hay, pues, aquí propiamente contradicción, pues no se dice que el agua sea pura e impura en el mismo respecto. Cuando Heráclito escribe que «la guerra es el padre y el rey de todo, y a algunos aparece como dioses, a otros como hombres; a algunos hace esclavos y a otros libres» no afirma que aparezca de modo opuesto a los mismos seres. Por otro lado, el contraste se manifiesta como un doble camino. «El camino ascendente y descendente es el mismo» (60); es el mismo camino en dos posibles direcciones que se encuentran. El lugar donde se encuentran los opuestos es su fundamento. Pues muchos «no comprenden cómo lo diverso concuerda consigo mismo; armonía de lo antagónico como en el arco y la lira» (51). Cierto que Heráclito acumula contrastes: «Las cosas en conjunto son un todo y no lo son; son algo junto y separado; son lo que está a tono y fuera de tono; de todas las cosas emerge una unidad, y de la unidad todas las cosas» (10). Además, parece seguir en ello un modelo cuyo esquema es, como ha indicado Hans Leisegang, ABBA. Pero en el fondo de los contrastes late el orden y la unidad.

d) Este orden y unidad son en parte cosa de justicia: «El sol no traspasará sus límites, pues de lo contrario las Erinias que administran justicia lo perseguirían» (94). Son también, y sobre todo, consecuencia de la universalidad del Logos: «Oyéndome no a mí, sino al Logos, es sabio acordar que todo es uno» [que «todas las cosas son homólogas»] (50). Pues «...todo sucede de acuerdo con [ese] Logos...» que, según Heráclito, los hombres no comprenden ni antes ni después de oír hablar de él. Los contrastes deben arraigar en una ley. De este modo no sólo quedan ordenados los contrastes, sino también, y muy especialmente, el cambio. Todo fluye y cambia, pero no de cualquier modo. Cambia según un orden, que puede compararse con el fuego por cuanto es a la vez lo inestable y lo permanente, o, mejor dicho, lo inestable *en* lo permanente. Y por eso dice Heráclito, en uno de los fragmentos más reveladores de su doctrina, que «este cosmos [el mismo para todos] no fue hecho por dioses o por hombres, sino que siempre fue, y es, y será, al modo de un fuego eternamente viviente, que se enciende con medida y se extingue con medida» (30). La realidad puede describirse metafóricamente como una pulsación o serie de pulsaciones regidas por una ley y por un Logos.

Los números entre paréntesis son los que figuran en la sección B de la edición de Diels-Kranz, *Die Fragmente der Vorsokratiker,* 5.ª ed., 22 (12) (las posteriores ediciones de Diels-Kranz conservan la misma numeración). En español véase Luis Farré, *Heráclito,* 1959 (exposición, págs. 11-103; trad. de textos, 107-71) y Agustín García Calvo, *Razón común.* Edición crítica, ordenación, traducción y comentario de los textos del libro de Heráclito (en *Lecturas presocráticas,* 2), 1985.

Bibliografía: O. Spengler, *Heraklitische Studie über die energetischen Grundgedanken seiner Philosophie,* 1904; reimp. en *Reden und Ausfsätze,* 1937 (trad. esp.: *Heráclito,* 1947). —Rodolfo Mondolfo, *H.: Textos y problemas de su interpretación,* ed. corregida y aumentada, 1971. —Martin Heidegger y Eugen Fink, *Heraklit,* 1970 (notas de un seminario, 1966-1967). Angel J. Cappelleti, *La filosofía de Heráclito de Efeso,* 1969.

HERDER, JOHANN GOTT-FRIED (1744-1803), nac. en Mohrungen (Prusia Oriental), fue predicador en Bückeburg y Superintendente general en Weimar. Discípulo de Kant en su período pre-crítico, se opuso muy terminantemente a la filosofía trascendental, intentando mostrar, en su *Metacrítica,* que el origen del conocimiento radica en las sensaciones del alma y en las analogías que ésta establece a base de las experiencias de sí misma. Las categorías no son, pues, según Herder, nociones trascendentales, sino resultados de la organización de la vida. Estas categorías son: ser, existencia, duración (categorías del ser); lo mismo-lo otro, especie, género (categorías de las propiedades); operaciones en sí, en oposición a, junto con (categorías de las fuerzas); punto, espacio, tiempo y fuerza indeterminados (categorías de la masa). Ahora bien, la más importante contribución de Herder radica en su doctrina del lenguaje y en su filosofía de la historia. En lo que toca a la primera, Herder subrayó el carácter natural-evolutivo del lenguaje, surgido de la imitacion de los sonidos de la Naturaleza y capaz de evolución y crecimiento continuos. En cuanto a la segunda, Herder se opuso al limitado sentido histórico de la Ilustración para destacar que la historia —en tanto que evolución y crecimiento— es una característica de todas las realidades naturales, de tal suerte que el universo entero puede ser entendido desde el punto de vista de su desarrollo evolutivo-histórico. Sin embargo, donde mejor se manifiestan las leyes evolutivas generales de la Naturaleza es la historia humana. Herder consideraba absolutamente indispensable consagrar atención máxima a la filosofía de la historia de la humanidad: «desde mi juventud —escribe—, en el momento en que se la ciencia se me presentaba bajo los brillantes colores del alba que son disueltos casi enteramente por el sol de mediodía de nuestra existencia, se me ocurrió preguntarme por qué si todo tiene en el mundo su filosofía y su ciencia, lo que nos alcanza más directamente, la historia de la humanidad entera en general, no ha de tener también una filosofía y una ciencia». No es ningún problema de carácter particular; metafísica y moral, física y religión llevan siempre a él. De ahí el intento de la descripción de la gran evolución de la especie humana, la cual se ha desarrollado, según Herder, partiendo de las necesidades impuestas por el género de vida y por las condiciones naturales de toda especie. En rigor, todo ha sucedido en la Naturaleza como si la formación de la humanidad fuera su finalidad última. Pero la humanidad no recorre su evolución en una sola etapa; tiene que recorrer distintos grados de cultura y cambiar de formas hasta que se funde una sociedad basada en la razón y en la justicia. La descripción de estas etapas se hace comprensible por medio de la formulación de una serie de leyes naturales. Tres de ellas son especialmente importantes. Herder las enuncia en el Cap. III, Libro XIV, de sus *Ideas*. La primera ley es: para que un sistema sea permanente debe haber alcanzado una especie de perfección, un máximo o un mínimo, resultado de la dirección de las fuerzas de que se compone. La segunda ley es: toda perfección, toda belleza de fuerzas combinadas, limitadas entre sí, o del sistema que de ellas resulta, se halla en un máximo parecido. La tercera es: si un ser o un sistema de seres se halla alejado de este centro de verdad, de bondad y de belleza, se acercará a él por medio de sus fuerzas íntimas, ya sea por un movimiento de vibración, ya sea persiguiendo su asíntota, y esto debido a que, estando fuera del centro, no se halla en reposo. Herder suponía que todo este movimiento está

regido, en último término, por una bondad inteligente, a cuyos designios deben someterse las acciones humanas. Pero la filosofía de la historia de Herder no se limitaba a establecer una serie de leyes generales o abstractas. Fiel a su amor a lo concreto y a lo individual, particularmente anheloso de comprender la vida de las comunidades humanas, con sus lenguajes, costumbres y religiones, Herder intentó describir la historia del mundo. He aquí la sucesión de los pueblos por él estudiados: China, el Extremo Oriente, el Tibet, India, Babilonia, Asiria y Caldea, los medas y los persas, los hebreos, Fenicia y Cartago, Egipto, Grecia, Etruria, Roma, Vasconia, Galia, letones, finlandeses y prusianos, pueblos germánicos y pueblos eslavos. Una parte de estos pueblos ha constituido la civilización europea, que Herder ha estudiado con especial atención, partiendo del encuentro de los pueblos antiguos, los germánicos y la religión cristiana, y con la posterior influencia de los árabes. La civilización europea debe su prosperidad y su brillante situación «en el universo de los pueblos» a un concurso de circunstancias: la multiplicidad de pueblos e ideales, el clima templado, la relación con los demás pueblos. Por eso en Europa se ha conseguido lo que los otros pueblos trabajaron por alcanzar, pero sin conseguirlo más que parcialmente: una cultura humana activa.

Obras filosóficas principales:

Abhandlung über den Ursprung der Sprache, 1772 *(Tratado sobre el origen del lenguaje). —Auch eine Philosophie der Geschichte der Menschheit,* 1774 *(Otra filosofía de la historia de la humanidad). —Vom Erkennen und Empfinden der menschlichen Seele,* 1778 *(Del conocer y del sentir del alma humana). —Ideen zur Philosophie der Geschichte der Menschheit,* 4 vols. (I, 1784; II, 1785; III, 1787; IV, 1791) (trad. esp.: *Ideas para una filosofía de la historia de la Humanidad,* 1959). *—Gott. Gespräche über Spinozas System,* 1787 *(Dios. Diálogos sobre el sistema de Spinoza). —Von der menschlichen Unsterblichkeit,* 1792 *(De la inmortalidad humana). —Briefe zur Beförderung der Humanität,* 1793-97 *(Cartas para el estímulo y elevación de la humanidad). —Verstand und Erfahrung, Vernunft und Sprache, eine Metakritik der reinen Vernunft,* 1799 *(Entendimiento y experiencia, razón y lenguaje, una metacrítica de la razón pura). —Kalligone,* 1800 (también, como el anterior escrito, contra Kant). *—Adrastea,* 1809.

Hay trad. esp. de: *Defensa de la religión cristiana,* 1798; *De la gracia en la escuela,* 1923; de *La idea de la humanidad,* 1954 (selección por C. Schirber).

Ediciones de obras completas: Maria Carolina Herder *et al.* (45 vols., 1808-1820); B. Suphan [ed. crítica] (33 vols. 1877-1913; reimp., 1967 y sigs.). Véase: F. Meinecke, *Die Entstehung des Historismus,* 1936 (trad. esp.: *El historicismo y su génesis,* 1944). —Varios autores, *Vico y H. Homenaje en el segundo centenario* (Universidad de Buenos Aires, 1954).

HOBBES, THOMAS (1588-1679), nac. en Westport, en las cercanías de Malmesbury, y hoy parte de Malmesbury (condado de Wiltshire, Inglaterra), estudió en Oxford. Entre 1608 y 1610 viajó por Francia e Italia como preceptor del hijo de Lord Cavendish. En 1629 regresó de nuevo a Francia, como preceptor del hijo de Sir Gervase Clifton, y permaneció en dicho país hasta 1631. En Inglaterra entró de nuevo al servicio de Lord Cavendish, viajando por Francia e Italia desde 1634 a 1637, entrevistándose con Galileo y siendo luego introducido en el llamado «círculo de Mersenne». Su estancia en París dentro de dicho período y su contacto con varias personalidades filosóficas y científicas fueron decisivas para la formación de sus ideas filosóficas. Su preocupación por los problemas políticos y sociales se fundió con su interés por la geometría y por el pensamiento de los «filósofos mecanicistas». Durante su citada estancia en París escribió, a instancias de Mersenne, las «Terceras Objeciones» a las *Meditaciones* de Descartes. De vuelta a Inglaterra, en 1640, escribió *The Elements of Law, Natural and Politic,* de las que se publicaron dos partes en 1650 con los títulos *Human Nature* y *De corpore político.* Realista y adversario de Cromwell, Hobbes se refugió en 1640 en Francia, y allí comenzó a publicar las diversas partes de su «sistema», empezando, en 1642, con la tercera parte, el *De cive*. En París escribió el *Leviathan,* publicado en Londres en 1651, y luego fueron apareciendo las otras partes (véase bibliografía para títulos completos de obras principales de Hobbes y orden de aparición). Tras la decapitación de Carlos I, en 1649, Hobbes comenzó a alejarse de los círculos realistas de París y en 1652 regresó a Inglaterra, estableciéndose en la casa del Earl de Devonshire. Tras la restauración de 1660 Hobbes recibió una pensión de Carlos II, continuando intensamente sus actividades literarias y enzarzándose en varias polémicas sobre asuntos teológicos, eclesiásticos, políticos, científicos y matemáticos. Las polémicas matemáticas ocuparon gran parte de la actividad de Hobbes, como lo testifica el número de escritos, especialmente contra John Wallis.

La filosofía de Hobbes ha sido calificada de empirista, corporalista, materialista, racionalista y nominalista. Todos estos epítetos le convienen, pero no son suficientes para caracterizarla. En efecto, lo que importa en Hobbes es la interna trabazón de esas distintas tendencias. Esta trabazón está determinada por dos motivos capitales: el que puede llamarse científico y el político. Los dos motivos, además, están estrechamente relacionados entre

sí, pues la filosofía mecanicista de Hobbes tiene, en la intención del autor, el propósito de afrontar el problema político capital —el de la constitución de la sociedad y la evitación de la guerra civil—, y a la vez la filosofía política de Hobbes es para su autor una confirmación de su pensamiento mecanicista. En todo caso, Hobbes elaboró su filosofía como una «filosofía de los cuerpos y de los movimientos (mecánicos) de los cuerpos». Influido por la mecánica de Galileo, Hobbes desarrolló una visión mecanicista del mundo según la cual lo único que hay son «cuerpos» en movimiento. Hay dos clases fundamentales de cuerpos: los cuerpos naturales y los sociales. De acuerdo con ello, hay dos ramas fundamentales de la filosofía: la filosofía natural y la civil. La filosofía civil puede tratar de los elementos constituyentes de los cuerpos sociales (de los hombres en sus disposiciones y afecciones), en cuyo caso es ética; o de los cuerpos sociales mismos, en cuyo caso es política. De este modo la filosofía como doctrina de los cuerpos y sus movimientos, y como estudio de las causas y efectos de los cuerpos, se divide en tres partes: doctrina de los cuerpos naturales *(de corpore)*, doctrina de los cuerpos humanos *(de homine)* y doctrina de los cuerpos sociales o sociedades *(de cive)*.

Si en vez de considerar el tipo de «cuerpos» estudiados consideramos el modo de estudio, tenemos por lo pronto dos posibilidades. Por un lado, podemos estudiar los movimientos de los cuerpos en cuanto unos producen efectos sobre otros: es la ciencia del movimiento o geometría. Por otro lado, podemos estudiar los movimientos de las partes de los cuerpos y los efectos producidos: es la ciencia de los fenómenos naturales o física. Finalmente, podemos estudiar los movimientos de los espíritus —como «cuerpos mentales»—: es la filosofía moral. Como el conocimiento es «conocimiento de consecuencias», pueden también considerarse las consecuencias de los accidentes de los cuerpos naturales (filosofía natural) o las consecuencias de los accidentes de los cuerpos sociales (filosofía moral o filosofía civil). El estudio de las consecuencias como tales es objeto de la lógica; el de las consecuencias de los accidentes comunes a todos los cuerpos constituye «los primeros fundamentos de la filosofía».

En todo caso, la filosofía es «el conocimiento de efectos o apariencias adquiridas mediante verdadero raciocinio a base del conocimiento que antes poseemos de sus causas o generación; y también de tales causas o generaciones a base del conocimiento que antes poseemos de sus efectos» *(De corpore,* I, 1, 2). Según Hobbes, hay dos clases de conocimiento: el conocimiento de hecho —que no es sino «sentidos y memoria»— y el conocimiento de la consecuencia que va de una afirmación a otra —que es propiamente ciencia—. El primer conocimiento es «absoluto»; el segundo es «condicional» (en sentido lógico). Y este último «es el conocimiento que se requiere del filósofo, es decir, del que aspira a razonar» *(Leviathan,* IX*).* Así, la filosofía es «ciencia de consecuencias», de las cuales hay de varias clases (Cfr. *supra).* Pero las consecuencias —en sí mismas «vacías»— se «llenan» con el material de «los sentidos y la memoria», produciéndose entonces una manipulación de «hechos» por medio de «razones» análoga a la que había propuesto Guillermo de Occam y desarrolló luego Hume. Puede decirse, pues, que la filosofía de Hobbes es a la vez empirista, deductivista y racionalista. Es empirista, porque parte de los fenómenos («efectos o apariencias») tal como son aprehendidos por los órganos de los sentidos. Es deductivista, porque aspira a constituir una ciencia general de consecuencias. Es racionalista, porque usa el método resolutivo (analítico) y el compositivo (sintético). Es asimismo nominalista, pues se funda en una doctrina de los nombres en cuanto señales, signos o «marcas». Por eso Hobbes rechaza la idea de que los universales nombren nada realmente existente. Con ello parece seguir la doctrina occamista de los universales. Pero mientras para Guillermo de Occam los términos de primera intención «sustituyen a las cosas» («están en lugar de las cosas»), para Hobbes son signos de «concepciones» o *phantasmata.* El conocimiento se convierte, así, en una manipulación de signos o mejor dicho, en un «cálculo» (computation). Ahora bien, mientras el puro cálculo tiene por objeto los signos como tales, el raciocinio filosófico —tanto el natural como el civil— se refiere a las concepciones suscitadas por los movimientos de los cuerpos. Así, pues, el mecanicismo de Hobbes es a la vez un fenomenismo. Puede decirse que se parte de fenómenos con el fin de operar con ellos, es decir, con el fin de establecer las leyes mecánicas por medio de las cuales se relacionan los phantasmata, o «fantasmas», entre sí.

Entre los «fantasmas» se hallan el espacio y el tiempo. El espacio es «el fantasma de una cosa que existe simplemente sin el espíritu», y el tiempo es «el fantasma del antes y el después en movimiento» (De corpore, II, vii, 2 y 3). Las cosas naturales llenan partes del espacio y son «cuerpos» porque, no dependiendo de nuestro pensamiento, son coextensibles con alguna parte del espacio (op. cit., II, viii, 1). Los cuerpos naturales no son, sin embargo, meras partes de la extensión; poseen ímpetu o conatus, el cual es equivalente a «la cantidad o velocidad» (op. cit., III, xv, 2). Poseen también resistencia y fuerza. Los cuerpos poseen asimismo accidentes, los cuales pueden ser comunes a todos los cuerpos, como la extensión y la figura, y no comunes, como la blandura o la dureza. Los accidentes no comunes son fantasmas producidos por

la percepción sensible. Sin embargo, no son puras ficciones; hay algo en el cuerpo que produce los fantasmas en cuestión. Estos fantasmas, en suma, no son del cuerpo, pero el cuerpo los produce en el espíritu. Los movimientos de los cuerpos, al afectar los sentidos, los ponen en tensión y hacen llegar la sensación hasta el corazón. Al responder este último mediante el esfuerzo se origina la reacción que forma los accidentes no comunes, similares a las cualidades secundarias. Los movimientos de que aquí se trata no son cambios cualitativos, sino desplazamientos espaciales —es decir, «movimientos locales» (op. cit., II, viii, 10). Los cambios que aparecen como cualitativos son reducibles a desplazamientos.

El método aplicado por Hobbes a la doctrina de los cuerpos en general es principalmente el método que va de la generación de las cosas a sus efectos posibles. El método aplicado a la doctrina de los cuerpos animales y, con ello, de los cuerpos humanos es principalmente el que va de los efectos o apariencias a alguna «generación posible» (op. cit., IV, xxv, 1). Este último método, aunque aplicable a todos los fenómenos de la Naturaleza —no en cuanto fenómenos posibles, sino en cuanto fenómenos reales—, resulta especialmente propio al aplicarse a esos fenómenos que están más cerca de nosotros: a las «apariciones». Pues las apariciones manifiestan «el patrón de casi todas las cosas» —los fenómenos naturales, en suma, son dados como «apariciones» en nuestros sentidos—. Es conveniente, pues, estudiar estos órganos de los sentidos que se hallan en el «ser sintiente» (*op. cit.*, IV, xxv, 4). Para ello hay que considerar ante todo dos clases de movimientos en los seres sintientes: el movimiento vital (como la circulación de la sangre) y el movimiento voluntario (como el andar, hablar, etc.). En sus movimientos voluntarios los seres sintientes poseen un *conatus* que los lleva a algo (apetito) o que los hace desviarse de algo (aversión). El objeto de apetito es algo bueno; el de la aversión, algo malo. El disfrute de algo bueno causa placer; el padecimiento de algo malo, dolor. Apetito y aversión son, sin embargo, sólo dos de las «pasiones». Éstas pueden ser simples o complejas. Las pasiones simples son movimientos como el apetito, el deseo, el amor, la aversión, el odio, la alegría y la pena (*Leviathan*, VI). La combinación de pasiones simples forma pasiones complejas. Ahora bien, la doctrina de las pasiones, aunque fundada en los movimientos animales voluntarios, se aplica especialmente al hombre, en quienes tales pasiones aparecen en toda su variedad y complejidad. Hobbes define la deliberación, en virtud de la cual se toma una decisión, como consecuencia de una suma de diversas pasiones. La voluntad es simplemente el último acto de la deliberación; es el «último apetito en la deliberación». Los actos que siguen inmediatamente al

«último apetito» pueden llamarse «voluntarios» (*loc. cit.*). De ello se sigue una definición de la libertad como sigue: «la ausencia de todos los impedimentos a una acción no contenidos en la naturaleza y en la cualidad intrínseca del agente» (*loc. cit.*). De ahí que pueda decirse que «el agua desciende libremente». Como la causa suficiente es a la vez causa necesaria, Hobbes mantiene que la usual concepción de un acto libre como aquel que cuando están dadas todas las circunstancias que pueden producir un efecto puede no producirse tal efecto es contradictoria y absurda.

La doctrina de los cuerpos humanos es el fundamento de la doctrina del cuerpo social, de la sociedad (*Commonwealth, Cives*). Hobbes concibe el hombre como un ser fundamentalmente antisocial. Ello sucede porque como los hombres tienen todos las mismas capacidades, tienen también las mismas esperanzas de conseguir los fines que apetecen (*op. cit.*, XIII). Como no pueden todos gozar de las mismas cosas, se convierten en enemigos naturales. Hay tres principales causas de disputa: la competencia, la desconfianza, y el deseo de fama. La primera hace que los hombres quieran la ganancia; la segunda, que quieran la seguridad; la tercera, que quieran la reputación. En su estado natural, pues, el hombre es «un lobo para el hombre» (*homo homini lupus*), de modo que hay —cuando menos en principio— una constante «guerra de todos contra todos» *(bellum omnium contra omnes)*. Si se dejara que los hombres siguieran su naturaleza, la sociedad resultaría imposible; cada uno lucharía por arrebatar los bienes y la reputación de los demás, y el resultado sería la continua guerra civil (o incivil). Pues, «en su estado natural todos los hombres tienen el deseo y la voluntad de causar daño», lo que hace que cada uno tema a todos los demás. Pero si se permitiera esta guerra universal cada uno de los hombres acabaría por ser destruido por todos los demás. Con el fin de evitarlo, de constituir la sociedad y, con ella, de permitir a los individuos subsistir sin temor y con seguridad, es preciso que cada uno ceda una parte de lo que apetece. Con ello no se destruye ninguna ley natural, pues si es natural que cada uno apetezca lo que apetecen los demás, es también natural —es, en rigor, una de las «leyes naturales»— que cada uno intente lograr la paz *(op. cit.,* XIV). Pero la paz no podría lograrse si cada uno se empeñara en recurrir a la guerra constante. Por eso los hombres no podrán alcanzar a tener el derecho a nada si no se desprenden de la libertad de perjudicar a los otros. Así, el primer paso que debe darse para hacer posible la sociedad como tal es renunciar. Pero ello no basta: hay que dar otro paso, y es «transferir» —esto es, transferir los derechos propios—. Cuando hay una mutua transferencia de derechos hay lo que se llama «contrato».

Así, pues, la sociedad se halla fundada en un «contrato social», en un acuerdo mutuo de no aniquilarse mutuamente. Este contrato, sin embargo, no puede persistir si no es asegurado y garantizado por un soberano que concentre el poder en sus manos. La sociedad contractual queda unida en la persona a la cual se han transferido los derechos. Esta persona puede ser un soberano o una asamblea. Ahora bien, las asambleas, lejos de asegurar la paz, la perturban por cuanto siguen manifestándose en su seno los intereses particulares. De ahí que sólo la monarquía absoluta —o, si se quiere, el poder absoluto encarnado en una persona— haga viable el contrato social. El poder no puede, en efecto, estar dividido —de ahí que Hobbes rechace la división del poder en temporal y espiritual y se adhiera resueltamente al autoritarismo unipersonal y «estatal»—. Debe tenerse en cuenta, sin embargo, que el autoritarismo unipersonal no tiene nada que ver ni con el poder por derecho divino ni con la arbitrariedad. El regente de la sociedad no lo es por haberle sido otorgada una gracia. Tampoco lo es por la pura y simple fuerza. Lo es porque representa los derechos transferidos. El regente de la sociedad debe tener, sin duda, un poder absoluto, pero no para imponer su voluntad personal, sino para hacer respetar el contrato social. El regente o soberano es la personificación no simbólica, sino ejecutiva, del derecho natural de los hombres a su «autopreservación».

Las obras capitales de H. son: *De cive*, 1647. —*Leviathan*, 1651. —*De corpore*, 1655. —*De homine*, 1657. —En el sistema o «Elementos de filosofía» de H., el orden es: *De corpore; De homine; De cive*. A continuación mencionamos por orden cronológico, y en ortografía modernizada, los títulos de los principales escritos de H.; debe tenerse en cuenta que algunos escritos son partes de otros; que algunos son versiones latinas del inglés o versiones inglesas del latín realizadas por el propio autor, y que otros son opúsculos u observaciones polémicas. Además de sus obras H. publicó una traducción de Tucídides (1628) y una de Homero (1675).

Objectiones ad Cartesii Meditationes, 1641 [las «Terceras Objeciones»]. —*De cive [Elementorum philosophiae sectio tertia De cive]*, 1642. —««Tractatus opticus», y parte de un prefacio de «Ballistica» en *Cogitata physico-mathematica*, de Mersenne, 1644. —*Human Natura Or The Fundamental Elements of Policy*, 1650 [son los trece primeros capítulos de la obra *The Elements of Law, Natural and Politic*. —*De corpore politico, Or The Elements of Law, Moral and Politic*, 1650 [otra parte de los citados *Elements*]. —*Philosophical Rudiments Concerning Government and Society*, 1651. —*Leviathan, Or The Matter, Form, and Power of a Commonwealth Ecclesiastical and Civil*, 1651. —*Of Liberty and Necessity*,

1654 [contra un escrito de John Bramhall (1594-1663), obispo de Londonderry, y luego arzobispo de Armagh y primado de Irlanda; Bramhall publicó en 1655 la polémica completa en el volumen titulado *A Defence of True Liberty of Human Actions from Antecedent and Extrinsecal Necessity]*. —*De corpore [Elementorum Physolophiae sectio prima De corpore]*, 1655. —*Elements of Philosophy, The First Section, Concerning Body*, 1656 [trad. inglesa de la obra anterior; a ella agregó H. «Six Lessons to the Professors of Mathematics of the Institution of Sr. Henry Savile, in the University of Oxford»; se trata de una respuesta de H. a dos críticas del *De corpore: Elenchus Geometriae Hobbianae*, por John Wallis, 1655; y *Thomae Hobii Philosophiam Exercitatio Epistolica*, por Seth Ward, 1656; Wallis respondió a H. en *Due Correction for Mr. Hobbes*, 1656, y H. contestó de nuevo a Wallis en el opúsculo titulado ΣΤΙΓΜΑΙ, 1657, contra la *Arithmetica Infinitorum*, de Wallis]. —*De homine [Elementorum Philosophiae sectio secunda De homine]*, 1658. —*Examinatio et emendatio Mathematicae Hodiernae*, 1660 [cinco diálogos y un apéndice, llamado «Sexto diálogo», contra J. Wallis]. —*Dialogus physicus, sive de natura aeris*, 1661 [cóntra Boyle y la Royal Society]. —*Problemata physica*, 1662 [siete diálogos]. —*Mr. Hobbes Considered In His Loyalty, Religion, Reputation, and Manners*, 1662 [otra polémica contra Wallis]. —*De*

*Principiis et Ratiocinatione Geo-
metrarum*, 1666 [«Lo mismo sobre lo mismo», vino a comentar
Wallis]. *Quadratura Circuli, Cuba-
tio Sphaerae, Duplicatio Cubi,
Breviter Demonstrata*, 1669.
—*Rosetum Geometricum*, 1671.
—*Lux Mathematica*, 1672 [contra
Wallis]. —*Principia et Problemata*, 1674. —*Decameron Physiolo-
gicum*, 1678 [diálogos sobre cuestiones físicas, con nuevas objeciones a Wallis.

Póstumamente aparecieron:
*Behemoth, or The Long Parlia-
ment*, 1679. —*Thomae Hobbesii
Malmesburiensis Vita*, 1679.
—*The Life of Mr. Thomas Hobbes
of Malmesbury*, 1679 [trad. inglesa de la obra anterior]. —*A Histo-
rical Narration Concerning He-
resy, and the Punishment Thereof*,
1680. —*Tracts*, 1681 [reimpresión
de una serie de folletos ya publicados anteriormente]. —*Tracts*,
1682 [contiene, entre otros escritos, «An Answer to Archbishop
Bramhall's Book Called *The Cat-
ching of the Leviathan»*. —*Historia ecclesiastica Carmine Elegiaco
Concinnata*, 1688. —*A True Ecclesiastical History*, 1688 [trad.
inglesa de la obra anterior]. —Recientemente ha sido publicada
por primera vez la crítica de H. al
De mundo de Thomas White, ed.
Jean Jacquet y Harold Whitmore,
1973.

La edición completa de obras
de H. es la de William Moles-
worth: *The English Works of Thomas Hobbes*, 11 vols. [Vol. 11 con
Índices], 1839-1845, y *Thomae
Hobbes Malmesburiensis Opera*

philosophica, 5 vols., 1839-1845;
ambas series en reimp., 1961-
1962. Entre las trads. esp. destacamos la de *Leviatán* (1940).

Véase: Ferdinand Tönnies, *H.*,
1896, 1925[3], trad. esp. 1932. Gui-
llermina Garmendia de Camusso
y Nelly Schnaith, *Th. H. y los
orígenes del Estado burgués*, 1973.

HUME, DAVID (1711-1776),
nac. en Edimburgo. Después de
trabajar un tiempo en el negocio
de su padre, en Bristol, pasó a
Francia (en La Flèche, donde estudió Descartes), y allí permaneció desde 1734 a 1737. Acuciado
por el deseo de celebridad literaria —su «pasión dominante», según propia confesión—, escribió
durante su estancia en Francia
el *Treatise*. Publicado poco después en tres volúmenes, «falleció al salir de las prensas». El
Treatise se publicó durante la estancia del autor en Escocia. En
1741 y 1742 aparecieron sus ensayos morales y políticos (Cfr. bibliografía), que lograron éxito.
Alentado por éste, Hume procedió a reescribir y revisar el *Treatise;* la revisión de la primera parte
apareció en 1748 bajo el título de
*Philosophical Essays concerning
Human Understanding;* en 1751
apareció una segunda edición con
el título *An Enquiry concerning
Human Understanding* —el título
con el que hoy es conocido, y que
se suele abreviar *Enquiry*—. Antes de la publicación de dichos
«Ensayos» Hume trató, sin lo-
grarlo, de ocupar una cátedra de
ética y de «filosofía pneumática»

en Edimburgo; después de esto, fue preceptor y luego secretario del general St. Clair, con quien se marchó durante un tiempo al extranjero, regresando a Escocia en 1749. Una revisión de la tercera parte del *Treatise* apareció en 1751 —el mismo año que el *Enquiry*— bajo el título *An Enquiry concerning the Principles of Morals*. Hume consideró muy importante esta obra, que, por motivos que se verán luego, ha sido oscurecida por el *Enquiry* sobre el entendimiento humano. Entre 1752 y 1757 Hume publicó otras varias obras, incluyendo sus dos «Historias» de Inglaterra. En 1763 Hume se dirigió de nuevo a Francia como secretario de la Embajada inglesa, relacionándose estrechamente con los enciclopedistas franceses. En 1716 se dirigió a Londres (acompañado de Rousseau, con quien, por lo demás, rompió poco después). Tras ejercer por un tiempo un cargo oficial en Londres, Hume regresó en 1769 a Edimburgo. Sus *Diálogos sobre la religión natural* aparecieron sólo diez años después de la muerte del autor.

La razón de que el ensayo sobre el entendimiento humano haya sido durante muchos años la obra más conocida y comentada de Hume —suplementada por el *Treatise* en cuanto trata en gran parte los mismos temas— se debe casi enteramente a que Hume ha sido visto con frecuencia «desde Kant», como el autor que despertó a Kant de su «sueño dogmático». Así, Hume ha sido considerado con frecuencia como un «crítico del conocimiento» y sobre todo como un «crítico de las nociones de substancia y de causa». Desde este punto de vista. Hume ha sido visto al mismo tiempo como sucesor de Berkeley y de Locke y como el autor que llevó a culminación el llamado «empirismo inglés». Por otro lado, se ha puesto de relieve, especialmente durante las dos últimas décadas, que tanto o más importante que el puesto que Hume ocupa en la teoría del conocimiento entre Locke y Berkeley, por un lado, y Kant, por el otro, es el lugar que ocupa como «filósofo moral». Desde este último punto de vista, Hume es presentado menos como un sucesor de Berkeley y un precursor de Kant que como un discípulo de Hutcheson. En este respecto, Hume fue influido no sólo por el mencionado autor, sino también por Malebranche, Pierre Bayle y, en último término, por Carneades. Esta segunda imagen de Hume es la imagen de un «filósofo moral escéptico». Se ha indicado también que Hume ocupa sobre todo un lugar dentro de la historia del escepticismo en general y en particular dentro de la historia del escepticismo moderno. Acaso como reacción contra estas últimas interpretaciones de Hume se ha vuelto en parte a la idea de un Hume como «teórico (y crítico) del conocimiento»; en todo caso, se ha indicado que en su epistemología reside su mayor originalidad y, a pesar de todo, su mayor influencia. No es nuestra tarea discutir aquí cuál es «la verdadera imagen filosófica de Hume». Es altamente probable que cuando menos las dos principales «imágenes» —la del crítico del conocimiento y la del filósofo moral escéptico— sean justas dentro de ciertos límites. En el presente artículo no excluiremos al Hume como filósofo moral, pero daremos la precedencia al Hume como crítico del conocimiento a causa de las orientaciones que hemos seguido a lo largo de la presente obra. Así, sin prejuzgar si la crítica humana del conocimiento es o no «anterior» a las ideas morales del autor, empezaremos con ella, tanto más cuanto que ya en ella se manifiesta el espíritu general de Hume como «escéptico práctico» y como dado al «razonamiento moral» (en el sentido de 'probable' que tiene en su caso, y en muchos otros de su época, el vocablo 'moral').

Hume estima que todas las ciencias tienen una relación, mayor o menor, con la naturaleza humana, de modo que en vez de llevar a cabo investigaciones filosóficas que en el mejor de los casos terminan por conquistar un castillo o un villorrio, es mejor avanzar hasta la capital misma y extender desde ella nuestras conquistas. La «ciencia del hombre» es así «el único fundamento sólido de todas las demás ciencias». Pero tal ciencia debe basarse en la experiencia y en la observación y no en especulaciones gratuitas y quiméricas. Hay que investigar,

pues, «la naturaleza del entendimiento humano» para averiguar sus poderes y sus capacidades; hay que cultivar «la verdadera metafísica», único modo de destruir la metafísica «falsa y adulterada».

Fundamental en el estudio propuesto por Hume es la investigación del «origen de nuestras ideas». Los resultados de la investigación de Hume a este respecto pueden resumirse en las siguientes proposiciones. En primer lugar, todo lo que el espíritu *(mind)* contiene son percepciones. Éstas pueden ser impresiones o ideas. La diferencia entre ellas consiste en el grado de fuerza y vivacidad: las impresiones son las percepciones que poseen mayor fuerza y violencia. Ejemplos de impresiones son las sensaciones, las pasiones y las emociones. Las ideas son solamente copias o imágenes desvaídas de las impresiones tal como las posee el espíritu en los procesos del pensamiento y del razonamiento. Por otro lado, las percepciones pueden ser simples o complejas; por tanto, hay impresiones simples y complejas e ideas simples y complejas. Las percepciones simples, tanto impresiones como ideas, son las que no admiten distinción ni separación. Así, la percepción de una superficie coloreada es una impresión simple, y la idea o imagen de la misma superficie es una idea simple. Las percepciones complejas, tanto impresiones como ideas, son aquellas en las cuales pueden distinguirse partes. Así, la visión de

París desde Montmartre es una impresión compleja, y la idea o imagen de tal impresión es una idea compleja.

La distinción entre impresiones e ideas simples y complejas permite a Hume resolver una cuestión fundamental. Una teoría del conocimiento empirista tiende a derivar todas las ideas de las impresiones originarias. Y, en último término, esto es lo que Hume se propone hacer. Pero no sin reconocer una importante restricción. En efecto, aunque hay, en general, una gran semejanza entre las impresiones complejas y las ideas complejas, no puede decirse que las segundas sean siempre copias exactas de las primeras. Por tanto, no puede establecerse tal completa semejanza entre las impresiones y las ideas complejas. En cambio, cuando se trata de impresiones e ideas simples, la semejanza puede ser afirmada. No puede ser probada universalmente, pero no puede darse, al parecer, ningún ejemplo de falta de semejanza. Hume no dice, pues, que hay necesariamente semejanza, sino que el *onus probandi* de la falta de ella debe recaer en el que sostiene que no la hay o puede no haberla. Así, en el nivel de las impresiones e ideas simples se restablece la tesis fundamental empirista: no hay ninguna idea simple que no tenga una impresión correspondiente, y no hay ninguna impresión simple que no tenga una idea correspondiente. O también: todas las ideas simples se derivan de im-

presiones simples que corresponden a ellas y que representan exactamente.

A su vez, las impresiones pueden dividirse en impresiones de sensación e impresiones de reflexión. Las primeras surgen en el alma originariamente, de causas desconocidas. Las segundas se derivan en gran parte de nuestras ideas, de acuerdo con el orden siguiente: impresión (por ejemplo, de calor o placer) —percepción (de calor o placer de alguna clase)—, copia de esta impresión en el espíritu y permanencia de ella después de terminar la impresión —idea— retorno de esta idea al alma produciendo nuevas impresiones —impresión de reflexión— copia de esta impresión de reflexión por la memoria y la imaginación —idea— producción por esta idea de nuevas impresiones e ideas. Así, hay impresiones de sensación, ideas, e impresiones de reflexión. Las impresiones de sensación son estudiadas por los «filósofos naturales». Las impresiones de reflexión (como pasiones, emociones, etc.) surgen de las ideas. Por tanto, las ideas constituyen el primer objeto de estudio.

Estas definiciones y distinciones de Hume son fundamentales para entender su pensamiento. Éste consiste en gran parte en un examen de las ideas (un examen del entendimiento) y en un examen de las pasiones —al cual sigue un examen de «la moral»—: De este modo pueden verse los dos aspectos básicos de la filosofía de Hume: el epistemológico y el «moral».

La epistemología de Hume se funda en buena parte en la doctrina de la conexión o asociación de ideas. Pero antes de ver qué función ejerce esta doctrina es preciso referirse a otra distinción fundamental: es la que Hume establece entre lo que llamaremos «hechos» *(matters of fact)* y «relaciones» *(relations of ideas)*. Esta distinción ha ejercido gran influencia y un fragmento considerable de la tradición empirista y positivista posterior a Hume se funda en ella.

La distinción es importante en cuanto que mediante la misma se puede establecer qué uso propio se hace de las ideas al razonar y cómo se introduce «el método experimental del razonamiento». La distinción permite asimismo eliminar las entidades ficticias producidas por la «metafísica adulterada», la cual cree poder demostrar la existencia de una entidad cuando es capaz de dar razón de esta entidad sin atenerse a la experiencia.

El razonamiento consiste en un descubrimiento de relaciones. Unas de estas relaciones lo son entre hechos; otras relaciones lo son entre lo que hemos llamado «relaciones» (las «relaciones de ideas»). Decir: «El oro es amarillo» o «El hidrógeno es menos pesado que el aire» es establecer relaciones entre hechos. Decir: «La suma de 4 y 4 es igual 8» o «La suma de los tres ángulos de un triángulo (en un espacio euclí-

deo plano) es igual a dos ángulos rectos» es establecer relaciones entre relaciones. Las proposiciones sobre hechos son contingentes; no hay ninguna necesidad de que los hechos sean tales como de hecho son, ni ninguna necesidad de que se relacionen tal como de hecho se relacionan. Las proposiciones sobre relaciones son necesarias; su verdad deriva de que lo contrario de una de tales proposiciones constituye una contradicción. Las proposiciones sobre hechos dicen algo, pero sólo son probables. Las proposiciones sobre relaciones son absolutamente ciertas, pero no dicen nada —es decir, nada acerca de lo que «hay»—. No puede pasarse, pues, de unas proposiciones a las otras, ya que son completamente heterogéneas entre sí. Las proposiciones verdaderas sobre hechos están fundadas en la experiencia; las proposiciones verdaderas sobre relaciones están fundadas en la no contradicción. No hay otras proposiciones posibles; por tanto, todos los libros que contengan enunciados que no sean «razonamiento demostrativo» (como el de la lógica o la matemática) o «razonamiento probable» (como el de la experiencia) deben «arrojarse a las llamas». Así, Hume «arroja a las llamas» los libros que, como los de teología o metafísica, no contienen más que «falsas proposiciones» en el sentido de sus proposiciones que parecen serlo sin serlo en verdad.

Hume aplica estas nociones a una detallada crítica de toda clase de «ideas» para ver en qué medida tales «ideas» están o no fundadas en la experiencia o constituyen «relaciones de ideas». No podemos extendernos en esta crítica, pero mencionaremos tres aspectos básicos de ella: la idea de existencia; la idea de relación causal, y la idea de substancia (bajo el aspecto de la idea de la identidad personal).

En cuanto a la idea de existencia nos limitaremos a señalar que, según Hume, no hay nada que pueda llamarse «existencia» independientemente de la idea de lo que concebimos ser existente. La idea de existencia no agrega nada a la idea de un objeto: 'objeto' y 'objeto existente' son expresiones sinónimas. Por otro lado, para admitir la idea de un objeto hay que referirse a la impresión que le ha dado origen.

Respecto a la relación causal, agreguemos, o reiteremos, que como las proposiciones sobre relaciones causales son proposiciones sobre hechos, no son necesariamente verdaderas. La experiencia nos muestra que a un cierto hecho (o acontecimiento) sucede regularmente otro cierto hecho (o acontecimiento); el primer hecho es llamado «causa» y el segundo «efecto». Pero la experiencia no puede mostrarnos que hay necesidad en la conexión causal, pues ésta no es una conexión de las del tipo de las «relaciones de ideas» (como las conexiones lógicas o matemáticas). En otros términos, el efecto no está contenido necesariamente en la causa, como afirman los «racionalistas». Las conexiones causales son inferencias probables, fundadas en las asociaciones de ideas tal como han tenido lugar en el pasado, lo que nos permite predecir —con «certidumbre moral»— el futuro. Inferimos que la llama es efecto del fuego cuando asociamos mediante semejanza la impresión de la llama con ideas de llamas que hemos visto en el pasado y que hemos relacionado mediante contigüidad con la idea del fuego. La conexión causal es, pues, una inferencia fundada en la repetición; ésta engendra la «costumbre», la cual produce la «creencia». La ciencia de las cosas naturales se basa, así, en una serie de creencias; la certidumbre es resultado de la repetición de la experiencia y, por consiguiente, el conocimiento de la Naturaleza —y, en general, de todos los hechos— es asunto de probabilidad. Ello no significa que Hume niegue la constancia de las leyes naturales. En rigor, Hume se opone a los «milagros». Pero la constancia mencionada no es asunto de necesidad lógica o racional, sino resultado de observación.

Sobre la substancia puede decirse algo similar a lo dicho sobre la existencia; la idea de substancia no se deriva de ninguna impresión de sensación o de reflexión: es «una colección de ideas simples unidas por la imaginación». En otros términos, no hay ninguna realidad que se llame «substancia». 'Substancia' es sólo un nombre que se refiere a una colección o haz *(bundle)* de cualidades. No hay, pues, las cualidades de una cosa *más* su substancia. Ahora bien, todo eso puede aplicarse a la noción de «yo» *(self)* y a la de «identidad personal». Cuàndo entro en lo que se llama «yo», proclama Hume, «topo siempre con alguna percepción particular u otra». Ello no significa que no pueda hablarse de «yo» y de «yo mismo»; sólo ocurre que no hay un yo substancial, sino, una vez más, una serie de percepciones unidas asociativamente. Lo mismo puede decirse de la llamada «simplicidad».

Puede verse, pues, que en cada caso la noción de asociación y las diversas formas de asociación son fundamentales para Hume con el fin de resolver los problemas planteados por su «crítica del conocimiento». Ahora bien, lo mismo sucede en lo que toca a su «filosofía moral».

Hume considera que la percepción moral no es cosa del entendimiento, sino de «los gustos» o «sentimientos». Éstos no son gustos y sentimientos de unos supuestos principios absolutamente evidentes; los gustos y sentimientos lo son de cada cosa particular. Además, lo son en tanto constituyen juicios del individuo al aprobar o reprobar una acción, un sentimiento, etc. No se puede demostrar que algo es bueno o malo mediante argumento racional; *a fortiori,* no se puede convencer a nadie de que algo es bueno o malo mediante tal tipo de argumento. La razón no es la maestra de las pasiones; si hay alguna relación entre ellas lo es en el sentido de que la razón es «esclava de las pasiones». Estas pasiones pueden ser directas (o derivadas inmediatamente de la experiencia, como el placer, el dolor, la aversión, el miedo, la esperanza, etcétera) o indirectas (o derivadas de una relación doble de impresiones a ideas, como el amor y el odio). En todos los casos los juicios de aprobación o reprobación de las pasiones son juicios de hechos y, por tanto, no son «necesarios». Ahora bien, hay dos tipos fundamentales de experiencias con el placer y la conjunción que regulan la vida de las pasiones en el sentido de condicionar empíricamente la aprobación o reprobación. La teoría moral de Hume es una teoría hedonista o cuando menos se halla fuertemente influida por el hedonismo. Así, la conjunción de ciertas experiencias con el placer y la conjunción de otras experiencias con el «desplacer» hace esperar una realidad similar a la que se observa en la relación causal antes tratada. La acción voluntaria y la conducta se siguen no de la obediencia a un principio o de un razonamiento, sino de la expectativa de la aparición de un sentimiento de placer o de la desaparición o eliminación de un sentimiento de «desplacer». Ello no significa, sin embargo, que la doctrina moral de Hume sea radicalmente «subjetiva». Junto a la experiencia «pasional» subjetiva hay la experiencia «pasional» inter-subjetiva. En este punto Hume se muestra grandemente influido por las ideas de Hutcheson sobre la simpatía. Además, se halla influido por la idea de que hay una «naturaleza humana» que es igual en todos los hombres y que hace posible no sólo ciertas regularidades en la conducta moral, sino también la aceptación de la obligación, de la justicia y de otras «normas» morales y sociales. Aunque la justicia y, en general, todas las «obligaciones» son para Hume «artificiales», hallan un fundamento sólido en el «egoísmo» propio de cada individuo humano. Los hombres han descubierto y promovido «virtudes artificiales» con el fin de alcanzar una seguridad sin la cual les sería imposible convivir. El carácter artificial de tales virtudes no es, sin embargo, equivalente a una mera convención arbitraria; de alguna manera lo artificial se halla fundado en lo «natural».

La fuerte tendencia de Hume a la «observación de los hechos» se manifiesta asimismo en sus doctrinas acerca de la religión. Las «verdades religiosas» —tales como la sustancialidad e inmortalidad del alma, la existencia de Dios, etc.— no pueden demostrarse mediante la razón. Tampoco puede mostrarse racionalmente que no hay tales «verdades». Así Hume rechaza tanto el espiritualismo como el materialismo racionalista. pero el rechazo de toda prueba *a priori* no significa que Hume rechace toda prueba: hay pruebas *a posteriori*, como la derivada de la observación del orden del mundo, que son por lo menos convincentes, o persuasivas. Las «verdades religiosas» son también, como todas las otras «verdades», asunto de probabilidad y plausibilidad. De ahí que sea difícil concluir que Hume fue un teísta, un ateo o un agnóstico; su actitud es a menudo agnóstica y, por así decirlo, moderadamente teísta, pero en ningún caso *dogmáticamente* teísta o atea. El principal y constante enemigo de Hume es el dogmatismo; toda certidumbre en cualquier esfera —en la ciencia, en la moral o en la religión— es sólo «certidumbre moral».

Las obras de Hume consideradas como fundamentales son el *Treatise of Human Nature* y *An Enquiry concerning Human Understanding* [a veces se agregan los *Dialogues concerning Natural Religion*]. —Para el conocimiento de la personalidad de Hume es importante su *Autobiography,* ed. Adam Smith, 1777. También es importante la correspondencia: *Letters of D. Hume to William Strahan*, 1900, ed. Hill. —The *Letters of David Hume*, 2 vols.: 1 (1727-1765), 1932, ed. J. Y. T. Greig; II (1766-1776), 1932, ed. id. Suppl. Vol. 1954, ed. R. Klibansky y E. C. Mossner.

Edición de obras: *The Philosophical Works of D. H.,* 4 vols., 1826; 2.ª ed., 1854; 3.ª ed., 1874-1875; ed. T. H. Green y T. H. Grosse; nueva ed., 1882-1886; reimp., 1909-1912, y 1963.

Entre las trads. modernas de

Hume al español mencionamos: *Tratado* (1923); *Investigación sobre el entendimiento humano* (1939); *Investigación sobre los principios de la moral* (1941); *Diálogos sobre religión natural* (1942) [parcial]; *Tratado de la naturaleza humana* (I, 1974).

Véase: James Noxon, *La evolución de la filosofía de H.*, 1973, trad. esp. 1974. —Sergio Rábade Romeo, *H. y el fenomenismo moderno*, 1975. —Margarita Costa, Ezequiel de Olaso *et al., Ensayos actuales sobre Adam Smith y D. H.*, Buenos Aires, 1978. —Carlos Mellizo, *En torno a D. H. o Tres estudios de aproximación*, 1978, ed. Beca March.

HUSSERL, EDMUND (1859-1938), nac. en Prossnitz (Moravia), estudió matemáticas con Weierstrass y asistió a las clases de Brentano en la Universidad de Viena (entre 1884 y 1886). Las lecciones de Brentano influyeron grandemente no sólo en la formación filosófica de Husserl, sino también en la «idea general de la filosofía» que éste se forjó. «Privatdozent» en la Universidad de Halle de 1887 a 1901, y en la Universidad de Gottinga de 1901 a 1916, Husserl fue nombrado en 1916 profesor titular en la Universidad de Friburgo i.B., donde enseñó hasta su jubilación en 1928.

Los escritos de Husserl publicados durante su vida e inclusive algunos de los que aparecieron poco después de su muerte, representan sólo una parte de su pensamiento. El modo de pensar de Husserl, especialmente el que revelan las «obras inéditas» en curso de publicación, es esencialmente «deslizante»; es un pensamiento que consiste en gran parte en «hacerse» y en «constituirse». Como por la índole de la presente obra tendremos que abreviar y esquematizar sin tregua no nos será posible dar de Husserl —como, por lo demás, de otros filósofos, en particular de los mayores— una imagen siquiera razonablemente fiel.

Eugen Fink, que fue uno de los discípulos de Husserl más cercanos al maestro, ha propuesto «dividir» —o «articular», cuando menos evolutivamente— el pensamiento de nuestro autor en tres períodos: el de Halle (que culmina en las *Investigaciones lógicas);* el de Gottinga (que culmina en las *Ideas),* y el de Friburgo i. B. (que culmina en la *Lógica formal y trascendental).* Otro discípulo de Husserl, Herbert Spiegelberg (nac. 1904), ha propuesto «dividir» o «articular» el pensamiento de Husserl en otros tres períodos: el «período pre-fenomenológico», hasta 1901 (cuyas ideas corresponden al primer volumen de las *Investigaciones);* el «período fenomenológico», hasta 1906 aproximadamente (cuyas ideas, primariamente epistemológicas, corresponden al segundo volumen de las *Investigaciones),* y el período de «la fenomenología pura», que se organiza hacia 1906, y que conduce a la formulación de un nuevo trascendentalismo y, en último término, a un «idealismo fenomenológico».

Hay razones para estas dos «divisiones» siempre que no se olvide que más bien que de «períodos» más o menos claramente delimitados se trata de «reorientaciones» del mismo pensamiento y sobre todo del mismo «tipo de pensar». De las dos, preferimos la de Fink, y a ella nos atendremos sustancialmente, pero advertiremos que el «paso» del segundo volumen de las *Investigaciones* a las *Ideas* parece ser más continuo de lo que Fink da a entender y que, por otro lado, el «período de las *Ideas*» no comienza propiamente con la publicación de éstas, o muy poco antes de la publicación, sino, como repara Spiegelberg, hacia 1906. En efecto, según hace notar Walter Biemel en su introducción a la edición de *La idea de la fenomenología* (5 conferencias dadas por Husserl en Gottinga, del 26 de abril al 2 de mayo de 1907; véase *Husserliana,* II). Husserl había llegado ya cuando menos a principios de 1907 a la idea de la necesidad de transformar la fenomenología como psicología descriptiva en una fenomenología como fenomenología trascendental. El propio Husserl se expresó claramente en este sentido en uno de los manuscritos procedentes del año 1907 y citados al efecto por W. Biemel (*op. cit.*, pág. ix). Entre los grandes filósofos del pasado que son fundamentales para entender a Husserl figuran Platón, Descartes y Kant. Parece que la transforma-

ción a que antes nos referimos está muy estrechamente ligada al creciente interés de Husserl por Kant, o por algunos temas y conceptos kantianos —y especialmente por la idea de la crítica de la razón como filosofía trascendental—. Agreguemos que la idea fundamental de reducción procede asimismo de la época mencionada, como lo muestra el índice de las conferencias redactado por Husserl (*op. cit.,* págs. 3-14) y su elaboración del mismo en la conferencia [o lección] I. Husserl insiste en la idea de que la filosofía se halla en un nivel o dimensión distinto de los de las «ciencias naturales» (*op. cit.,* pág. 24). Ello parece estar en contradicción con el resonante artículo que Husserl publicó en *Logos* (I [1911]) sobre «la filosofía como ciencia rigurosa». Pero debe tenerse presente que la «ciencia» *(Wissenschaft)* de la que se trata aquí es, propiamente hablando, un «saber» —un «saber riguroso» o «saber estricto»— que constituye el patrón para el rigor de las «ciencias», incluyendo las «ciencias naturales».

El primero de los tres mencionados «períodos» en la «evolución» de Husserl incluye sobre todo trabajos cuya orientación o, más exactamente, cuyo modo de pensar es sensiblemente análogo al de autores como Brentano, Carl Stumpf, Anton Marty, Alexius von Meinong y otros. Tales trabajos no son ajenos a los esfuerzos llevados a cabo coetáneamente por Frege y otros autores para fundamentar la matemática (o, según los casos, el conocimiento matemático) y depurarla de todo «psicologismo». Además, lo que puede llamarse «la escuela de Brentano» impresionó a Husserl en el sentido de llevarle a la aludida concepción de la filosofía como una «ciencia rigurosa», alejada de toda «especulación» y atenta a fundamentos, conceptos básicos, etc. Es cierto que al comienzo Husserl trató los conceptos matemáticos en forma psicológica, o que parecía tal, pero muy pronto se orientó hacia un «objetivismo». Ya dentro de este último comenzó a desarrollar su forma característica de pensar que no abandonó nunca y que puede describirse en las siguientes palabras de Spiegelberg: «un sistema al revés». En efecto, aunque para ciertos filósofos contemporáneos el pensamiento de Husserl, especialmente el de las últimas «fases», tiene mucho de «especulativo», no fue nunca tal en el espíritu del propio Husserl, el cual consideraba que pensar filosóficamente equivalía a describir pulcramente «lo que veía». Justamente, la inclusión, en la descripción de «lo que se ve», de los esfuerzos intelectuales llevados a cabo para «verlo», es uno de los motivos que explican el carácter a la vez «fluyente» y «sinuoso» del pensamiento de Husserl. En todo caso, su aspiración desde casi los comienzos consistió en «ver», y «ver» significaba «ver radicalmente». En sus intentos para conseguir lo último, Husserl fue ana-

lizando varios conceptos fundamentales a la vez lógicos y gnoseológicos para depurarlos no sólo de psicologismo y subjetivismo, sino también de todos los posibles «supuestos naturalistas», así como para denunciar inadvertidos supuestos ontológicos, tales como el nominalismo. Siguiendo varias otras direcciones coetáneas, Husserl aspiró a liberar a la filosofía de toda idea de confusión con una ciencia natural, y a la vez liberarla de toda tentación de reducción a la psicología o a alguna forma de psicología. La filosofía no tiene por qué ocuparse de los fenómenos de que tratan las ciencias naturales. Tampoco tiene por qué ocuparse de fenómenos psíquicos en cuanto fenómenos reales. Si de algo se ocupa es de una especie de «tercer reino» que no está constituido ni por las cosas ni por sus representaciones psíquicas: es el reino de lo que algunos filósofos han llamado «las significaciones» y que Husserl concibió como el reino (platónico o cuasi-platónico) de las «esencias» en cuanto «unidades ideales de significación».

Indiquemos aquí tan sólo que el paso de una «lógica pura» a una «fenomenología descriptiva» y luego a una «fenomenología pura» fue facilitado por la elaboración de la noción de conciencia como vivencia «intencional» —adjetivo necesario, porque no todas las vivencias son necesariamente intencionales—. La fenomenología no se ocupa de hechos; en efecto, todas las experiencias relativas al mundo actual, todas las proposiciones de las ciencias, etc., quedan «suspendidas» o, mejor dicho, puestas entre paréntesis. El paréntesis o «epojé» desempeña, sin embargo, sólo una función negativa: no sirve todavía para aprehender lo dado tal como se da puramente a la intuición esencial, sino únicamente para preparar el proceso de reducción indispensable con el fin de alcanzar la intuición esencial. En efecto, esta intuición no es una intuición empírica ni tampoco una intuición de algo «real» —una intuición de *lo* real al modo metafísico, o supuestamente tal—. Es una intuición pura de las esencias, es decir, de lo dado desde el punto de vista esencial y no fáctico. Así, la fenomenología es un método que permite «ver» no otra realidad, sino, por así decirlo, la realidad otra o, si se quiere, una especie de «otredad» (irreal) de la realidad, es decir, de todas las realidades, incluyendo en éstas las llamadas «realidades ideales» o también «idealidades».

Así considerada, la fenomenología es un punto de vista estrictamente otro que el punto de vista de lo que Husserl llama «la actitud natural»: es el punto de vista por medio del cual se ve todo lo que revela la actitud natural en cuanto que «suspendido» o «puesto entre paréntesis». Pero ello significa que la fenomenología no es una ciencia junto a otras, ni siquiera una «ciencia básica»; es el fundamento de toda ciencia y de todo saber. Puede lla-

marse por ello una filosofía primera», la cual no tiene ningún objeto propio, a diferencia de todas las posibles «filosofías segundas».

En la descripción fenomenológica, y especialmente en la que hace posible la llamada «reducción eidética», nos encontramos con un «puro flujo» (intencional) de lo vivido, en el cual puede destacarse el aspecto noético y el aspecto noemático. Se trata, bien entendido, de aspectos de un mismo «flujo», no de dos realidades distintas, bien que co-relacionadas. Pero con ello no se llega todavía a una capa suficientemente básica, fundamental o «radical». Es menester proceder a la reducción trascendental en la cual el único «objeto» de «visión fenomenológica» es el «ego mismo». Aparece entonces lo que se ha llamado «concepción egológica de la conciencia», es decir, la idea del «yo [o ego] trascendental». Este «ego» no es ya entonces un mero aspecto, o uno solo, en un único «flujo de lo vivido»: es el fundamento de todos los actos intencionales. Por ser fundamento de tales actos el yo es, como dice Husserl, «constitutivo». Ello no significa adoptar una posición similar a la kantiana; aunque hay en Husserl probablemente mucho más kantismo del que el propio autor sospechaba, hay diferencias fundamentales entre el «yo» kantiano y el «yo» husserliano, inclusive cuando Husserl pasa definitivamente a adoptar la posición llamada «idealismo fenomenológico» —rechazada y criticada por muchos que hasta entonces habían seguido al filósofo—. El yo trascendental husserliano es un «residuo fenomenológico» y no el «Yo pienso» kantiano que «acompaña a todas las percepciones». Además, a diferencia de lo que sucede en Kant, las realidades no están para Husserl «constituidas», sino que siguen siendo «las cosas mismas» tal como se dan a la intuición esencial. En este respecto puede decirse que hay en Husserl un progresivo acercamiento a Descartes —acercamiento que se hace explícito, en el curso del tercer «período», en las *Meditaciones cartesianas*—. En todo caso, la fenomenología va apareciendo cada vez menos como lo que fue originariamente —un método— y se va aproximando cada vez más a lo que Husserl se esforzó por hacer de ella: una «ciencia» sin supuestos.

La afirmación de la conciencia —si se quiere, del «yo trascendental»— como «único ser indudable», como «algo» que tiene «una realidad propia», no debe ser interpretada, sin embargo, como resultado de una metafísica trascendental: se trata, una vez más, de «filosofía primera». Pero no basta subrayar este último aspecto: hay que afrontar los problemas que se suscitan dentro de tal filosofía. Estos problemas son múltiples, pero destacaremos algunos: el problema de la realidad, el de la verdad y el de la intersubjetividad. El problema de la realidad es el del paso de la inmanencia de la conciencia a la trascendencia. Husserl ha tratado este problema desde muy diversos ángulos. Uno de ellos es la descripción de los *cogitata* en cuanto «cogitaciones absolutas». Para ser reales —en el sentido de «radicalmente reales»— estas *cogitata* tienen que ser absolutas. Para ser absolutas deben participar en el carácter absoluto del yo fenomenológico. Este carácter absoluto sólo pueden recibirlo las *cogitata* en cuanto están «fundadas» en el yo. Husserl llega a la conclusión de que una realidad no fundada en el yo fenomenológico es absurda, o se contradice a sí misma. Otro de los ángulos desde los cuales ha sido tratado el problema de la realidad en la fenomenología trascendental radical es el de la «constitución». La fenomenología se convierte de este modo en «fenomenología constitutiva». De modo similar al kantiano —aunque sin abandonar, cuando menos en intención, los resultados de la «fenomenología descriptiva»— Husserl procede a determinar los objetos de la conciencia trascendental en cuanto constituidos. La constitución de referencia, sin embargo, no es simple ni única. Hay una serie compleja de «regiones de constitución» que se convierten en otras tantas regiones de la realidad. Como la constitución de que hablamos constituye las objetividades, o regiones de objetividades, considerándolas como residuos de un proceso genético de constitución, Husserl se esfuerza por agregar a las ya muy diversas versiones de la fenomenología una «fenomenología genética». Debe advertirse al respecto que la constitución no es siempre necesariamente activa. Puede ser «pasiva». Esta última es de carácter «perceptual» o «perceptivo»; la primera, en cambio, es de carácter judicativo. De este modo intenta Husserl «reabsorber» en el «yo que constituye» todas las realidades que, al parecer, habían quedado descartadas, o inclusive eliminadas, en el idealismo fenomenológico como pura «egología trascendental». Es posible que Husserl haya pensado que hay un proceso de «proto-constitución» en la conciencia del tiempo, pero éste es un punto en el que no puede concluirse nada definitivo sin tener a mano todos los escritos de Husserl.

El problema de la verdad es abordado por Husserl por medio de una «lógica absoluta», de la cual son partes limitadas, y subordinadas, la lógica formal y la lógica trascendental. Ninguna de estas dos lógicas tiene en cuenta lo que Husserl llama «la experiencia predicativa», de la que se ocupa ampliamente el libro *Lógica formal y trascendental*.

En cuanto al problema de la intersubjetividad indicaremos únicamente que aquí aparece la idea de una «fenomenología monadológica» que bien pudiera ser la culminación del pensamiento de Husserl. Pues aun cuando esta idea surgió en Husserl ya hacia los años 1923 y 1924, sus escritos posteriores la confirman más bien que la invalidan. No trataremos lo que algunos consideran como una de las más fecundas ideas de Husserl —una idea que sigue ejerciendo influencia en varios autores contemporáneos—: la idea del «mundo-vida». Señalaremos sólo que con esta idea el pensamiento de Husserl parece volver a «lo concreto» y a «las cosas mismas», pero no ya mediante una simple confianza en ellas, sino por el amplio y complicado rodeo de una fundamentación «egológica». De este modo el idealismo fenomenológico de Husserl puede aparecer no como una «desviación» de la supuesta primitiva intuición de la fenomenología, sino como un intento de reafirmación y ampliación de esta intuición.

Agregaremos, para terminar, que hay en el último período del pensamiento de Husserl un intento bien determinado de fundar la fenomenología en lo que podría llamarse «fenomenología del Espíritu» —en un sentido no necesariamente hegeliano, pero en donde podrían asimismo hallarse, más de lo que podría esperarse, las huellas (no forzosamente la directa influencia) de Hegel—. En efecto, en su obra sobre *La crisis de las ciencias europeas y la fenomenología trascendental,* Husserl defiende el estudio autónomo del espíritu en sí y por sí (a diferencia de *todos* los intentos de reducción naturalista). Además, llega a afirmar que el propio estudio de la Naturaleza y hasta el concepto de *Lebenswelt* adquieren sentido solamente en el plano del espíritu. La Naturaleza no es para Husserl ajena al espíritu ni contraria a él: está fundada en el espíritu, el cual existe en sí y por sí, pudiendo de este modo ser tratado de un modo racional y verdaderamente científico. El «naturalismo» y el «objetivismo» modernos han impedido reconocer que la razón se halla fundada en el espíritu —el cual, y sólo el cual, «es inmortal»—. La fenomenología trascendental resulta ser así, en la intención de Husserl, no sólo el saber radical, sino la única superación posible de «la crisis contemporánea».

Husserl ha ejercido, y sigue ejerciendo, vasta influencia sobre muchos aspectos de la filosofía contemporánea. La «escuela fenomenológica» o, como podría llamarse más propiamente, «el movimiento fenomenológico», no se reduce a los discípulos inmediatos de Husserl o a los colaboradores del *Jahrbuch für Philosophie und phänomenologische forschung* (1913-1930), donde aparecieron, entre otras obras, las *Ideas I,* de Husserl, la *Ética,* de Scheler, y *El Ser y el Tiempo I,* de Heidegger. Por otro lado, algunos de los discípulos de Husserl que estuvieron más cerca del maestro —como Max Scheler y Martin Heidegger—, aunque de algún modo partieron de Husserl, se separaron de él hasta el punto de que en algún sentido dejaron de formar parte del «movimiento fenomenológico». Con el fin de sistematizar la presentación de la influencia de Husserl y del «movimiento feno-

menológico», presentaremos un esquema de este movimiento en la forma en que ha sido minuciosamente descrito por el discípulo de Husserl, Herbert Spiegelberg.

Spiegelberg habla del «viejo movimiento» e incluye en él los Círculos de Gottinga y de Munich. En el primero se distinguieron Adolf Reinach, Moritz Geiger, Dietrich von Hildebrand y Hedwig Conrad-Martius, agregándose a ellos luego A. Koyré, Roman Ingarden, Edith Stein y Fritz Kaufmann. En el segundo se distinguieron algunos de los filósofos que acabamos de mencionar (Reinach, Geiger) y otros menos prominentes, como Aloys Fischer. Pero hay otros «miembros» de dichos Círculos que se allegaron a ellos durante un tiempo; así, August Gallinger, Wilhelm Schapp, Jean Hering, Kurt Stavenhagen. Puede mencionarse también a Arnold Metzger. Debe advertirse que algunos de estos autores no recibieron influencias directas de Husserl, sino de algunos discípulos de Husserl. Junto a estos Círculos puede mencionarse, como caso especial, el de Alexander Pfänder. A ellos siguen, dentro del «viejo movimiento», Max Scheler y Martin Heidegger, este último por lo menos «en tanto que fenomenólogo», así como —a mucha mayor distancia de Husserl— Nicolai Hartmann.

No seguimos enteramente la exposición de Spiegelberg al notar que entre los filósofos que fuera de Alemania, recibieron cuando menos incitaciones importantes de la fenomenología, figuran prominentemente José Ortega y Gasset, Francisco Romero, Jean-Paul Sartre y Maurice Merlau-Ponty, pues agregamos en la lista los dos primeros y suprimimos de ella varios otros nombres que parecen menos «relacionados» con Husserl, bien que de algún modo hayan hecho uso de principios o resultados del método fenomenológico. Debe advertirse que en algunos casos (como en Ortega y Gasset), el interés por Husserl (a quien dio a conocer muy pronto en España) va ligado a una crítica de su filosofía. En otros casos, la fenomenología es «usada» al modo más de Heidegger que al de Husserl. Hay ciertos casos más difíciles de clasificar, como el de Oskar Becker.

Algunos de los discípulos más cercanos a Husserl, en alguna de las «etapas» del pensamiento de éste, colaboraron en la «edición» de algunos escritos; tal es el caso de Roman Ingarden, Edith Stein, Eugen Fink y Ludwig Landgrebe. El trabajo de preparación y «edición» de textos de Husserl ha sido proseguido y, por así decirlo, «sistematizado» por el grupo que tiene su centro en Lovaina: ante todo, el Padre Hermann Leo van Breda, Walter Biemel, Marly Biemel y otros (entre los que han trabajado en los manuscritos figuran asimismo Stephen Strasser y Rudolph Boehm).

No podemos hacer ahora, para terminar, sino mencionar los nombres de algunos autores que han sido influidos por Husserl, o han usado principios o métodos fenomenológicos (cuando menos ocasionalmente), o han colaborado en la presentación e interpretación de la filosofía de Husserl —todo lo cual nos lleva ya algo lejos de un «movimiento fenomenológico» en sentido estricto—. Destacamos al respecto a Mikel Dufrenne; Raymond Polin; Pierre Thévenaz; Paul Ricoeur; Alphonse de Waelhens; Dorion Cairns (1901-1973); Aron Gurwitsch; Emmanuel Levinas. Conviene citar asimismo la labor de Marvin Farber, que contribuyó grandemente al conocimiento de Husserl en los países de lengua inglesa. En rigor, no es fácil siempre distinguir entre autores que han seguido, siquiera parcialmente, a Husserl, y autores que han contribuido sobre todo al conocimiento y crítica de Husserl. En algunos casos, la influencia recibida de Husserl se une a la recibida de otros autores: tal sucede con Ernesto Máyz Vallenilla, influido a la vez por Husserl y Heidegger. Tal sucede asimismo, en parte, con autores como Alfred Schütz; Maurice Natanson; John Wild o Jean Wahl. Nos limitaremos, pues, a continuación, a citar una serie de nombres de autores que, en todo caso, han contribuido al conocimiento de Husserl y de la fenomenología. Gaston Berger, Quentin Lauer, S. J., Tran-Duc-Thao, José Gaos, J. D. García Bacca, Joaquín Xirau, Samuel Ramos, Francis Jeanson, Jean Wahl, Carlos Astrada, Suzanne Bachelard.

Ni esta última lista ni las anteriores es exhaustiva; se trata simplemente de ejemplos que ayudan a comprender el radio de acción, influencia e interés producidos por la obra de Husserl.

Escritos publicados durante la vida del autor: *Über den Begriff der Zahl*, 1887 *(Sobre el concepto de número)*. —*Philosophie der Arithmetik*, I, 1891 *(Filosofía de la aritmética)* [incluye el escrito anterior]. —*Psychologische Studien zur elementaren Logik*, 1894 *(Estudios psicológicos para la lógica elemental)*. —*Die Folgerungskalkül und die Inhaltlogik*, 1891 *(El cálculo secuencial y la lógica material)*. —*Logische Untersuchungen*, 2 vols., 1900-1901, 2.ª ed., 1913 (trad. esp.: *Investigaciones lógicas*, 4 vols., 1929; abreviatura de esta obra por Fernando Vela, 1950). —«Philosophie als strenge Wissenschaft», *Logos*, 1 (1910-1911), 289-341 (trad. esp.: *La filosofía como ciencia estricta*, 1951, otra trad., 1962). —*Ideen zu einer reinen Phänomenologie und phänomenologische Philosophie*, 1 [citado con frecuencia como *Ideen I*], 1913 (trad. esp.: *Ideas relativas a una fenomenología pura y una filosofía fenomenológica*, 1949, 2.ª ed. con las adiciones, notas marginales y correcciones póstumas, apéndice crítico y «Epílogo» escrito para la trad. inglesa, 1962). —*Vorlesungen zur Phänomenologie des inneren Zeitbewusstseins*, 1929, ed. M. Heidegger (trad. esp.: *Fenomenología de la conciencia del tiempo inmanente*, 1959 [con estudio preliminar sobre la noción del tiempo en Husserl y Heidegger, por Ivonne Picard, págs. 7-43]). —*Formale und transzendentale Logik*, 1929 [trad. esp.: *Lógica formal y lógica trascendental*, 1962). —*Nachwort zu meinen Ideen*, 1929 *(Epílogo a mis «Ideas»)*. —*Méditations cartésiennes. Introduction à la phénoménologie*, 1931 [texto alemán publicado póstumamente en *Husserliana* I] (trad. esp. a base del manuscrito alemán de H. de las *Meditaciones* I a IV, 1942). —«Die Krisis der europäischen Wissenschaften und die transzendentale Phänomenologie», *Philosophia*, 1, 1936, primeras secciones de la obra homónima publicada póstumamente. Póstumamente se publicó *Erfahrung Urteil. Untersuchungen zur Genealogie der Logik*, 1939, ed. L. Landgrebe *(Experiencia y juicio. Investigaciones para la fenomenología de la lógica)*.

Las obras completas de H. a base de los *Archives* se están publicando con el título *Husserliana*, desde 1950, bajo la dirección de H. L. van Breda, con la colaboración de S. Strasser, W. Biemel, M. Biemel, R. Boehm y otros.

Desde 1970 se publica el anuario *Analecta Husserliana: The Yearbook of Phenomenological Research*, ed. Anna-Teresa Tymieniecka.

Véase: Theodor Celms, *El idealismo fenomenológico de H.*, 1928, trad. esp. 1931. —G. Gurvitch, *Las tendencias actuales de la filosofía alemana*, cap. I, 1930, trad. esp. 1933; ed. revisada, 1949;

—Antonio Caso, *La filosofía de H*, 1934. —Carlos Astrada, *Idealismo fenomenológico y metafísica existencial*, 1936. —Joaquín Xirau, *La filosofía de H. Una introducción a la fenomenología*, 1941, 2.ª ed., 1966. —*Marvin Farber, H.*, 1956 [sólo aparecido en español]. —Ernesto Máyz Vallenilla, *Fenomenología del conocimiento. El problema de la constitución del objeto en la filosofía de H.*, 1956 (Dis.). —André de Muralt, *La idea de la fenomenología: El ejemplarismo husserliano*, 1958, trad. esp. 1963. —Wilhelm Szilasi, *Introducción a la fenomenología de H.*, 1959, trad. esp., 1973. —Ludovic Robberechts, *H.*, 1964 (trad. esp.: *El pensamiento de H.*, 1968). —Luis Villoro, *Estudios sobre H.*, 1975.

J

JAMES, WILLIAM (1842-1910), nac. en New York, el mayor de cinco hermanos, entre los cuales se distinguió el novelista Henry James. William James estudió medicina en Harvard, recibiendo su grado de doctor en 1869. En 1872 fue nombrado «Instructor» de fisiología en Harvard; en 1880 fue nombrado en la misma Universidad profesor auxiliar de filosofía, y en 1885 fue nombrado profesor titular. Junto a James enseñaron en Harvard en su época Josiah Royce y George Santayana y ocasionalmente Peirce. James viajó constantemente, especialmente por Europa, trabando estrecha amistad, entre otros, con Renouvier y Bergson.

Los primeros trabajos de James fueron consagrados a la psicología fisiológica en la cual llevó a cabo una labor a la vez de investigación y de sistematización. James consideró la fisiología del sistema nervioso como fundamento de la investigación psicológica: «nunca tienen lugar modificaciones psíquicas —escribió— que no vayan acompañadas de un cambio corporal o a las que no suceda un cambio corporal» (*Principles,* Cap. 1). «Los fenómenos psíquicos no se hallan sólo condicionados *a parte ante* por procesos corporales, sino que llegan también *a parte post* a tales procesos» *(loc. cit.).* Ello no significa defender una «psicología materialista»; significa sólo reconocer que «la línea fronteriza de lo psíquico es vaga». Importante en la obra psicológica de James son dos aspectos: la doctrina de la conciencia en cuanto «corriente de conciencia» —como un proceso continuo en el que se revelan «franjas», además de un «foco»— y la doctrina de la emoción.

La filosofía de James, a la que el filósofo dedicó sus mayores esfuerzos después de la publicación de los *Principios* y de las *Variedades de la experiencia religiosa,* ha sido caracterizada con frecuencia como «pragmatismo». Esta caracterización es justa siempre que no sea exclusiva; en efecto, junto al pragmatismo hay en James una serie de doctrinas filosóficas a las que el propio autor dio a veces el nombre de «empirismo radical» y que incluyen asimismo un antideterminismo, un contingentismo, un pluralismo y un temporalismo. Nos referiremos principalmente en lo que sigue a dichas dos doctrinas sin estimar que sean incompatibles, sino presuponiendo más bien que la última es en parte un desarrollo de la primera.

James se apoyó para su doctrina pragmatista en algunas de las sugestiones fundamentales de Peirce —si bien este último no estuvo siempre de acuerdo con los desarrollos de James, razón por la cual prefirió el nombre «pragmaticismo» para su propia teoría. La primera formulación dada por James al pragmatismo —y la introducción del nombre de la doctrina— tuvo lugar en 1898, en su ensayo «Concepciones filosóficas y resultados prácticos» («Philosophical Conceptions and Practical Results»). Partiendo de Peirce, James indicó que «el principio del pragmatismo» debería ser expresado en forma más amplia que la que tiene en el propio Peirce: «la prueba última de lo que significa una verdad —escribió James en el citado artículo— es, sin duda, la conducta que dicta o que inspira. Pero inspira semejante conducta porque ante todo predice alguna orientación particular de nuestra experiencia que extraerá de nosotros tal conducta» *(loc. cit.)*. Esta idea estaba de acuerdo con las tesis desarrolladas en la obra sobre «la voluntad de creer», publicada un año antes de la aparición de dicho artículo. En esta obra James salió en defensa de los «métodos empíricos» en filosofía contra los «métodos absolutistas» y aprioristas, ejemplificados en Hegel. La filosofía debe, según James, adoptar un método inductivo y empírico análogo al usado por las ciencias naturales. Pero justamente por eso mismo debe adoptar hipótesis —y cambiarlas cuando sea necesario— que, aunque no susceptibles de prueba y menos que nada de prueba «racional», sean capaces de «satisfacernos». Las hipótesis en cuestión, en suma, no tienen por qué ser «verdaderas»; basta con que «funcionen» —con que «funcionen en nuestra existencia»—. Esta concepción de la verdad como algo que «funciona», o «puede funcionar», fue desarrollada por James en sus conferencias sobre el pragmatismo, dadas en Boston en 1906 y publicadas un año después. La teoría pragmatista de la verdad rechaza la concepción de la verdad como correspondencia y también la concepción de la verdad como coherencia racional: una proposición es verdadera cuando «funciona», lo cual quiere decir cuando nos permite orientarnos en la realidad y llevarnos de una experiencia a la otra. Por eso la verdad no es algo rígido o establecido para siempre: la verdad cambia y «crece».

Debe advertirse que hay en James una cierta oscilación entre dos modos distintos de concebir la verdad —o, más exactamente, el significado de 'proposición verdadera'— pragmáticamente. Por un lado, la concepción pragmática de la verdad insiste en la capacidad de una proposición verdadera para ser corroborada: «las verdaderas ideas —escribe James— son las que podemos asimilar, validar, corroborar y comprobar». En otras palabras, la verdad no es algo que una idea posea permanentemente; es algo que le *acontece* a una idea. La verdad es propiamente «lo que puede llegar a ser verdadero». En un sentido fundamental, pues, la verdad es la verificabilidad. Las «consecuencias prácticas» de una proposición no son, pues, siempre necesariamente equivalentes a «consecuencias beneficiosas para nosotros»: la «consecuencia práctica» es un modo de «consecuencia teórica». Por otro lado, James ha insistido asimismo en que ninguna proposición es aceptable como verdadera «si no posee valor para la vida concreta»: «la verdad es el nombre de cualquier cosa que pruebe ser verdadera en cuanto a la creencia, y también buena por razones definidas y bien precisables». Es posible que estos dos modos de concebir la verdad pragmáticamente puedan unirse en una actitud fundamental: la que consiste en concebir la verdad como algo esencialmente «abierto» y también como algo en estado de constante «movimiento». La verdad, en suma, no es nada «hecho» o «dado»: es algo que continuamente «se hace» dentro de una totalidad a su vez en proceso de «hacerse» constantemente.

Desde este punto de vista puede comprenderse el ya mencionado «empirismo radical» de James. Mientras el pragmatismo es, a lo sumo, un método, el empirismo radical es una filosofía —o cuando menos una actitud filosófica—. Este empirismo consiste en un postulado, en una comprobación y en una conclusión generalizada. El postulado dice que los únicos asuntos que hay que debatir entre filósofos son asuntos definibles en términos procedentes de la experiencia —lo cual no significa que lo no experimentable no exista, sino que no debe entrar a formar parte del debate—. La comprobación señala que las relaciones entre cosas, conjuntivas y disyuntivas, son objeto de directa experiencia tanto como las cosas mismas relacionadas —o, como dice James «las continuidades y discontinuidades son materias absolutamente coordinadas de sentimiento inmediato» (*Essays,* Cap. III)—. La conclusión señala que las diversas partes de la experiencia se hallan relacionadas entre sí por relaciones que forman a su vez parte de la experiencia. El mundo es para James un «mundo de experiencia pura», no un mundo de principios racionales ni tampoco un mundo de «datos» organizados por medio de «categorías» *a priori* o definitivamente fijadas. La pura experiencia forma una continuidad en constante cambio. En esta continuidad se articulan el sujeto y el objeto, los cuales no son elementos primero separados y luego más o menos esforzadamente unidos, sino aspectos, partes o «piezas» de un mismo «continuo de experiencia». El empirismo radical es por ello una filosofía exactamente contraria a la del racionalismo. El racionalismo «tiende a destacar la importancia de los universales y a considerar que los todos son anteriores a las partes tanto en el orden de la lógica como en el del ser», en tanto que el empirismo «pone de relieve el carácter explicativo de la parte, del elemento, del individuo, y trata el conjunto como una colección y el universal como una abstracción» *(op. cit.,* Cap. II*)*. Parece, pues, que el empirismo radical sea un atomismo. Pero es un atomismo en el cual los «átomos» son en último término «experiencias» —y, además, experiencias «integrables» en un «conjunto» o «continuo».

La filosofía de James es por ello asimismo un pluralismo. Contra el monismo «compacto» y «rígido» de muchos autores racionalistas, y contra el dualismo de muchos autores espiritualistas, James sostiene que la filosofía radicalmente empirista es como «una filosofía de mosaico». Esta filosofía radicalmente pluralista sostiene que las cosas están una «con» otra de muy distintos modos, pero que «nada incluye todas las cosas o predomina sobre todas las cosas», de tal suerte que el vocablo 'y' se arrastra detrás de cada enunciado *(A Pluralistic Universe,* Cap. VIII*)*. Esto equivale a decir que cada cosa está «abierta» a las demás en vez de estar ligada con otras cosas por medio de relaciones internas. Las relaciones son externas. Pero —y ello constituye la diferencia capi-

tal entre el empirismo de Hume y el de James— son a la vez experimentables. Por eso las «cosas» pueden combinarse entre sí de muy distintas maneras, y de maneras, además, imprevisibles. Esta filosofía pluralista conlleva, pues, una tendencia indeterminista, «tychista» y «contingentista». En todo caso, es una filosofía que rechaza el tipo de realidad ejemplificado en lo que James llamaba «block-universe». Es posible, desde luego, que el universo sea una realidad única y compacta, comparable a un solo y sólido «bloque». Pero es posible que no lo sea. «En esta última posibilidad —escribe James— insisto yo» *(op. cit.,* mismo Cap.*)*.

Obras: *The Principles of Psychology,* 2 vols., 1890 (trad. esp.: *Principios de psicología,* 1909). —Esta obra fue compendiada por el autor en el *Text-Book of Psychology. Briefer Course* [llamado con frecuencia simplemente *Briefer Course*], 1892 (trad. esp.: *Compendio de psicología, ca.* 1947). —*The Will to Believe, and other Essays in Popular Philosophy,* 1897 [incluye, entre otros ensayos, «The Will to Believe», «The Sentiment of Rationality» y «The dilemma of Determinism»] (trad. esp.: *La voluntad de creer,* 1922). *Talks to Teachers on Psychology, and to Students on some of life's Ideals,* 1899 (trad. esp.: *Los ideales de la vida,* 1924). —*The Varieties of Religious Experience: A Study in Human Nature,* 1902 [The Gifford Lectures on Natural Religion, Edimburgo, 1901-1902] (trad. esp.: *Las variedades de la experiencia religiosa*, 1945). —*Pragmatism: A New Name for Some Old Ways of Thinking*, 1907 (trad. esp.: *El pragmatismo. Un nuevo nombre para algunos antiguos modos de pensar*, 1909; otra trad., 1963). —*The meaning of Truth: A Sequel to pragmatism*, 1909 (trad. esp.: *El significado de la verdad*, 1957). —*Some Problems of Philosophy: A Beginning of an Introduction to Philosophy*, 1911 (trad. esp.: *Problemas de la filosofía*, 1944).

Ed. crítica y anotada de obras: *The Works of W. J.*, desde 1975, ed. Frederick H. Burkhardt, Fredson Bowers e Ignace K. Strupskelis.

Sobre el pensamiento de J.: É. Boutroux, *W. J.*, 1911, trad. esp.: *W. J. y su filosofía*, 1943. —J. D. García Bacca, *Nueve grandes filósofos contemporáneos y sus temas*, 2 vols., 1947 (Vol. II).

JASPERS, KARL (1883-1969), nac. en Oldenburg, en las cercanías de Bremen. Estudió medicina en la Universidad de su ciudad natal, recibiendo el grado de doctor en 1909. Después de trabajar en el hospital psiquiátrico de la Universidad de Heidelberg, ingresó como «Privatdozent» de psicología en la Facultad de Filosofía de la misma Universidad. En 1921 fue nombrado en ella profesor de filosofía. Fue depuesto en 1937 por su oposición al régimen nacional-socialista, y repuesto en 1945. Desde 1948 fue profesor en la Universidad de Basilea.

Sus primeros cursos en la Universidad de Heidelberg versaron sobre «psicología comprensiva» *(verstehende Psychologie)* y sobre la «psicología de las concepciones del mundo». En el curso de estas actividades docentes, Jaspers se fue interesando cada vez más por la filosofía —hacia la que, por lo demás, había sentido inclinación mientras estudiaba medicina—. Aunque formado en disciplinas científicas, y conservando siempre un gran interés por integrar la ciencia con el pensamiento filosófico, Jaspers llegó a la conclusión de que la ciencia o, mejor, las ciencias son por sí mismas insuficientes. En todo caso, requieren un examen crítico, y éste solamente puede darlo la filosofía. Pero ésta a la vez debe fundarse en una dilucidación lo más completa posible de la existencia del hombre en cuanto existencia «propia» —es decir, en la existencia concreta y no meramente «abstracta» del ser humano. Resultado de las meditaciones filosóficas de Jaspers al respecto fue su primera formulación de lo que ha venido a ser su filosofía existencial.

Esta filosofía existencial (o filosofía de la existencia) constituye, según Jaspers, el ámbito dentro del cual se da todo saber y todo posible descubrimiento del ser. Por eso la filosofía de la existencia es propiamente una metafísica *(Philosophie*, I, 27). La pregunta por el ser (y por la realidad) es una pregunta humana: es la pregunta que se hace a sí mismo el hombre en cuanto «existente».

No es la pregunta de un «objeto» acerca de otro «objeto», sino la pregunta de una «entidad» que es justamente lo contrario de un «objeto». Tal «entidad» es fundamentalmente «existencia». Ahora bien, esta existencia es «lo que es para sí y se encamina hacia su propia trascendencia» (I, 25). A la vez, los caracteres de esta existencia son también caracteres del ser que la existencia busca y a través de la cual es descubierto y dilucidado. Este ser no es una realidad puramente «objetiva». Lo objetivo es, a lo sumo, un momento del ser real, el cual es básicamente trascendencia. La «filosofía» no se limita a partir de la «experiencia posible», como quería Kant, sino que debe partir de la «existencia posible».

Sin embargo, la metafísica de la existencia es sólo la culminación de dos etapas que hay que recorrer parsimoniosamente, deteniéndose en cuantas descripciones de la existencia sean necesarias. Estas dos etapas previas a la metafísica de la existencia son «la orientación en el mundo» y la «dilucidación de la existencia».

La «orientación en el mundo» muestra a la existencia como algo que está en las cosas, en un mundo constituido por diversas situaciones, mundo que, cuando es contemplado desde fuera, se da bajo la forma de la objetividad. Por tanto, lo objetivo no debe ser eliminado, sino integrado. En cuanto a la «dilucidación de la existencia», es una analítica existencial que constituye la base de toda filosofía, pues tal analítica es la única posibilidad para alcanzar una «certidumbre del ser» (I, 32) que, según Jaspers, solamente queda cumplida en el pensar metafísico. Ahora bien, la unidad radical de la articulación de estos momentos es el principio de la trascendencia, por la cual no ha de entenderse tampoco nada objetivo, sino más bien un puro acto: el del trascender como tal. En este trascender se revela la existencia a sí misma, y revela con ella el mundo dentro del cual está situada y el ser común de la existencia y del mundo. Por eso la trascendencia es el resultado de toda analítica y de todo descubrimiento del ser aun cuando todo se *da* dentro de la inmanencia de la conciencia, como vivencia suya. La elaboración de este pensamiento existencial conduce a Jaspers a una detallada analítica de estos tres momentos y, con ella, a un replanteamiento de las cuestiones metafísicas fundamentales desde el punto de vista de la existencia que se hace a sí misma en su ímpetu trascendente. El mundo es examinado tal como aparece en la existencia subjetiva y tal como aparece en cuanto realidad objetiva, pero este mundo es solamente en la medida en que aparece como un momento del trascender del existir. La filosofía de la ciencia y el sentido de la ciencia solamente pueden ser entonces descubiertos cuando se atiende a la unidad radical del saber (I, 129); de lo contrario, las ciencias carecerían de ser, es decir, de vida. Lo mismo acontece con la filosofía, que en cuanto existencia es un aspecto del existir trascendente y en cuanto saber es el contenido de este existir. La dilucidación de la existencia aparece inmediatamente como lo contrapuesto frente al mundo del ser, como aquel ser que propiamente no es, sino que puede ser y debe ser (II, 1). Pero esta dilucidación resulta imposible si no se recorren parsimoniosamente las formas mismas del existir: mismidad, comunicación e historicidad surgen entonces como momentos constitutivos de una primera analítica existencial, cuya segunda parte trata de la mismidad en tanto que libertad, cuya tercera parte examina la existencia en situación y cuya cuarta y última parte concierne a la existencia en la subjetividad y la objetividad y, en último término, a la existencia entre las demás existencias. El examen de la comunidad y de la historicidad, sobre todo, son importantes en Jaspers, pues si la comunidad existencial es la realidad del pensar filosófico en torno al existir, la historicidad surge inclusive como la verdadera unidad de la realidad humana y de la existencia, como la unidad de la necesidad y de la libertad, de la eternidad y del tiempo. Esta historicidad no es, empero, simplemente la existencia histórica; más bien ocurre que ésta es «la claridad de la historicidad fáctica de la realidad humana en la existencia» (II, 120). Existencia que se da como un trascender en la libertad y

como algo que «se abre paso» en un conjunto de situaciones. La noción de situación y, en particular, la de situación-límite permiten una aprehensión del existir en una forma más radical que el examen del mundo. Mas esta dilucidación de la existencia, en la cual todo momento objetivo, y psicológico, tanto si pertenece al saber natural como al científico-espiritual, aparece como inmerso y justificado por medio de su situación existencial, alcanza solamente su culminación en una metafísica. Ésta es considerada por Jaspers como el desbroce de los caminos que conducen a la trascendencia a partir de los diferentes modos con que la existencia posible se consagra a la busca de las formas del ser (III, 3). Desde este punto de vista tiene que aparecer insuficiente todo ser que no sea propiamente trascendental. Una investigación de los grados de la trascendencia resulta, así, inevitable para una filosofía que dé la vuelta completa en torno a sí misma. La trascendencia surge, desde luego, como algo radicado en la historia, porque ésta es la forma radical en que se da la existencia metafísica. Ahora bien, la tensión entre la existencia histórica y contingente, y la seguridad de una verdad absoluta, es lo que constituye la auténtica tragedia de la metafísica. A ella se agrega la que se produce cuando la existencia, que se presenta como una subjetividad opuesta a la objetividad de las cosas, se ve obligada, para subsistir, a apoyarse en éstas. Una tensión de esta índole no puede ser solucionada, empero, simplemente, como creía Dilthey, por medio de una filosofía de la vida. La filosofía de la vida acaba haciendo de ésta la existencia suprema, lo Absoluto; la filosofía de la existencia, en cambio, el reconocimiento del hecho de que la existencia se halla sumida, dentro de su finitud y humillación, en el ámbito de un posible descubrimiento del ser verdadero, impide la destrucción de la trascendencia, a la cual tiene que subordinarse, en última instancia, la filosofía, concebida, a diferencia de la ciencia, como una experiencia integral que no excluye, sin embargo, la razón. La frecuente insistencia de Jaspers en el problema de la relación entre existencia y razón, así como su tratamiento del problema de la verdad, al cual ha dedicado últimamente otra de sus grandes obras, muestran hasta qué punto su pensamiento se preocupa cada vez más del término al cual apunta el trascender y, por lo tanto, hasta qué punto va apareciendo como disminuida y atenuada la realidad del trascender mismo como puro movimiento incansable de la existencia. La teoría de las categorías era ya un intento de mediación; concebidas como «formas generales de lo pensable» (III, 37), las categorías eran aplicadas inclusive al ser pensado como absoluto. Una «dialéctica del pensamiento trascendente» constituía su coronamiento obligado. Pero la investigación categorial

en lo objetivo, en la realidad y en la libertad constituye únicamente un punto de partida para una articulación del ser que, sin destruir su esencial dinamicidad, no suponga tampoco que ésta es contraria y opuesta a toda razón y a toda verdad. Lo trascendente como tal, Dios, puede entonces ser la realidad cumplida; de ella puede decirse efectivamente que «es», mas este ser es ya el ser dado a través de la trascendencia, y, por consiguiente, algo infinitamente alejado del puro ser de la definición (II, 6).

La filosofía de la existencia de Jaspers puede considerarse como parte de un «sistema abierto» en el cual pueden irse alojando nuevas «dilucidaciones de la existencia». Éstas se fundan no sólo en la especulación filosófica, sino también, y a veces preferentemente, en las experiencias del autor como hombre de su tiempo. El interés de Jaspers por las «cuestiones de la época» y, en particular, por los problemas políticos y político-morales de nuestro tiempo ha sido constante, especialmente a partir de la irrupción del nacionalsocialismo en Alemania. Desde este punto de vista pueden comprenderse muchos de los pensamientos de Jaspers desde la publicación de su *Philosophie* (1932) hasta la aparición del primer volumen de su *Philosophische Logik*. Este volumen fue precedido por varios trabajos en los cuales desarrolló tanto varios de los conceptos ya introducidos en *Philosophie* (existencia, ser, cifra, comunicación, libertad, situación-límite, trascendencia, etc.) como varios conceptos nuevos, en particular el de «lo comprensivo». Nos ocuparemos en lo que sigue especialmente de algunos temas fundamentales de la «lógica filosófica», pero teniendo en cuenta las anticipaciones que figuran en su obra sobre razón y existencia (1935) y filosofía de la existencia (1938), así como en la obra sobre la fe filosófica (1948) y las doce conferencias dadas por radio a modo de «introducción a la filosofía» (1948).

Según Jaspers, filosofar es fundamentalmente trascender. Ello no significa eliminar los «objetos», pero sí tomarlos como jalones en el camino de la trascendencia filosófica. La metafísica en cuanto «lenguaje en cifras» no es por sí misma la trascendencia, pero es el lenguaje de la trascendencia. Por otro lado, la «verdad» no es característica de ningún enunciado particular sobre un objeto, sino una especie de «ambiente» que rodea todo nuestro conocer y todo nuestro «decir». En este ambiente vivimos, pensamos y somos, y con nosotros son todos los «objetos». En rigor, lo que se llama «objeto» es algo que emerge de ese trasfondo del ser que es «lo comprensivo».

Ahora bien, ello no significa que «lo comprensivo» sea una vaga unidad indiferenciada. Lo comprensivo tiene varios niveles. En «nosotros» tiene tres: el de la existencia (como *Dasein*), o nivel de lo sensible; el de la conciencia

en general, o nivel de lo objetivo, de lo obligatorio, y el del espíritu, o nivel de las generalizaciones o teorías de conjunto. Cada uno de estos niveles tiene su propia verdad y todas estas verdades lo son en tanto que situadas en el horizonte de lo comprensivo. Fuera de nosotros lo comprensivo tiene dos niveles: el del mundo o «lo que hay», y el de la trascendencia, donde la existencia (en cuanto *Existenz*) se hace libre. La trascendencia no es algo conocido, sino algo que «funda»; en efecto, el hombre mismo «existe» sólo en cuanto se halla fundado en la trascendencia y, por así decirlo, «religado» a ella.

Dada la importancia que tiene en Jaspers la «lógica filosófica» conviene decir unas palabras sobre ella. Según Jaspers, dicha «lógica» se caracteriza por tres rasgos: (1) El saber lógico sólo puede ser verdadero cuando es «comprensivo» («omnicomprensivo»). Debe, pues, iluminar *todos* los aspectos del saber y de la conciencia, y *todos* los aspectos de la certidumbre y de la verdad. Aunque apoyada en las ciencias en tanto que son las formas más claras del saber objetivo) la lógica filosófica no debe desdeñar el pensamiento cotidiano y las muy diversas formas de experiencia y práctica humanas. (2) La lógica filosófica (a la inversa del «movimiento natural» de nuestro entendimiento, que tiende a la nivelación) reconoce los «saltos» y los «vacíos» de las formas del ser y del saber. (3) Pero como esta lógica considera, al mismo tiempo, la totalidad, rechaza considerar las separaciones en tanto que desmembraciones de lo real y trata de relacionar entre sí los diversos aspectos del ser y del saber. Como consecuencia de los citados rasgos, la lógica filosófica de Jaspers constituye el fundamento de la «conciencia de la verdad que procede de nuestra vida» y revierte sobre la existencia del ser pensante, iluminándola, examinándola y guiándola. Es, en suma, una «lógica» que deja «el espacio libre» para descubrir el horizonte de toda posibilidad y de toda realidad. Solamente dentro de este «espacio libre» surgen, según Jaspers, los diversos contenidos (que la lógica, sin embargo, *no* produce *ni* engendra). Así, la lógica de Jaspers constituye el campo de la «inmediatez» en la cual pueden encontrarse los hombres como seres pensantes, de modo que la lógica pueda convertirse en órgano de la comunicación intelectual. La lógica filosófica realiza pensamientos fundamentales distintos significativamente de todas las intelecciones objetivas del mundo; si así no fuese, no podría alcanzar el fundamento de toda la realidad. Con ello se hacen conscientes en el pensamiento lógico los primeros principios del ser en su forma. Pero la lógica filosófica no es solamente una apertura del horizonte; es también un arma en la lucha contra la «no-verdad» y contra la apariencia, haciendo posible —contra la sofística— el descubrimiento de la verdad.

Podría concluirse, en vista de lo anterior, que la lógica filosófica de Jaspers, en tanto que primer acceso a la verdad, es el resultado de una especulación subjetivo-romántica. Pero el filósofo lo niega, insistiendo en que tal lógica alcanza toda la amplitud de la *objetividad* del ser en vez de limitarse a una parte del mismo. Por eso la lógica en cuestión puede ser un verdadero órgano de la razón. En rigor, se presenta como un tronco del cual surgen las diversas ramas, todas ellas alimentadas por la savia de su arraigo en el ser y la verdad como descubrimiento de lo que es. Y así la lógica filosófica puede ser concebida como un centro del cual parten, por un lado, la lógica formal y la metodología, y, por el otro lado, la ontología o teoría del objeto (que da origen a la metafísica, concebida o como metafísica del logos o como mística del logos), la psicología del pensar y la lógica trascendental. Sólo así —dice Jaspers— será posible realizar una de las misiones filosóficas de nuestro tiempo, es decir, la edificación de una nueva y amplia lógica, o «lógica en su totalidad»: una lógica no sistemático-formal (pero tampoco aforística) que posibilite la iluminación del saber de la verdad en el tiempo. La doctrina de la verdad —que comienza con la iluminación de los horizontes más externos— es la parte primera de esta más amplia lógica. La parte segunda debe comprender la metodología, la teoría de las categorías y la doctrina de la ciencia. «En el principio se hallan las radicales aclaraciones; al final, los problemas concretos» *(Von der Wahrheit,* I, pág. 27). Obras: *—Psychologie der Weltanschauungen,* 1919; 2.ª ed., 1920; 3.ª ed., 1925; 4.ª ed. (con nuevo «Prefacio»), 1954 (trad. esp.: *Psicología de las concepciones del mundo,* 1967). *—Strindberg und van Gogh. Versuch einer pathographischen Analyse unter vergleichender Heranziehung von Swedenborg und Hölderlin,* 1922, del volumen colectivo *Arbeiten zur angewandten Psychiatrie,* 1922; 2.ª ed., 1920; 3.ª ed., 1949 (trad. esp.: *Genio y locura. Ensayo de análisis patográfico comparativo sobre S., van G., S., H.,* 1955, 4.ª ed., 1968). *—Die geistige Situation der Zeit,* 1931, 5.ª ed. (parcialmente rev.), 1949 (trad. esp.: *Ambiente espiritual de nuestro tiempo,* 1933). *—Philosophie,* 3 vols. *(I. Philosophische Weltorientierung; II. Existenzerhellung; III. Metaphysik),* 1932; 2.ª ed. en 1 vol., 1948; 3.ª ed. (con un «Postscriptum»), 3 vols., 1956 (trad. esp.: *Filosofía,* 2 vols., 1958-1959). *—Vernunft und Existenz,* 1935, 3.ª ed., 1949 [Cinco conferencias dadas en la Universidad de Groninga] (trad. esp.: *Razón y existencia,* 1960). *—Nietzsche. Einführung in das Verständnis seines Philosophierens,* 1936, 3.ª ed., 1950 (trad. esp.: *N.,* 1964). *—Descartes und die Philosophie,* 1937), 2.ª ed., 1948 (trad. esp.: *D. y la filosofía,* 1960). *—Existenzphilosophie,* 1938, 3.ª ed., 1964 [tres conferencias dadas en la Freie

Hochstift de Frankfurt a.M.]. (trad. esp.: *Filosofía de la existencia,* 1958). *—Die Schuldfrage,* 1946 (trad. esp.: *¿Es culpable Alemania?,* 1948). *—Die Idee der Universität,* 1946 [obra distinta del trabajo aparecido con el mismo título en 1923; Cfr. *supra*] (trad. esp.: «La idea de la Universidad», en el volumen colectivo *La idea de la Universidad en Alemania,* 1959, págs. 391-524). *—Nietzsche und das Christentum,* 1946 (trad. esp.: *N. y el cristianismo,* 1955). *—Von der Wahrheit (Der philosophische Logik, I),* 1947 *(De la verdad [Lógica filosófica, I]).* De esta obra se ha reimpreso una parte bajo el título *Über das Tragische,* 1952 (trad. esp.: *Esencia y formas de lo trágico,* 1960). *—Der philosophische Glaube,* 1948 [Conferencias dadas en la Universidad de Basilea, julio de 1947] (trad. esp.: *La fe filosófica,* 1953). *—Philosophie und Wissenschaft,* 1949 [Lección inaugural en la Universidad de Basilea; separata de *Die Wandlung,* 3 (1948), 721-33] (trad. esp.: «Filosofía y ciencia», en *Cuadernos de Filosofía* [Buenos Aires], 1953). *—Vom Ursprung und Ziel der Geschichte,* 1950, 3.ª ed., 1952 (trad. esp.: *Origen y meta de la historia,* 1950). *—Einführung in die Philosophie,* 1950 [doce charlas radiofónicas] (trad. esp.: *La filosofía desde el punto de vista de la existencia,* 1953, 3.ª ed., 1962). *—Vernunft und Widervernunft in unserer Zeit,* 1950 [Conferencias en la Universidad de Heidelberg] (trad. esp.: *La razón y sus enemi-*

gos en nuestro tiempo, 1953). —*Rechenschaft und Ausblick. Reden und Aufsätze*, 1951 (trad. esp.: *Balance y perspectiva. Discursos y ensayos*, 1953). —*Nietzsche und das Christentum*, 1952. —«Der Weltschöpfungsgedanke», *Merkur*, 4, N.° 5 (1952), 401-407 (trad. esp.: «La idea de la creación del mundo», *Theoria* [Madrid], 1952). —*Leonardo als Philosoph*, 1953 (trad. esp.: *Leonardo como filósofo*, 1956). —*Wesen und Kritik der Psychotherapie*, 1955 [separata de *Allgemeine Psychopathologie*] (trad. esp.: *Esencia y crítica de la psicoterapia*, 1959). —*Die grossen Philosophen*, I, 1957 (trad. esp.: *Los grandes filósofos*, I, 1958). —*Die Atombombe und die Zukunft des Menschen*, 1957 [charla radiofónica] (trad. esp.: *La bomba atómica y el futuro del hombre*, 1958). —*Die Atombombe tnd die Zukunft des Menschen*, 1958 (trad. esp.: *La bomba atómica y el futuro de la humanidad*, 1961) [esta obra —muy extensa— es distinta del folleto antes mencionado].

Véase: Oswaldo Robles, *El problema de la angustia en la psicopatología de K. J.*, 1968 (tesis). —Jesús Muga, *El Dios de J.*, 1966. —Mario A. Presas, *Situación de la filosofía de K. J., con especial consideración de su base kantiana*, 1978. —Octavio Uña Juárez, *Comunicación y libertad. La comunicación en el pensamiento de K. J.*, 1984.

JUAN ESCOTO ERIGENA *(ca.* 810-877*)*, nacido en Irlanda, profesó en París y redactó en la Corte de Carlos el Calvo diversas obras, entre ellas una versión de los escritos del Pseudo-Dionisio Areopagita, que incorporaron al pensamiento filosófico medieval los elementos fundamentales del neoplatonismo. La obra de Escoto constituye el primer gran ensayo medieval de un *sistema* filosófico que explique los dogmas teológicos y concuerde con ellos. Su neoplatonismo debe considerarse, por lo tanto, como la adopción de una tradición que encajaba perfectamente en el dogma; más que el empleo del neoplatonismo como un instrumento, Escoto Erigena aspiraba a la constitución de una filosofía que fuera la expresión de una religión verdadera, que se fundiera de tal manera con esta religión que no pudiera haber ya separación entre ambas. Pero el neoplatonismo ha perdido ya en Escoto Erigena su carácter estático: la jerarquía de los seres tiene, por el contrario, un carácter dinámico. A despecho de ciertos rasgos muy próximos a un emanatismo neoplatonizante, el pensamiento filosófico de Escoto Erigena es hondamente cristiano, por lo menos en dos puntos capitales: la consideración de la historia como una peripecia única y la idea del «desenvolvimiento» de la creación como un drama. De ahí su imagen grandiosa del Creador y de lo creado, su concepción del mundo como jerarquía de seres procedentes de la divinidad en una serie de creaciones de ésta. Dios es la naturaleza creadora e increada; de Él procede, como segunda hipóstasis, por así decirlo, la naturaleza creadora y creada, esto es, las ideas, lo inteligible. Le sigue la naturaleza increada e incapaz de creación, representada por el mundo sensible. El último elemento de esta serie es la naturaleza que no ha sido creada ni es tampoco creadora; esta naturaleza es nuevamente Dios como punto final de un desenvolvimiento del cual fue principio y que se cumple por la aspiración que todo ser posee a identificarse de nuevo con la naturaleza divina. La naturaleza, en un sentido amplio y que se reduce, en última instancia, a la omnitud de la naturaleza divina, constituye, por lo tanto, una unidad donde la separación no es más que el alejamiento del primer principio y en donde la temporalidad del mundo es manifestación de la eternidad. La creación del Hombre, que en un estado anterior al pecado original poseía un conocimiento puro de Dios, representa el comienzo de la vuelta a la divinidad después de realizada la última división de la naturaleza, pues en el hombre, afincado en el mundo, está formada la imagen de Dios. Su caída en el pecado equivale a su máxima inmersión en la materia, pero su redención, efectuada por el Hijo de Dios, permite que el gran desenvolvimiento de la vuelta a Dios no quede detenido, sino que prosiga hasta la destrucción final de lo sensible y la espiritualización y divinización de todo ser. La creación de la Naturaleza y la historia del hombre son, por lo tanto, un inmenso drama, cuyo principio y fin son idénticos y cuyo dinamismo diferencia el sistema de Escoto, en donde el concepto de creación desempeña el papel fundamental, del emanatismo neoplatónico, que presupone un orden eterno y que no implica ninguna modificación de la jerarquía existente.

Ciertos autores han concluido que hay en Escoto Erigena no sólo una tendencia constante a afirmar que todo queda inmerso en Dios, sino también una continua inclinación a deificar la Naturaleza y el hombre. Otros, en cambio, ponen de relieve que la mencionada *deificatio* no suprime totalmente en Escoto Erigena la subsistencia ontológica del ser «deificado». Según Paul Vignaux (*La pensée au Moyen Âge*, 1938, página 16), la absorción completa en el Creador es sólo una apariencia, pues tal como en la fusión el hierro parece fuego y no transparece el aire iluminado, así también permanece la integridad de las naturalezas. En otros términos, la unidad ontológica de las cosas queda, según esta interpretación, salvada y no aniquilada en el proceso de deificación.

Juan Escoto Erigena tradujo las obras de Dionisio Areopagita y compuso *De divina praedestinatione* (851) y *De divisione naturae* (865). Sus obras (incluyendo la traducción del Pseudo-Dionisio) figuran en el tomo CXXII de la colección de J. P. Migne, 1853.

JUNG, CARL GUSTAV (1875-1961), nac. en Kesswil (Cantón de Thurgau, en Suiza), trabajó como psiquiatra en la Clínica psiquiátrica de la Universidad de Zürich (1900-1902), estudió con Pierre Janet en La Salpêtrière de París (1902) y luego trabajó bajo la dirección de E. Bleuler en Zürich. Desde 1905 trabajó en la Clínica psiquiátrica de Burghölzli, en Zürich, y comenzó a enseñar psiquiatría en la Universidad de la misma ciudad. Su primer encuentro con Freud tuvo lugar en 1907. A partir de 1907 dirigió el *Jahrbuch für psychologische und psychopathologische Forschungen*, fundado por Freud y Bleuler, y en 1911 presidió la «Sociedad Psicoanalítica Internacional», fundada por el propio Jung. Las críticas de Jung a Freud terminaron con el abandono por el primero de la escuela psicoanalítica (1913). A partir de 1913, Jung se consagró casi enteramente a la investigación psicológica. Influyentes en sus ideas fueron sus viajes por África del Norte, EE. UU. (entre los indios de Arizona y Nuevo México) y Kenya, así como su relación con el sinólogo Richard Wilhelm, el indólogo Heinrich Zimmer y el filólogo y mitólogo Karl Kerényi. En 1948 se fundó en Zürich el «Instituto C. G. Jung», cuyas publicaciones aparecen bajo el nombre de «Estudios del Instituto C. G. Jung».

El tema principal de investigación de Jung es la psique, o lo psíquico, como totalidad, sin tratar de reducirlo a lo orgánico o a uno de los aspectos de lo psíquico (como la libido). Las distintas «regiones» de la psique no son partes, sino funciones de ésta. La psique comprende la conciencia y lo inconsciente; este último es como un océano infinito e insondable en el cual flota, como una pequeña isla, la conciencia. Centro de la conciencia es el «yo», el cual se halla por así decirlo «rodeado» por la conciencia y por lo inconsciente. Este último es personal y colectivo. El «inconsciente colectivo» es, en rigor, el fondo «oceánico» dentro del cual se hallan los «yos». El «inconsciente colectivo» es el inconsciente de la humanidad entera, y es la «parte» de la psique que hinca sus raíces en lo orgánico.

Jung ha estudiado las diversas funciones psíquicas desde el punto de vista de su actividad más bien que de su contenido. Así, por ejemplo, el pensamiento es una función que tiene una determinada finalidad; «pensar» no es tanto, o no es necesariamente, «razonar», sino adaptarse cognoscitivamente al mundo. Las cuatro «funciones» capitales de la psique son: sensación, sentimiento, intuición, pensamiento. El predominio de una de estas funciones da origen a un determinado tipo psicológico. Como cada uno de los cuatro tipos resultantes puede ser, a su vez, introvertido —vuelto «hacia adentro»— o extravertido —vuelto «hacia afuera»—, se tienen ocho distintos tipos psicológicos: cuatro introvertidos y cuatro extrovertidos. Los tipos en cuestión son «ideales», pues en la realidad no se dan «tipos puros», sino sólo numerosas combinaciones.

Importante es el modo como la psique se enfrenta con el mundo. El comportamiento de la psique respecto al mundo es llamado por Jung «persona». La «persona» no es propiamente hablando una «realidad», sino una «función» o, como Jung la llama, un «complejo funcional». Éste no debe confundirse con la individualidad; en rigor, la «persona» es como un compromiso entre lo individual y lo social. La «persona» puede ser un conjunto de comportamientos flexibles o un conjunto de comportamientos mecanizados. La «persona» puede a veces representar todo lo que el «individuo» es; en este caso la «persona» es, en el sentido etimológico del vocablo, como una «máscara».

En la psique tienen lugar, según Jung, numerosas «compensaciones»; ciertas funciones psíquicas son especialmente activas justamente porque otras son pasivas. Además, ciertas funciones en un mismo individuo pueden tener distintas direcciones; así, por ejemplo, la extroversión en la conciencia es compensada por la introversión en lo inconsciente y viceversa. A ello se agrega la posibilidad de que la dirección cambie: ciertas fases en una vida humana (y hasta en una colectividad entera) pueden ser introvertidas y otras extrovertidas. Debe notarse que Jung ha llamado también «persona» a la dirección extrovertida, y «alma» a la dirección introvertida. Junto a ello, ha tendido a equiparar la extroversión con el yo en tanto que yo consciente que se adapta al mundo, y la introversión con lo inconsciente, el cual es indiferente a la adaptación individual y consiste en una sumersión en el proceso psíquico.

La mayor parte de las ideas antes reseñadas son consecuencia de la reflexión de Jung sobre la experiencia psicológica y psiquiátrica. En algunos aspectos de dichas ideas se rastrea ya el creciente interés que Jung mostró por el estudio de la simbólica y de la mitología de diversos países o de ciertas épocas de la historia. Nos limitaremos a mencionar a este respecto su idea de los arquetipos o conjunto de motivos y símbolos que revelan la respuesta del inconsciente (especialmente del «inconsciente colectivo») a ciertas situaciones fundamentales. Los arquetipos representan las capas básicas de la psique en tanto que «potencialidades heredadas». Aquí lo psíquico y lo biológico se confunden, o son acaso dos caras de la misma realidad. No hay que pensar, sin embargo, que los arquetipos son siempre el «aspecto oscuro» de lo psíquico; el arquetipo es «bipolar» y muestra, por tanto, dos aspectos: el oscuro y el luminoso. Los arquetipos aparecen en forma simbolizada tal como se manifiesta, por ejemplo, en los mitos.

Todas las anteriores ideas tratan de describir lo psíquico como es. Pero, según Jung, lo psíquico no es una realidad estática, sino una realidad que se constituye dinámicamente. Ello es posible por lo que Jung llama la «libido», entendiendo ésta principalmente (y a diferencia de Freud) como «energía psíquica». Jung se ha interesado especialmente por examinar las varias direcciones de la energía psíquica, los obstáculos que encuentra, los conflictos en que, al parecer, inevitablemente se enzarza, los movimientos progresivos y regresivos que sigue, y sus diversos grados de intensidad. Naturalmente, Jung se ha interesado asimismo, y grandemente, por los problemas psicoterapéuticos, pero tanto estos problemas, como los métodos forjados por el autor y otros aspectos de su doctrina son más ajenos que los tratados a las cuestiones filosóficas o psicológico-filosóficas y antropológico-filosóficas, por lo que los dejamos aquí de lado. Indicamos sólo que en el curso de sus trabajos psicoterapéuticos, Jung ha estudiado el desarrollo de la individuación psíquica y que al examinar el segundo estadio en el proceso de individuación ha introducido la idea de la «imagen anímica», la cual se desdobla en dos aspectos: el *anima* (en el hombre) y el *animus* (en la mujer). Por lo demás, *anima* y *animus* no se hallan claramente diferenciados, sino que se interpenetra en un complejo juego de compensaciones psíquicas.

Las obras de J. son numerosas. Mencionamos la mayor parte de los trabajos publicados en volumen: *Zur Psychologie und Pathologie sogennanter okkulter Phänomene. Eine psychiatrische Studie*, 1902 (Disc.) *(Para la psic. y pat. de los llamados «fenómenos ocultos». Estudio psiquiátrico)*. —*Diagnostische Assoziationsstudien*, 2 vols., 1906-1910, 3.ª ed., 1915. —*Ueber die Psychologie der Dementia praecox*, 1907. —*Die Bedeutung des Vaters für das Schicksal de Einzelnen*, 1909, 3.ª ed., 1949 *(La significación del padre para el destino del individuo)*. —*Ueber Konflikte der kindlichen Seele*, 1910, 3.ª ed., 1939 [incluido luego en *Psychologie und Erziehung*] (trad. esp.: *Conflictos del alma infantil*, 1945). —*Wandlungen und Symbole der Libido. Ein Beitrag zur Entwicklungsgeschichte des Denkens*, 1912, 4.ª ed. con el título: *Symbole der Wandlung. Analyse des Vorspiels zu einer Schizophrenie*, 1951 (trad. esp.: *Transformaciones y símbolos de la libido*, 1953). —*Versuch einer Darstellung der psychoanalytische Theorie*, 1913, 2.ª ed., 1955 *(Ensayo de exposición de la teoría psicoanalítica)*. —*Die Psychologie der unbewussten Prozesse*, 1917 [ampliación del trabajo anterior: «Neue Bahnen der Psychologie», 1912], 3ª ed., con el título: *Das Unbewusste im normalen und krankten Seelenben*, 1926, nueva ed. con el título: *Ueber die Psychologie des Unbewussten*, 1943 [cada una de las ed. contiene ampliaciones y cambios, algunos considerables] (trad. esp. de *Das Unbewusste...: Lo inconsciente en la vida psíquica normal y patológica*, 1927). —*Analytische Psychologie und Erziehung*, 1926 [incluido luego en *Psychologie und Erziehung*] *(Psic. analítica y educación;* trad. esp. en *Psicología y educación* [Cfr. *infra*]). —*Die Beziehungen zwischen dem Ich und dem Unbewussten*, 1928, 4.ª ed., 1945 (trad. esp.: *El Yo y el Inconsciente*, 1936, 2.ª ed., 1950). —*Ueber die Energetik der Seele (Psychologische Abhandlungen*, II), 1928 [incluido luego en *Ueber psychische Energetik* (Cfr. *infra*)]. —*Das Geheimnis der goldenen Blüte* [trad. del chino por R. Wilhelm]. Comentario «europeo» por C. G. Jung, 1929, 3.ª ed., 1944 (trad. esp.: *El secreto de la flor de oro. Un libro de la vida chino*, 1955). —*Seelenprobleme der Gegenwart (Psychologische Abhandlungen*, III), 1931, 4.ª ed., 1950 (trad. esp.: *La psique y sus problemas actuales*, 1944). —*Die Beziehungen der Psychotherapie zur Seelsorge*, 1932, 2.ª ed., 1948 *(La relación entre la psicoterapia y la cura de las almas)*. —*Wirklichkeit der Seele (Psychologische Abhandlungen*, IV), 1934, 3.ª ed., 1947 (trad. esp.: *Realidad del alma*, 1940). —*Psychologischer Kommentar zu «Das Tibetanische Totenbuch»* [ed. por W. Y. Evans-Wentz, trad. por L. Göpfert-March], 1935, 5.ª ed., 1948 *(Comentario psicológico al «Libro de los muertos» tibetano)*. —*Psychology and Religion*, 1938 [The Terry Lectures, Yale University] (trad. esp.: *Psicología y religión*, 1949). —*Einführung in das Wesen der Mythologie*, 1941, 4.ª ed.,

1951 [en col. con K. Kerényi (incluye «Das göttliche Mädchen»)]. —*Paracelsica. Zwei Vorlesungen über den Artz und Philosophen Theophrastus*, 1942 (traducción esp.: *Paracélsica*, 1965). —*Psychologie und Alchemie (Psychologische Abhandlungen*, V), 1944 [incluye dos trabajos de 1936]. —*Psychologie und Erziehung*, 1946 [incluye *Ueber Konflikte...* (Cfr. *supra*) y *Analytische Psychologie...* (Cfr. *supra*)] (trad. esp.: *Psicología y educación*, 1958). —*Aufsätze zur Zeitgeschichte*, 1946 *(Ensayos para la historia de la época)*. —*Die Psychologie der Uebertragung*, 1946 (trad. esp.: *La psicología de la transferencia*, 1958; 2.ª ed., 1961). —*Symbolik des Geistes (Psychologische Abhandlungen*, VI), 1948 (trad. esp.: *Simbología del espíritu*, 1962). —*Ueber psychische Energetik und das Wesen der Träume (Psychologische Abhandlungen*, II), 1948 [incluye *Ueber psychische Energetik* (Cfr. *supra*)] (trad. esp.: *Energética psíquica y esencia del sueño*, 1954). —*Gestaltungen des Unbewussten (Psychologische Abhandlungen*, VII), 1950 *(Formas del Inconsciente)*. —*Aion. Untersuchungen zur Symbolgeschichte (Psychologische Abhandlungen*, VIII), 1951 *(Eon [«Eterno»]. Investigaciones para la historia de los símbolos)*. —*Naturerklärung und Psyche*, 1952 [en col. con W. Pauli]. —*Von den Wurzeln des Bewusstseins (Psychologische Abhandlungen*, IX), 1954 *(De las raíces de la conciencia)*. —*Mysterium coniunctionis: Untersuchun-*

gen über die Trennung und Zsam-
mensetzung der seelischen Gegen-
sätze in der Alchemie, 3 vols.
(Psychologische Abhandlungen, X,
XI, XII), 1955-1957 [en colab. con
M.-L. von Franz (vol. I: Die Sym-
bolik der Polarität und Einheit,
caps. I-III; vol. II: ibid., caps. IV-
VI; vol. III: Aurora consurgens.
Ein dem Thomas von Aquin zu-
geschreibenes Dokument d. alch.
Gegensätz-problematik)] (M. c.
Investigaciones sobre la separación
y composición de los opuestos aní-
micos en la alquimia). —Bewuss-
ters und Unbewusstes, 1957
(Consciente e inconsciente).
—Gegenwart und Zukunft, 1957

(trad. esp.: Presente y futuro,
1963). —Ein moderner Mythus.
Von Dingen die am Himmel gese-
hen werden, 1958 (trad. esp.: Sobre cosas que se ven en el cielo,
1961). —Ed. de obras completas:
Gesammelte Werke, ed. M. Nie-
hus-Jung, 18 vols., en curso de
publicación.

Véase: J. Jacobi, Die psychologie C. G. Jung, 1942, 3.ª ed., 1949
(trad. esp.: La psicología de C. G.
J., 1947). —Josef Goldbrunner,
Individuation. Tiefenpsychologie
von C. G. J., 1949 (trad. esp.:
Individuación: La psicología profunda de C. G. J., 1962).